中國學術思想

研究輯刊

十七編

林慶彰 主編

第 28 冊

阮元學術思想研究(下)

孫廣海 著

花木蘭文化出版社

國家圖書館出版品預行編目資料

阮元學術思想研究（下）／孫廣海 著 — 初版 — 新北市：花
木蘭文化出版社，2013〔民102〕
目 2+252 面：19×26 公分
（中國學術思想研究輯刊 十七編：第 28 冊）
ISBN：978-986-322-418-1（精裝）
1.（清）阮元 2.學術思想
030.8   102014781

ISBN-978-986-322-418-1

中國學術思想研究輯刊
十七編　第二八冊　　　　　　ISBN：978-986-322-418-1

阮元學術思想研究（下）

作　　者　孫廣海
主　　編　林慶彰
總 編 輯　杜潔祥
出　　版　花木蘭文化出版社
發 行 所　花木蘭文化出版社
發 行 人　高小娟
聯絡地址　235 新北市中和區中安街七二號十三樓
　　　　　電話：02-2923-1455／傳眞：02-2923-1452
網　　址　http://www.huamulan.tw 信箱 sut81518@gmail.com
印　　刷　普羅文化出版廣告事業
封面設計　劉開工作室
初　　版　2013 年 9 月
定　　價　十七編 34 冊（精裝）新台幣 60,000 元

阮元學術思想研究(下)

孫廣海 著

目次

第五章　阮元對清代學術的貢獻

　　阮元對清代學術的貢獻，成就非凡，可說是昭昭在目而又永垂史冊。筆者試用以下各節，嘗試作一較詳細的歸納和說明。

　　第一節排比阮元學術研究的貢獻，並且歸納爲四項：提倡文化，推廣學術；整理典籍，提倡刻書；興學教士，獎掖人才；羽翼經學，調和漢、宋。阮元的經術和政事二端，確實可作爲後人的楷模。

　　第二節探討阮元經史之學的研究，包括了阮元的經學研究、史學研究、性道之學的研究、考據學研究、訓詁學研究、校勘學研究和文字學及聲韻學研究等七個方面。『推明古訓，實事求是』是阮元經史之學的宗旨。阮元的性道之學，則包括四個方面：弘揚孝道、主張節性、提倡慎獨和倡讀《孝經》、《論語》。阮元「淹貫群書，長于考證」，對古代器物及一些古文字的考釋，阮元創獲殊多，而又能言人之所未言。對清代小學的貢獻，阮元亦同時佔一重要的席位。

　　第三節發明阮元的金石學及曆算學的研究，阮元自述研究青銅器及碑刻銘文「有十事焉」；而由於主編《疇人傳》的關係，使得阮元在中國科學史上，留下赫赫的大名。阮元對天文學、曆算學的研究，成就了他「中法原居西法先」的學術主張。

　　第四節，從阮元方志學的序跋文與及阮元修纂地方志的成果來審視阮元的方志學研究。《廣東通志》和《雲南通志稿》都是由阮元帶頭編纂的方志學巨著。

　　第五節，從阮元的書畫學研究、文選學研究、駢文學研究、詩論研究、文論研究等五個方面，綜述阮元對文學及藝術研究的貢獻；同時考查阮元各

種文學及藝術研究的活動。總言之，阮元一生的文學或藝術研究活動，離不開以揚州、杭州、廣州及北京等四地，爲其活動之中心。

第六節分從阮元編書、刻書的概況、阮元的目錄學及輯佚學、後人對阮元整理典籍的評語三個方面，論述阮元整理典籍的貢獻。

第七節分從阮元推動書院教育的作用、詁經精舍及學海堂研究論著目錄和後人對阮元推動書院教育的評語三部分，論述阮元推動書院教育的作用。

第八節試從三方面論述阮元對後學的影響：一、阮元大力推動清代文化事業之發展，興學教士，獎掖人才；編纂校勘，撰述刊刻，不遺餘力。二、阮元創辦書院，刻印經書，所要大大推動的是漢學；所矯正的是只顧科舉，疏忽經史實學的歪風，要達到的是「倡學術以正人心」的終極理想。三、阮元這種興學教士，倡文化，推崇經史實學的精神，其所影響，非止於身故，實流披於後世。

第九節，從阮元和朴齊家、金正喜、丁若鏞三位朝鮮近代實學思想家的接觸，探討阮元對朝鮮學術的影響。

總的來說，由阮元其人所做的一切文教事業和成績來看，他學問淵博、興學育才、扶掖後進、無怪乎能對清代的學術，作出了特殊的貢獻，更爲十八、十九世紀的中華文化史，增添了一筆豐富的文化遺產。

第一節　阮元對學術研究的貢獻總論

阮元對於學術研究，始終保有一種尋根究柢、問學不分年輩或早晚的精神。保有這種孜孜不倦的求學態度，和他在學術研究上所獲取的成就或貢獻，是分不開的。就正如阮元說：「嘗謂爲才人易，爲學人難；爲心性之學人易，爲考據之學人難；爲浩博之考據易，爲精核之考據難。元自出交當世學人，類皆始擷華秀，既窮枝葉，終尋根柢者也。……嗚呼，士人所學，苟一日得見根柢，何晚之有？」〔註1〕看看晚清目錄學大家張之洞（1837～1909）的讀書心得：「讀書欲知門徑，必須有師。師不易得，莫如即以國朝著述諸名家爲師。大抵徵實之學，今勝於古。……知國朝人學術之流別，便知歷代學術之流別。」〔註2〕如果張之洞沒有誇大清代學人的治學心得，他對阮元學問的通

〔註 1〕　阮元：〈桂未谷　晚學集序〉，《小滄浪筆談》卷 1（清嘉慶七年，浙江節院刊版），頁 16～17。

〔註 2〕　張之洞著，陳居淵編，朱維錚校：《書目答問二種》（香港：三聯書店，1998

觀博洽，就和龔自珍評阮元有頗相類似之處了。因爲張之洞加之於阮元的榮譽包括：漢學專門經學家、小學家、算學家兼用中西法、校勘之學家、金石學家和駢體文家等。

對於阮元學術研究的貢獻，從民國時代開始至今，評論者大不乏人，筆者在此摘錄十家以歸納言之：

一、蕭一山（1902～1978）：

「阮元少焦循一歲，清代羽翼經學之功臣也，而其學識之博，則王昶、畢沅、朱筠輩所遠不逮。──惟阮氏之有功於清代學術界者，尚不盡在本人之作品，而在其能提倡文化，獎勵經學，在浙則立詁經精舍，在粵則立學海堂，延名流以課士子，其影響於當時學風至鉅，而又先後提倡刻書，尤於文化有莫大裨益，皇清經解其最著者也。」〔註3〕

二、張舜徽（1911～1992）〈揚州學記〉云：

「在清代學者中，阮元是一位年少早達，位極人臣的顯宦。他所不同於其他封建大官僚的地方，便是憑借自己的地位，積極提倡學術研究，作了不少編書、刻書的工作。」〔註4〕

三、戴逸（1926～　）：

「阮元積極提倡學術研究，校刊、編印書籍，設立書院，獎掖人材。」〔註5〕

四、馮爾康（1934～　）：

「清嘉慶、道光時期少有名臣，除林則徐之外，陶澍、英和與本文所要評述的阮元尚有所成就。阮元，字伯元，號芸台，他以著作家、刊刻家、思想家著稱，在文化方面有一定貢獻。」〔註6〕

五、瞿林東（1937～　）：

「阮元能夠在清代學術文化史上做出貢獻，一是他少治六經，出於對經

　　　年7月），頁264。
〔註3〕蕭一山：《清代通史》（北京：中華書局，第二冊，1986年9月），卷中第十三章，乾嘉時代之重要學者（下），頁717～718。
〔註4〕張舜徽：《清儒學記》（濟南：齊魯書社，1991年11月），頁443～459。
〔註5〕戴逸：〈漢學探析〉，《履霜集》（北京：中國人民大學出版社，1987年3月），頁108～109。
〔註6〕馮爾康：〈清代名臣阮元〉：載北京《故宮博物院院刊》，（1989年第1期），頁17。

學的愛好和推崇；二是少年得志，借助於他的官僚的身份和聲望；三是他善於做學術組織工作。沒有這三個條件的結合，阮元在清代學術史上的地位將是另外一種樣子。他的學術組織工作，包括：講學、撰述和刻書三個方面，在乾、嘉、道年間學術文化的發展中成爲萬流傾仰的事業。」〔註7〕

六、陳祖武（1943～　）：

「阮元一生爲官所至，振興文教，獎掖學術，於清代中葉學術文化的發展做出了卓越的貢獻。」〔註8〕

七、郭明道（1949～　）：

「在有清一代，像阮元這樣全力傳播文化，倡導學術和培育後進，作用之大是很難找出第二個與之相提並論的，稱他爲巨擘，是當之無愧的。」〔註9〕

八、黃愛平（1955～　）：

「乾、嘉、道年間，阮元不僅以其在經學、小學、金石、書畫乃至天文曆算等各方面的湛深研究和獨特貢獻聞名於時，而且憑藉學者、官吏一身二任的有利條件，努力提倡學術，獎掖人材，整理典籍，刊刻圖書，大大推動了漢學乃至清代文化事業的發展。」〔註10〕

九、余新華（1965～　）：

「阮元一生位高爵顯，但與一般官僚不同，在政事之暇，阮元尚潛心於學術事業，主持風會數十年，被海內學者奉爲『山斗』。阮元的學術活動有：1、提倡學術，獎掖人才。2、整理典籍，刊刻圖書。」〔註11〕

十、陳東輝（1966～）：

「阮元不但在學術上有很深的造詣，更爲難能可貴的是，他憑借自己的地位和力量，積極倡導學術研究，熱心於編書、校書和刻書工作。……阮元

〔註 7〕瞿林東：〈阮元和歷史文獻學〉，載白壽彝主編：《清史國際學術討論會論文集》（瀋陽：遼寧人民出版社，1990 年 8 月），頁 609。

〔註 8〕陳祖武：〈阮元與《皇清經解》〉，載臺灣：國立中山大學中國文學系編：《第三屆國際清代學術研討會論文集》，（1993 年 11 月），頁 77。

〔註 9〕郭明道，田漢雲：〈清代傳播民族文化的巨擘——阮元〉，載《揚州師院學報》（社科版）（1988 年第 3 期），頁 143～153。

〔註 10〕黃愛平：〈阮元學術述論〉，載《史學集刊》，（1992 年第 1 期），頁 36。

〔註 11〕余新華：〈中國歷代思想家：阮元〉，載王壽南主編：《中國歷代思想家》十六（臺北：商務印書館，1999 年 8 月），頁 236～238。

在振興文教，培養人才方面亦功績卓著。」〔註12〕

　　綜合以上十家的評述，對阮元學術研究的貢獻，可以歸納為以下四方面：

甲、提倡文化、推廣學術

　　阮元在杭州創辦詁經精舍，在廣州開辦學海堂，啟迪一代學風。正如王章濤所云：「（書院）不講八股制藝，而是開設十三經、四史、《文選》、杜詩、韓文、朱子書等各種專題課，指導學生掌握「小學、經學、史學、文學、數學、天文、曆法、地理諸領域的知識，還教授工程技藝，金石書畫等技能，培養了一大批學有專長的青年學者。」〔註13〕

乙、整理典籍、提倡刻書

　　陳東輝考出：「自乾隆五十八年（1793）始，阮元陸續編纂，刻印了《經籍纂詁》106 卷和《皇清經降》1400 卷等大型書籍。——阮元在嘉慶年間主持編寫了《十三經注疏校勘記》243 卷，聘請了段玉裁、顧廣圻等著名學者參加。——嘉慶二十一年（1816）秋天，刻成《十三經注疏》416 卷。——阮元於嘉慶二年（1797）開始編纂《疇人傳》，其間得到當時學者李銳、周治平、錢大昕、凌廷堪、談泰、焦循的幫助，嘉慶十五年（1810）完稿。除上述以外，阮元還編刻了《淮海英靈集》、《兩浙輶軒錄》、《江蘇詩徵》等江浙詩集，輯刻《詁經精舍文集》14 卷、《學海堂初集》16 卷，輯錄《國史儒林傳》6 卷，修纂《天一閣書目》，編錄《十三經經郛》100 餘卷，重修《廣東通志》150 卷，撰《石畫記》4 卷，纂集《皇清碑版錄》等等。」〔註14〕

丙、興學教士、獎掖人才

　　王愛平指出：「督學時，士有一藝之長，無不獎勵。能解經義及工古今體詩者，必擢至於前。總裁會試，合校三場文策，積學之士，多從此出。如精通經學的張惠言、長於小學的王引之、深研天文算學的羅士琳、精於金石的李遇孫、擅長目錄學的周中孚、熟於詩古文辭的張維屏等等，都出自阮元門

〔註12〕陳東輝：〈阮元的學術地位與成就〉載《杭州師範學院學報》，（1991 年第 3 期），頁 32～37。
〔註13〕王章濤：〈阮元與揚州學派〉，載《揚州研究——江都陳軼群先生百齡冥誕紀念論文集》（臺灣：聯經出版事業公司，1996 年 8 月版），頁 320。
〔註14〕陳東輝：〈阮元編刻書籍考略〉，載《古籍整理研究學刊》，（1997 年第 3 期），頁 5～8。

下，或曾入詁經精舍、學海堂研習。」〔註15〕

丁、羽翼經學、調和漢宋

羽翼經學，調和漢宋方面，朱維錚認為：「阮元是漢學家，但隨著主持各省的教育、行政和大區軍民政務的閱歷日增，就越發傾向於調和漢、宋。」〔註16〕

第二節　阮元對經史之學的研究

一、阮元的經學研究

清宣宗道光三年（1823年），阮元為自己的《揅經室集》撰寫序言說：「余三十餘年以來，說經記事，不能不筆之于書。……今余年屆六十矣，自取舊帙，授兒子輩重編寫之，分為四集。其一則說經之作，擬之賈、邢義疏，已云僭矣，十四卷。──室名『揅經』者，余幼學以經為近也。余之說經，推明古訓，實事求是而已，非敢立異也。」〔註17〕

道光十九年（1839年），自稱節性齋老人的阮元再為自己的《揅經室續集》寫序，他說：「至七十六歲，予告歸田，以所積者，刻為續集，不肯索序于人，柢于此自識數言，以明己意而已。前集所自守者，實事求是四字，此續者，雖亦實事求是，而無才可矜，無氣可使，無學可當考據之目，歉然退然，自命為卑毋高論四字而已。」〔註18〕於此亦可見阮元個性的謙厚。

話說得最清楚不過的了，『推明古訓，實事求是』是阮元經學著作的宗旨。在阮元的心目中：「聖賢之經，如日月經天，江河行地」，又謂「士人讀書當從經學始，經學當從注疏始，空疏之士高明之徒讀注疏不終卷而思臥者，是不能潛心揅索，終身不知有聖賢諸儒經傳之學矣。」〔註19〕

時人對阮元提倡經學的不遺餘力，也不其然生出一種由衷的敬意。以下

〔註15〕同註10，頁37。
〔註16〕朱維錚：〈清學史：漢學與反漢學一頁（上）〉，載《復旦學報》（社會科學版）（1993年第5期），頁55。
〔註17〕阮元：《揅經室集》自序（北京：中華書局，1993年5月），頁1。
〔註18〕阮元：《揅經室續集》自序，叢書集成初編，（上海商務，1935年12月），頁1。
〔註19〕阮元：〈重刻宋版注疏總目錄〉，《十三經注疏》附校勘記及識語（浙江古籍出版社，1998年6月），頁2。

援引數例，以佐說明：

1826 年，南昌府學教授朱華臨《重校宋本十三經注疏跋》云：「宮保（阮元）尊經教士之心，歷十餘年而不倦，隔數千里而不忘，而宇內好古之士，旁搜博探，相與正訛糾繆，豈非經學昌明之盛事哉。」〔註20〕

1829 年 9 月，廣東督糧道夏修恕撰《皇清經解序》說：「道光初，宮保總督阮公，立學海堂於嶺南以課士，士之願學者，苦不能備觀各書，於是宮保盡出所藏，選其應刻者付之梓人，以惠士林。委修恕總司其事，修恕為屬官，且淑於 公門生門下，遂勉致力。宮保以六年夏，移節滇黔，修恕校勘剞劂四載始竣，計書一百八十餘種，庋板於學海堂側之文瀾閣，以廣印行。不但嶺南以此為注疏後之大觀，實事求是，即各省儒林，亦同此披覽，益見平實精詳矣。」〔註21〕

道光九年（1829 年）九月九日，阮元弟子嚴杰於督糧道署撰《皇清經解總目》卷首云：「宮保阮師，素以經術提倡後學，嘉慶二十二年，奉命總督兩廣，數載之間，百廢具舉，於粵秀山麓建學海堂，為課士之所取。國朝以來解經各書，發凡起例，酌定去取，命杰編輯為《皇清經解》，是編以人之先後為次序，不以書為次序，凡見於雜家，小說家及文集中者，亦挨次編錄，計一千四百卷。──經術之盛，洵無過於昭代矣。〔註22〕

阮亨（仲嘉）乃阮元之弟，曾撰《瀛舟筆談》十二卷，「用以紀述其伯兄文達公事業，學術，文章，行誼，家世，交游者」〔註23〕阮仲嘉評論阮元的經學云：「兄早歲治文章，尤掣經義，嘗手校《十三經注疏》。」〔註24〕

至於阮元的弟子張鑑，對其師在經學修養的理解，最為透徹，在《掣經室文集序》，張鑑回憶阮元的教誨時說：「師嘗誨鑑曰：『修學好古，實事求是，此漢人樸實之學也；難者勿避，易者勿從，此魯儒精博之學也』蓋師綜核九流，神識超邁，溯文字之原，探名物之始，以希達於道德，成一家之說；故其要言精義，疏通經證，則有若賈公彥，孔穎達，遣詞紀事必資後人考證者，

〔註20〕阮元校刻：《十三經注疏》附校勘記，（北京：中華書局，1980 年 10 月），頁 2。

〔註21〕阮元：《皇清經解》庚申補刊本，卷首總目（清光緒九年，廣州學海堂本 360 冊），頁 18。

〔註22〕同註 5。

〔註23〕梁啟超：《飲冰室書話》（吉林：時代文藝出版社，1998 年 2 月），頁 440。

〔註24〕阮亨：《瀛舟筆談》，卷 7，頁 1。

始著於篇雅，不欲以空疏無據者，貌擬古人，是以集中說經之文爲多；說經之道，以平實求其是，言昔人所難言而不言所易言；至於詠世德，誦清芬，造士拯民，修玟靖寇，亦於此可考見焉。日掌經室者何？早年慕錢辛楣先生潛掌堂之名而名之者也。」〔註25〕

有清中葉，學者治經的風氣確實蔚然成風，阮元說：「今學者皆治十三經，至兼舉十四經之目，則大戴禮記宜兼治矣。」〔註26〕阮元又說：「經非詁不明，有詁訓而後有義理，許氏《說文》以字解經，字學即經學也。」〔註27〕；「聖賢之道存于經，經非詁不明。」〔註28〕由此可證，阮元深信：訓詁是爲義理服務，詁經是爲了掌索經書中的義理，此學者不可不知。

道光十二年（1832年），當時出任兩廣總督的阮元，爲江藩的《經解入門》撰序，稱是書之大旨約分三端：「首言群經之源流，與經學之師傳，端其本也；言讀經之法，與解經之體，審其業也；終言說經之弊，與末學之失，防其惑也。」〔註29〕芸臺教人治經入門之蹊徑，由此而得見。

總的來說，阮元在經學的成就是有目共睹的，南海伍崇曜（1819～1863）先生是阮元的知音人，伍氏在《詩書古訓》的跋言，可作爲阮元對經學貢獻的總結。伍崇曜說：「（阮元）著撰等身，尤湛深經學，所著《掌經室集》等若干種，外如《十三經校勘記》、《經籍籑詁》、《十三經經郛》、《疇人傳》、《金石志》等書，皆卷帙浩繁，而手自發凡起例，鉤元舉要，考訂甚詳，又嘗刻《宋十三經註疏》、《皇清經解》諸巨冊，普惠天下學者，洵一代偉人也。」〔註30〕

二、阮元的史學研究

嘉慶15年（1810年），47歲的阮元遷侍講兼國史館總裁，他在翰林院侍講任內撰《擬儒林傳稿凡例》，此稿至1812年8月，阮元改任漕運總督時才交出。阮元爲經學家或理學家立史傳時，並沒有把他們分開，芸臺說：

〔註25〕 張鑑：《冬青館甲集》卷5，叢書集成續編 集部134，（上海書店，1994年6月），頁249～250。

〔註26〕 阮元：〈孔檢討廣森大戴禮記補注序〉，同註1，頁249。

〔註27〕 阮元：《定香亭筆談》，卷4（揚州阮氏琅嬛仙館版），頁1。

〔註28〕 阮元：〈西湖詁經精舍記〉，同註1，頁547。

〔註29〕 江藩：《經解入門》敘言，方國瑜校點本（天津古籍書店，1990年6月），頁2。

〔註30〕 阮元：《詩書古訓》，卷6（粵雅堂叢書本，第11集），頁5143。

「《史》、《漢》始記儒林，《宋史》別出道學，其實講經者豈可不立品行，講學者豈可不治經史，強爲分別，殊爲偏狹。國朝修《明史》，混而一之，總名儒林，誠爲盛軌，故今理學各家與經學並重，一併同列，不必分歧，致有軒輊。」〔註31〕作爲當時國史館的總裁，阮元修史的立場是：不分漢學，宋學，務求持平。芸臺《擬國史儒林傳序》說：「臣等備員史職，綜輯儒傳，未敢區分門徑，惟期記述學行。自順治至嘉慶之初，得百數十人，仿《明史》載孔氏於儒林之例，別爲《孔氏傳》，以存《史記・孔子世家》之意」〔註32〕由阮元二子阮福的案語可見，阮元修撰《清史稿・儒林傳》的義例謹嚴，其內容乃遍錄群書而成。阮福云：「家大人撰儒林正傳附傳百數十人，持漢學，宋學之平，群書採集甚博，全是裁綴集句而成，不自加撰一字。因館中修史，例必有據，儒林無案據，故百餘年來人不能措手。家大人謂群書即案據也，故史館賴以進呈。」〔註33〕

阮元的史學觀，以下分而論之：

其一，史家與小說家相通：阮元爲李斗的《揚州畫舫錄》撰序時說：「或有疑其采及瑣事俗談者，元謂長安志敘及坊市第宅，平江紀事兼及仙鬼詼諧俗諺，此史家與小說家所以相通也。」〔註34〕

其二，吉金鼎彝可以證史：阮元《積古齋鐘鼎彝器款識序》云：「宋人圖釋各書，反能流傳不絕，且可家守一編，然則聚一時之彝器摹勒爲書，實可使一時之器永傳不朽，即使吉金零落無存，亦可無憾矣。平湖朱氏右甫，酷嗜古金文字，且能辨識疑文，稽考古籍國邑大夫之名，有可補經傳所未備者，偏旁篆籀之字，有可補《說文》所未及者。」〔註35〕

其三，官修史書因勒成眾手，以致卒業無期：阮元《重刻舊唐書序》云：「誠以官修之書，人心不齊，議論多而成功少，每致卒業無期，故但能略舉大端開其門徑而已；後人若不由一反三，因源及委，其何以成前賢未遂之志哉。」〔註36〕

其四，一人之傳，必參酌群書而後定：阮元《校刻宋元鎮江府志序》云：

〔註31〕阮元：《揅經室集》（北京：中華書局，1993 年 5 月），頁 1023。
〔註32〕阮元：《揅經室集》，頁 38。
〔註33〕阮元：《揅經室集》，頁 38。
〔註34〕阮元：《揅經室集》，頁 691。
〔註35〕阮元：《揅經室集》，頁 637。
〔註36〕阮元：《揅經室再續集》，卷 3（百部叢書集成本，臺北：藝文版），頁 20。

「讀史者憚於鉤稽，往往沿訛襲謬……是故一人之傳，必參酌群書而後定。」
〔註37〕

　　歷代史學家之中，阮元最推崇北宋的司馬光，對《通鑑》學的撰著，阮元亦知之甚詳。阮元《通鑑訓纂序》云：「北宋學者當推司馬溫公，于經史皆最淳正。公于經未有成書，僅成《類篇小學》一書。若以公之識力，開宋之經學，則其流派必更淳正矣。公于史成《資治通鑑》、《通鑑》之後，爲此學者，若王應麟之《地理》，史炤之《音釋》，司馬康之《釋文》，胡三省之《注》，嚴衍之《補》，皆于此書爲有功。至于溫公，當日領袖群賢，博采載籍，斟酌異同，棄取裁截，後之學者，望洋而歎，幾不盡知其所由來，安能全見其命意之所在？且其中有無差異，又安能是正乎？」〔註38〕

　　至於清代史家，阮元則推尊王西莊（1722～1797）、錢辛楣（1728～1804）、邵晉涵（1743～1794）及江鄭堂（1761～1831）四人。下文臚列阮元對這四位史家的評語：

　　阮元《王西莊先生全集序》云：「先生自歸田後，以經術文章發海內者數十年，大江南北承學之士知究心經術者，實奉先生與竹汀少詹爲歸焉。」〔註39〕

　　阮元《十駕齋養新錄序》：「國初以來，諸儒或言道德，或言經術，或言史學，或言天學，或言地理，或言文字音韻，或言金石詩文，專精者固多，兼擅者尙少，惟嘉定錢辛楣先生，能兼其成。」〔註40〕

　　阮元《四史疑年錄序》：「書之性近於史，史傳中遙遙華胄，瑣瑣姻婭，常娓娓言之，欲於史有所請業。予檢錢辛楣先生《疑年錄》付之曰：『易廣求之』書之乃由兩漢迄于兩晉，求之得數百人，寫成七卷。」〔註41〕

　　阮元《南江邵氏遺書序》：「先生（晉涵）本得甬上姚江史學之正傳，博聞強記，於宋明以來史事最深，學者唯知先生之經，未知先生之史也。」〔註42〕
阮元《通鑑訓纂序》：「江君鄭堂，專治漢經學，而子史百家亦無不通，于《通鑑》讀之尤審，就己意所下者抄成《資治通鑑訓纂》若干卷，皆取其所采之本書而互證之，引覽甚博，審決甚精。」〔註43〕

〔註37〕阮元：《揅經室再續集》，卷2，頁31～33。
〔註38〕阮元：《揅經室集》，頁556。
〔註39〕阮元：《揅經室集》，頁544。
〔註40〕楊翼驤，孫香蘭：《清代史部序跋選》（天津古籍書店，1992年4月），頁257。
〔註41〕阮元：《揅經室集》，頁558。
〔註42〕阮元：《揅經室集》，頁544。
〔註43〕阮元：《揅經室集》，頁556。

阮元教訓學人讀史，應先讀《資治通鑑》及《文獻通考》二書，阮元嘗言：「少年科第，往往目無今人，胸無古人，最是誤事，但既登館閣，勢不能重入家塾，再爲枕經墊史之功，計惟留意二通，庶知千百年來理亂之原，政事之跡，可備他日出爲世用。二通者，《資治通鑑》、《文獻通考》也。」〔註44〕阮元對二通的史學價值，既謂可知千百年來治亂之原，又謂可備他日出爲世用，由此而間接證明：阮元推崇經學，但亦不廢史學。

筆者最後引阮元《己未會試策問》的其中一問，作爲阮元考察吾國史學的總結：「問正史二十有四，應補撰注釋，音義者何？書表志與紀傳並重，孰詳孰闕歟？儒林，文苑，道學應分應合歟？《史通》所論，得失參半歟？編年與紀傳分體，《資治通鑑》前何所本，後何所續歟？二劉，范祖禹，胡三省輩有功司馬者何在？紀事本末體何所倣？袁樞以後誰爲繼作？《通鑑綱目》何所裁別？夫經述修治之原，史載治亂之蹟，疏於史鑑，雖經學文章，何以致用耶？我朝史法遠邁前代，《舊唐書》、《舊五代史》備列于正史，《御批通鑑輯覽》及《評鑑闡要》，欽定《明史》及《通鑑綱目三編》，于宋，明閏位並存年號，以示大公，『遜國』、『復辟』、『議禮』三大案皆有定論，直紹《春秋》，以垂教萬世，諸生能講貫條舉，徵體用之學歟？」〔註45〕

三、阮元性道之學的研究

作爲儒家孔子、孟子的後進，阮元在《詩書古訓序》開宗明義說：「萬世之學，以孔孟爲宗；孔孟之學，以詩書爲宗；學不宗孔孟，必入於異端。孔孟之學所以不雜者，守商周以來詩書古訓以爲據也。」〔註46〕

阮元認爲「是周時孔孟之引訓於詩書，猶今人之引訓於《論語》、《孟子》也。試觀孔子最重孝道，孝道推本文王周公——孟子最重性善，性善推本於孔子，孔子推本於詩。」〔註47〕

阮元的性道之學，綜而言之，包括下述各個方面：

1、弘揚孝道

嘉慶3年（1798年），35歲的阮元在浙江使院撰《曾子十篇注釋序》，阮

〔註44〕吳楓、劉乾先：《中華野史大博覽》上冊（中國友誼出版公司，1992年8月），葉廷琯：《鷗陂漁話》卷1，阮元論二通，頁801。

〔註45〕阮元：《揅經室集》，頁575～576。

〔註46〕阮元：《揅經室續集》，卷1，（文選樓叢書本），頁40。

〔註47〕阮元：《揅經室續集》，卷1，（文選樓叢書本），頁41。

元云：「曾子修身慎行，忠實不欺，而大端本乎孝。孔子以曾子爲能通孝道，故授之業，作《孝經》。……元不敏，于曾子之學身體力行未能萬一，惟孰復曾子之書，以爲當與《論語》同，不宜與記書雜錄並行。爰順考十篇之文，注而釋之，以就正有道。竊謂從事孔子之學者，當自曾子始。」〔註48〕爲求安輯家邦，只要發揚孝道；爲求天下永安，亦必須弘揚孝道，阮元的性道之學，究其實，亦即是阮元的倫理學或政治哲學。阮元對孝道之詮釋，於《孝經解》一文最爲詳備，阮元說：「《孝經緯》曰：孔子曰：『吾志在《春秋》，行在《孝經》』此八字實爲至聖之微言，實有傳授，非緯書家所能撰托。……《論語》曰：『其爲人也，孝弟而好犯上者鮮矣。不好犯上者而好作亂者，未之有也。君子務本，本立而道生。孝弟也者，其爲仁之本矣。《論語》此章，即《孝經》之義也。……《孟子》曰：『何必曰利，亦有仁義而已矣。上下交征利，千乘之國，百乘之家，皆弒其君，不奪不厭』此首章亦即《孝經》之義』。孔、孟正傳在此。……子曰：『夫孝，德之本也，教之所由生也。』故《大戴記》曾子大孝曰：『民之本教曰孝』此即孔子授曾子之實據。」〔註49〕

2、主張節性

阮元《節性齋主人小像跋》云：「周召知性中有欲必須節之，節者如有所節制，使不逾尺寸也；以節字制天下後世之性，此聖人萬世可行得中庸之道也：中庸之率性，猶召誥之節性也；故中庸曰天命之謂性，性即命也；又曰君子居易以俟命；易曰窮理盡性，以至於命；論語曰不知命，無以爲君子也，皆此道也。」〔註50〕

性爲甚麼必須節？

其一、古代性即命也（天命之謂性），性但須復，而孟子曰動心忍性，忍即節也，亦即宋人所言氣質之性與義理之性。中庸『天命之謂性』性有味色聲臭安佚，又有仁義禮智，又有福壽考終命惡弱等在內，凡此皆天所命也，故性即命，命即性，性命又皆即天也；論語：『死生有命，富貴在天』，此二句簡明之至，命與天可互文以見義。

其二、天道亦即天命：天道不但言人之死生富貴，即世之治亂，亦在其中；窮理盡性以至於命，窮即盡也，理即天理。爲惡，則天改命，故可畏也；

〔註48〕阮元：《揅經室集》，頁46。
〔註49〕阮元：《揅經室再續集》，卷1，頁4。
〔註50〕阮元：《揅經室再續集》，卷1，頁5～6。

為善，則天亦可改永命也。〔註51〕

其三、阮元《性命古訓》說：「惟其味，色，聲，臭，安佚為性，所以命必須節，不節則性中之情欲縱矣。惟其仁，義，禮，知，聖為命，所以命必須敬德，德即仁，義，禮，知，聖也。」〔註52〕換句話說，節性，即不可放縱人的情欲；由此而可知天命，窮理盡性以至於命，這亦即是阮元倫理哲學的觀點。

3、提倡慎獨

阮元《四知樓說》一文云：「大戴禮曾子曰勿謂人不知也，匹夫匹婦會於廧陰，明日則或傳其言矣，此聖賢禮學之慎獨也。聖賢之學，皆就庸近樸實處言之行之，故漢楊震四知之說亦慎獨之學，漢學去古未遠也。若後人務高者則必曰我自天理流行而無欲耳，何至於婦人會廧陰儆也；我自塵埃不染而至潔耳，不必以天地人我四知懼也，此造詣豈不更高於曾子，楊震乎。然而古中庸禮學，戒慎恐懼不如此也，故曾子但畏十目十手之嚴，亦即禮學之慎獨也，禮學與理學異也。」〔註53〕

《大學》提倡慎獨，阮元亦坦言可在日常生活中切實履行，故君子不憂不懼，而不必以天地人我四知而有所懼。

4、倡讀《孝經》《論語》

阮元《石刻孝經論語記》說：「孔子之學於何書見之最為醇備歟？則《孝經》、《論語》是也。《孝經》、《論語》之學，窮極性與天道而不涉於虛，推極帝王治法而皆用乎中，詳論子臣弟友之庸行而皆歸於實，所以周，秦以來子家各流皆不能及，而為萬世之極則也。《孝經》、《論語》皆孔門弟子所撰，而弟子之首推者，曰顏（子），曰曾（子）。」〔註54〕

作為孔子最喜歡的大弟子——顏子，為學主「博我以文，約我以禮」，顏子又說：「一日克己復禮，天下歸仁焉。」曾子之學，乃發揚孔子「吾道一以貫之」的學說；曾子曰：「夫子之道，忠恕而已矣。」

阮元弟阮亨《瀛舟筆談》言：「近人考證經史小學之書則愈精，發明聖賢言行之書甚少，否則專以攻駁程、朱為事，於顏、曾純篤之學未之深究，

〔註51〕阮元：《揅經室再續集》，卷1，頁4～5。
〔註52〕阮元：《揅經室集》，頁212。
〔註53〕阮元：《揅經室再續集》，卷3，頁10。
〔註54〕阮元：《揅經室集》，頁238。

茲注釋五卷（《論語論仁論，一貫說》、《孟子論仁論》、《曾子注釋序》、《大學格物說》、《性命古訓》），不敢存昔人門戶之見，而實以濟近時流派之偏也。」〔註55〕由此而知，阮亨確實了解阮元的性道之學。

德性與學問，阮元以何者為重？龔自珍的答案是：阮元二者兼重。定庵《阮尚書年譜第一序》云：「道之本末，畢賅乎經籍，言之然否，但視其躬行，言經學而理學可包矣，觀躬行而喙爭性可息矣。且夫不道問學，焉知德性？劉子以威儀定命，康成以人偶為仁，門戶之見，一以貫之。是公性道之學。」〔註56〕因為躬行踐履，為德性之根基；經學講論，實包含宋，明之理學；倘若不道問學，又焉能知德性？由此而知，在阮元的心目中，學問和德性，二者皆一而二，二而一，無分輕重。

總的來說，阮元的性道之學，由傳統儒家的提倡孝道開始，而肇言節性，主張慎獨，倡讀《孝經》和《論語》，在在顯現了阮元不單純是漢學考據之能手，委其實，阮元和宋人的主張義理之學，並無二致。用阮元在《節性齋銘》的一段說話來詮釋：

> 周初召誥，肇言節性。周末孟子，互言性命。性善之說，秉彝可證。
>
> 命哲命吉，初生即定。終命彌性，求至各正。邁勉其德，品節其行。
>
> 復性說興，流為主靜。由莊而釋，見性知鏡。考之姬孟，實相逕庭。
>
> 若合古訓，尚曰居敬。〔註57〕

便最恰當不過了。

四、阮元的考據學研究

阮元的學術成就是多方面的，他「淹貫群書，長于考證。」（《清史列傳 阮元傳》）在經學，小學，金石，書畫乃至天文曆算等各個領域，都有比較精深的研究，並通過這些研究，在一定程度上表達了自己的思想主張及政治理想。〔註58〕

茲據《揅經室集》所載篇章，分述阮元於考據學的成就如下：

考據古代的明堂，撰〈明堂論〉一卷：「粵惟上古，水土荒沉，橧芚猶在，政教朴略，宮室未興。神農氏作，始為帝宮，上圓下方，重蓋以茅，足以禦

〔註55〕阮亨：《瀛舟筆談》，卷7，（嘉慶1820年刻版），頁2。
〔註56〕龔自珍：《龔自珍全集》（上海人民出版社，1975年2月），頁227。
〔註57〕阮元：《揅經室集》，頁1075。
〔註58〕引自黃愛平：〈阮元學術述論〉載《史學集刊》，（1992年第1期），頁32～39。

寒暑，待風雨，實惟明堂之始。明堂者，天子所居之初名也。是故祀上帝則于是，祭先祖則于是，朝諸侯則于是，養老尊賢教國子則于是，饗射獻俘馘則于是，治天文告朔則于是，抑且天子寢食恆于是，此古之明堂也。黃帝，堯，舜氏作，宮室乃備。」〔註59〕

考據廣陵即東陵，撰〈禹貢東陵考〉云：「余昔在浙已考浙江即《禹貢》三江之南江，《禹貢》「東池北會于匯」乃自池州石城東池會于震澤，至餘姚入海。稽之漢以前古籍，無不合者，漢以後各家之誤，可指諸掌矣。嘉慶十一，二年間，予在墓廬，為卜葬之事，西上冶山，見所謂廣陵者矣。十三年，由汴梁過臨淮，踰清流關嶺，更見所謂廣陵者矣。十八年，由江寧溯江至池州，九江，乃曉然于《禹貢》，「至于東陵東池」六字為確不可易，廣陵即東陵，晉以後人誤之久矣！」〔註60〕

阮元對古代器物的考釋尤多，包括：〈古戟圖考〉、〈匕圖考〉、〈銅和考〉、〈璧羨考〉、〈棟梁考〉、〈古劍鐔臘圖考〉、〈鐘枚說〉等篇。〔註61〕

阮元又別撰〈明堂圖說〉，「爰更分析為十說，并圖以明之。」〔註62〕無怪乎龔自珍在〈阮尚書年譜第一序〉說：「公精研七經，覃思五禮，以為道載乎器，禮徵乎數。今尺古尺，求累黍而易誣；大車小車，程考工而易舛。故大而冢土明堂，辨禮之行於某地，小而衣冠鼎俎，知禮之繫乎某物。莫遁乎虛，咸就繩墨，實事求是，天下宗之，是公典章制度之學。——公揚歷清華，洊升卿士，熟於載筆之禮法，嫻於內廷之故實。三朝文物，觸之則緒若懸河，九卿行列，諮之則動中律令，是公掌故之學。」〔註63〕

劉德美認為：「阮元最關心的學問就是經學，他深究的觸角甚廣，遍及古器物的考據、古制度的詮釋、古水道的研究以及古金石的論述等。」〔註64〕因此，阮元在考據學的創獲，其成就是值得肯定的。

五、阮元的訓詁學研究

學術史家大多從經史實學的角度來看阮元的學術，往往忽略了阮元在訓

〔註59〕阮元：《揅經室集》，頁57。
〔註60〕阮元：《揅經室集》，頁74。
〔註61〕阮元：《揅經室集》，頁106～117。
〔註62〕阮元：《揅經室集》，頁989～999
〔註63〕張鑑：《阮元年譜》（北京：中華書局，1995年11月），頁274。
〔註64〕劉德美：〈阮元的考據學〉，載《歷史學報》第14期（1986年6月），頁109～139。

詁學所取得的成就。作為小學的其中一門，訓詁學和文字學，聲韻學等學科，都各自有其獨立性和關聯性，而並非只是傳統經學的附庸。阮元對待訓詁學的態度，亦可從這個角度加以審視。

1、訓詁學的功用

阮元說：「經非詁不明，有詁訓而後有義理。」〔註65〕又說：「綜而論之，聖人之道，譬若宮牆，文字訓詁，其門徑也。門徑苟誤，跬步皆岐，安能升堂入室乎。」〔註66〕又云：「古今義理之學，必自訓詁始，訓詁之學，必自形聲始。」〔註67〕

2、阮元治經的成就，大多得之於詁訓

阮元云：「余之學多在訓詁，甘守卑近，不敢矜高以賢儒自命，故《論仁》、《論性命古訓》皆不過訓詁而已。」〔註68〕又云：「余多講文字訓詁，非迂也。凡學不究其來源，則每誤矣。」〔註69〕

在《揅經室一集》說經之作中，有關詁訓的文章包括：〈釋易象音〉、〈釋易象音〉、〈釋心〉、〈釋鮮〉、〈釋磬〉、〈釋蓋〉、〈釋且〉、〈釋戠〉、〈釋郵表畷〉、〈釋頌〉、〈釋矢〉、〈釋順〉、〈釋達〉、〈釋門〉、〈釋釋訓〉、〈釋相〉等篇；《揅經室續集》有〈釋闉〉、〈釋佞〉、〈釋來〉、〈釋訓下篇〉、〈釋敬〉等篇；《揅經室再續集》則有〈釋眞〉、〈釋謂〉兩篇。

3、訓詁本於聲音

阮元說：「古人字從音出，喉舌之間，音之所通者，簡天下之大，言之所異者繁，《爾雅》者，近正也。……言由音聯，音在字前，聯音以爲言，造字以赴音。音簡而字繁，得其簡者以通之，此聲韻文字訓詁之要也。……訓詁錯則言語錯，執古聖之書，以小辨破其言而斷斷論之，道義皆錯矣。……今子（郝蘭皋）爲爾雅之學，以聲音爲主而通其訓詁，余亟許之，以爲得其簡矣。以簡通繁，古今天下之言皆有部居而不越乎喉舌之也。」〔註70〕阮元另引其師——王念孫的說話云：「訓詁之旨本於聲音，就古音以求古義，引伸觸

〔註65〕阮元：《定香亭筆談》卷4（揚州阮氏琅嬛仙館版），頁1。
〔註66〕阮元：〈擬國史儒林傳序〉，《揅經室集》，頁37。
〔註67〕阮元：〈馮柳東三家詩異文疏證序〉，《揅經室續集》卷1，頁54。
〔註68〕張鑑：《阮元年譜》阮福蒙庭訓語（北京：中華書局，1995年11月），頁155。
〔註69〕阮元：〈釋相〉，《揅經室再續集》卷3，頁9。
〔註70〕阮元：《揅經室集》，頁124～125。

類，擴充於爾雅說文之外，似乎無所不達，然聲音文字部分之嚴則一絲不亂。」〔註71〕

4、清代治訓詁、小學的學者，成就遠超前代

阮元說：「古書之最重者莫逾於經，經自漢晉以及唐宋，固全賴古儒注解之力，然其間未發明而沿舊誤者尚多，皆由於聲音文字假借轉注未能通徹之故。我朝小學訓詁遠邁前代，至乾隆間惠氏定宇，戴氏東原大明之。高郵王文肅公以清正立朝，以經義教子，故哲嗣懷祖先生家學特爲精博，又過於惠、戴二家。先生經義之外，兼核諸古子史。哲嗣伯申繼祖，又居鼎甲，幼奉庭訓，引而申之，所解益多。著《經義述聞》一書，凡古儒所誤解者，無不旁徵曲喻，而得其本義之所在。」〔註72〕由此而推知：在阮元的心目中，惠棟、戴震、王安國、王念孫、王引之皆爲清代小學的大師。古音學方面，阮元說：「古音自顧氏、江氏、戴氏皆有考正，金壇段氏分十七部爲益精，段氏之分支之脂爲三部也，發前人所未發：先生（王念孫）昔亦同見及此，因段書先出，遂輟作，然先生所分者乃二十一部。」〔註73〕

易言之，阮元認爲本朝的音韻學大師，包括：顧炎武、江永、戴震、段玉裁及其老師──王念孫等人。

5、阮元修輯《經籍纂詁》106卷，親自手訂凡例

《經籍纂詁》一書，爲我國古代訓詁之總集。只要讀一讀下列各條序言，是書的價值便不言而喻了：

錢大昕《經籍纂詁序》：「有文字而後有詁訓，有詁訓而後有義理；詁訓者，義理之所由出，非別有義理出乎詁訓之外者也。」〔註74〕

王引之《經籍纂詁序》：「及先生（阮元）督學浙江，乃手定體例，逐韻增收，總彙名流，分書類輯，凡歷二年之久，編成一百十六卷；展一韻而眾字畢備，檢一字而諸訓皆存，尋一訓而原書可識，所謂握六藝之鈐鍵，廓九流之潭奧者矣。夫訓詁之旨，本於聲音。」〔註75〕

臧鏞堂《經籍纂詁後序》：「少宗伯儀徵阮公視學浙江，以經術倡迪士子，

〔註71〕阮元：〈王石臞先生墓誌銘〉，《揅經室續集》卷2，頁4。
〔註72〕阮元：〈王伯申經義述聞序〉，《揅經室集》，頁120。
〔註73〕阮元：〈王石臞先生墓誌銘〉，《揅經室續集》卷2，頁5。
〔註74〕阮元：《經籍纂詁》（北京：中華書局，1982年4月），頁1。
〔註75〕同前註74。

思治經必先通詁訓，庶免鑿空逃虛之病。——共成書一百一十六卷，可謂經典之統宗，詁訓之淵藪，取之不竭，用之無窮者矣。蓋非宗伯精心卓識，雄才大力，不足以興剏造之功，而非諸君子分纂之勤，亦不能彙其成也。」〔註76〕

綜合上述五端，阮元在訓詁學的成就，比之於經學、史學，確實毫不遜色。在中國小學史上，阮元自然佔一重要席位，從龔自珍開始，他認為「公（阮元）識字之法，以經為諗，解經之法，以字為程，是公訓詁之學」〔註77〕到近人胡奇光，分述阮元研究語言與文化關係的前提，從語言文字看古代文藝及古代思想；〔註78〕都深中肯綮，言人之所未言；阮元在訓詁學所取得的成就，可由此而得見。

正如劉玉國所言：「在乾嘉訓詁學史上，吾人不但要述其編纂《經籍纂詁》、校刻《十三經注疏》之功，更應以戴、段、二王諸大家訓詁精神及方法之承繼者、發皇者推重之；他不但總結乾嘉訓詁方法之特色，更是新途徑之開創者。可惜像阮元那般主、客觀條件皆優，非人人可遇；復以道光以後，世局多艱，《公羊》學興起，倡言致用淑世之學，阮元為訓詁開出之新局面，遂未能進一步開展。惟清末以至民國之學者如劉師培、王國維、沈兼士等，則從阮元訓詁之方法及概念中，獲得相當啟發。」〔註79〕

六、阮元的校勘學研究

阮元在經學上的成就可說有目共睹，連帶阮元在校勘學的成績也可說不遑多讓。阮元在嘉慶二十一年（1816 年）十二月上「恭進十三諸經，校理注疏，綜核經義，於諸本之異同，見相沿之舛誤，每多訂正，尚未成書。乾隆五十六年（1791 年），奉敕分校太學石經，曾以唐石經及各宋板悉心校勘，比之幼時所校，又加詳備。自後出任外省，復聚漢、唐、宋石刻暨各宋、元板本，選長於校經之士，詳加校勘，自唐以後單疏分合之不同，明閩附音之有別，皆使異同畢錄，得失兼明，成《十三經注疏校勘記》二百十七卷，附《孟子音義校勘記》一卷，《釋文校勘記》二十五卷。」〔註80〕

〔註76〕同前註74。
〔註77〕龔自珍：《龔自珍全集》（上海人民出版社，1975 年 2 月），頁 226。
〔註78〕胡奇光：《中國小學史》（上海人民出版社，1987 年 11 月），頁 299～306。
〔註79〕劉玉國：〈阮元訓詁特色及其貢獻〉 載蔣秋華主編：《乾嘉學者的治經方法》下冊（臺北：南港 中央研究院中國文哲研究所籌備處印行，2000 年 10 月），頁 704。
〔註80〕阮元：《揅經室集》，頁 589～590。

阮元在校勘學的論著，包括：

1、《儀禮石經校勘記》四卷：阮元自著。

2、《十三經注疏校勘記序》十三篇〔註81〕：全賴阮元囑咐當時的學人校勘完

　成，而他也有定其是非，包括：

　　《周易》，阮元說：「臣元於《周易注疏》舊有校正各本，今更取唐，宋，

元，明經本，經注本，單疏本，經注陶合本讎校，各刻同異，屬元和生員李

銳筆之，爲書九卷，別校略例一卷，陸氏《釋文》一卷，而不取他書妄改經

文，以還王弼，孔穎達，陸德明之舊。」

　　《尙書》，阮元說：「臣於《尙書注疏》舊有校本，茲以各本授德清貢生

徐養原校之，并及《釋文》，臣復定其是非，且考其顚末，著於簡首。」

　　《毛詩》，阮元說：「因以臣舊校本授元和生員顧廣圻取各本校之，臣復

定是非，於以知經有經之例，傳有傳之例，箋有箋之例，疏有疏之例，通乎

諸例，而折衷於孟子「不以辭害志」，而後諸家之本可以知其分，亦可以知其

一定不可易者矣。

　　《周禮》，阮元云：「臣元於此經舊有校本，且合經注疏讀之，時窺見其

一二，因通校經注疏之訛字，更屬武進監生臧庸蒐校各本，并及陸氏《釋文》，

臣復定其是非，凡言周制言漢學者，容有藉於此。」

　　《儀禮》，阮元云：「臣於《儀禮注疏》舊有校本，奉旨充石經校勘官，

曾校經文上石。今合諸本，屬德清貢生徐養原詳列異同，臣復定其是非。」

　　《小戴禮記》，阮元說：「今屬臨海生員洪震火宣以惠棟本爲主，並合臣

校本及新得各本考其異同，臣復定其是非，爲《校勘記》六十有三卷，《釋文》

則別爲四卷，後之爲小戴學者，庶幾有取於是。」

　　《春秋左氏傳》，阮元說：「臣更病今日各本之踳駁，思爲諟正，錢塘監

生嚴杰熟於經疏，因授以舊日手校本，又慶元間所刻之本，并陳樹華考證及

唐石經以下各本，及《釋文》各本，精詳捃摭，共爲《校勘記》四十二卷。」

　　《春秋公羊傳》，阮元說：「臣舊有校本，今更以何煌所校蜀大字本，宋

鄂州官本及唐石經本，宋元以來各注疏本屬武進監生臧庸臚其同異之字，臣

爲訂其是非，成《公羊注疏校勘記》十一卷，《釋文校勘記》一卷，後之爲是

學者，俾得有所考焉。」

　　《春秋穀梁傳》，阮元云：「康熙間長洲何煌者，焯之弟，其所據宋槧經

〔註81〕阮元：《揅經室集》，頁253～264。

注殘本，宋單疏殘本，並希世之珍，雖殘編斷簡，亦足寶貴，臣曾校錄。今更屬元和生員李銳合唐石經元版注疏本及閩本，監本，毛本以校宋十行本之訛，臣復定其是非，成《穀梁注疏校勘記》十二卷，《釋文校勘記》一卷。」

《論語》，阮元云：「臣元於《論語注疏》舊有校本，且有籤識，又屬仁和生員孫同元推而廣之，於經，注疏，釋文皆據善本讎其同異，暇輒親訂成書，以詒學者云爾。」

《孝經》，阮元云：「臣元舊有校本，因更屬錢塘監生嚴杰旁披各本，並《文苑英華》《唐會要》諸書，或讎或校，務求其是，臣復親酌定之，為《孝經校勘記》三卷，《釋文校勘記》一卷。」

《爾雅》，阮元云：「臣元搜訪舊本，於唐石經外得明吳元恭仿宋刻《爾雅經注》三卷，元槧雪窗書院《爾雅經注》三卷，宋槧《爾雅邢疏》未附合經注者十卷，皆極可貴，授武進監生臧庸取以正俗本之失，條其異同，纖悉畢備。臣復定其昆非，為《爾雅注疏校勘記》六卷，後之讀是經者，於此不無津梁之益。」

《孟子》，阮元說：「今屬元和生員李銳合諸本，臚其同異，臣為辨其是非，以經注本正注疏本，以經疏十行本正明之閩本，北監本，汲古閣本，為《校勘記》十四卷。」

為行文方便起見，本節分從阮元的經學、史學、性道之學、考據學、訓詁學和校勘學各方面的研究，來論證阮元對清代學術的貢獻，我們對阮元在經史之學的研究方面，至少已有一初步的認識。對於阮元在經史之學的研究，筆者在此另作兩點之補充：

其一、阮元的文字學及聲韻學研究

文字學方面，阮元推崇者，是金壇段玉裁的說文學。阮元稱譽段氏有功於文字學者有三方面：「古音今音，皆可得其條貫，此先生之功一也。其言說文也，謂說文五百四十部，次第以形相聯，每部之中，次弟以義相屬，每字之下，兼說其古義、古形、古音。訓釋者，古義也：象某形，從某某聲者，古形也：云某聲，云讀若某者，古音也。三者合而一，篆乃完也。其引經傳，有引以說古義者，以轉注、假借分觀之。……學者以其說求之，斯說文無不可通之處。說文無不可通之處，斯經傳無不可通之處矣。此先生之功二也。……說文者，說字之書，故有讀如，無讀為。說經傳之書，則必兼是二者。自先生此言出，學者凡讀漢儒經、子，漢書之注，如夢得覺，如醉得醒，不至如

冥行摘埴。此先生之功三也。」〔註82〕

　　阮元又向人介紹薛傳均的《說文答問疏證》一書云：「甘泉薛氏傳均，字子韻，深於許氏文字之學，元未及見其人，而早卒於閩，實爲可傷，所著《說文答問疏證》一書，元到揚州始得見，揚州再刻之。本所疏證者，精確不磨，而辭亦簡潔，惜乎學優而命嗇也。其書據錢氏假借之字而加證之。元按薛氏名傳均，字子韻，即以均韻而論，蓋確有見于均之假借矣！」〔註83〕

　　聲韻學方面，對於古韻分部問題，阮元一向留心著意：「我朝古學振興，言古音者，自崑山顧氏以來，奚止十家？近時金壇段氏分十七部，高郵王氏分廿一部，亦精核之至矣！嘉慶間，余曾聞武進張編修惠言有韻學書未見，而編修卒道光中，編修之子成孫聰穎辛勤，能傳父學，踵成編修之書曰《諧聲譜》，奉以示余，余讀而歎之，歎其識力之超卓精細也，其書分二十部。」〔註84〕而阮元推崇者，始終爲段玉裁和王念孫二家。1830年，67歲的阮元致書吳蘭修時云：「因思古韻之分合，近惟金壇段氏若膺《六書音韻表》十七部爲善。……高郵王懷祖先生精研六書音韻，欲著古音一書，因段氏成書，遂即輟筆。然其分廿一部，甄極詩、騷，剖析豪芒，不但密於段氏，而更有密於陸氏者。」〔註85〕阮元在這封信亦同時透露了他本來有一構想：「予屢欲併《廣韻》而以古音分部，使便於擬漢以上文章辭賦者取用之，迄未暇爲之。」〔註86〕

　　總的來說，阮元在文字學研究的成就和貢獻，包括：

1、阮元發現，經書注疏的訛誤，往往是由於聲音、文字、假借、轉注未能通徹的緣故。

2、經傳中實字易訓，而虛詞難釋。《爾雅》、《說文解字》二書，於解說古聖賢經傳之詞氣最爲近古；阮元遂向士子推介王伯申《經傳釋詞》一書。

3、註釋古書，必須深通乎聲音、文字之本原。例如：以聲音、文字爲注《爾雅》之本，則《爾雅》才能明。

4、古今義理之學，必自訓詁始；訓詁之學，必自形聲始。

5、阮元極之推崇段玉裁的《說文解字注》有功於天下後世三方面：條貫古

〔註82〕阮元：〈漢讀考周禮六卷序〉，《揅經室集》，頁241～242。
〔註83〕阮元：〈薛子韻　說文答問疏證序〉，《揅經室再續集》卷1，頁3。
〔註84〕阮元：〈武進張氏諧聲譜序〉，《揅經室續集》卷1，頁46。
〔註85〕阮元：〈與學海堂吳學博蘭修書〉，《揅經室集》，頁1071。
〔註86〕同前註55。

音和今音；《說文》每字之下，兼說其古義、古形和古音；說字之書，故有讀如，無讀爲；說經傳之書，則必兼是二者。

阮元在聲韻學的成就和貢獻，可概括爲：

1、阮元說：「言由音聯，音在字前，聯音以爲言，造字以赴音。音簡而字繁，得其簡者以通之，此聲韻文字訓詁之要也。」〔註87〕換言之，阮元發現聲韻、文字、訓詁相通的原理。

2、阮元稱讚郝蘭皋爲《爾雅》之學，是以聲音爲主而通其訓詁。

3、至於古韻分部，阮元較同意者，爲金壇段玉裁分十七部、高郵王念孫分廿一部、與及武進張成孫分之爲二十部。

考察阮元在小學三方面（文字學、聲韻學、訓詁學）所獲得的成就，阮元說是得力於其師——王念孫。而王念孫治小學之方法：「訓詁之旨，本於聲音，就古音以求古義，引伸觸類，擴充於《爾雅》、《說文》之外，似乎無所不達。」〔註88〕其實亦是阮元治小學所熟用之方法。

對阮元在小學的發明和貢獻，下列兩位學者的研究心得，足供我們參考及賦予研究者一些啓示：

1、劉玉國先生說：「從阮元運用語法分析和通假字辨識，而糾正古書訓詁訛誤的例證，可知在訓解古書之際，不僅要按形求義，更要兼顧其在整句中的位格；絕不能忽略文句結構、整體搭配的問題。阮元在詁解時已能注意到運用前後文參伍互證的方法，尤其提出『義同字變』的條例，更將語法、修辭與訓詁綰合，實大有功於古書之解讀。」〔註89〕

2、金培懿女士說：「語言是後人在憑藉文本解讀聖人之道時，絕對必要的媒介，唯有依據語言本身，認識聖人意識的作爲才得以開始，阮元深知語言在注經時舉足輕重的地位，所以才會藉由解釋字義或尋求語源、或瞭解文字通假、或找出文字規則等訓詁手法，以解經明道。……阮元對語言敏銳的感覺，使他在注經方法上，注意到語言的結構、意義會隨時間遞嬗而改變，但他並沒有因此而產生對語言的不信任，反而藉由歸納與比較以找尋語言的本義，企圖恢復原經典所承載的聖人

〔註87〕阮元：〈與郝蘭皋戶部論爾雅書〉，《揅經室集》，頁124。

〔註88〕阮元：〈王石臞先生墓誌銘〉，《揅經室續二集》卷二下卷，頁4。

〔註89〕劉玉國：〈阮元《釋訓》析論〉載楊晉龍：〈海峽兩岸清代揚州學派研討會紀實〉，《中國文哲研究通訊》（臺灣：臺北·南港　中央研究院中國文哲研究所，2000年12月），頁264。

『原初』意識。」〔註90〕

其二、阮元經史之學文章的分類

現依十三經及史學、子學的分類，列出阮元研究經、史、子學文章的篇目如次：

1、易學：〈易之象解〉、〈胡朏明先生　易圖明辨序〉、〈焦氏雕菰樓易學序〉。

2、詩學：〈大雅文王詩解〉、〈詩有馥其馨馥誤椒記〉、〈馮柳東　三家詩異文疏證序〉、〈陳啓源　毛詩稽古編序〉。

3、書學：〈宗禮餘說〉、〈詩書古訓序〉。

4、周禮學：〈考工記車制圖解〉、〈焦里堂　群經宮室圖序〉、〈明堂圖說〉。

5、儀禮學：〈任子田　弁服釋例序〉、〈張臬文　儀禮圖序〉、〈儀禮石經校勘記序〉、〈儀禮喪服大功章傳注舛誤考〉、〈程瑤田　儀禮喪服足徵記序〉、〈江永　禮書綱目序〉。

6、禮記學：〈王實齋　大戴禮記解詁序〉、〈孔檢討　大戴禮記補注序〉、〈惠半農先生　禮說序〉、〈與洪筠軒論三朝記書〉、〈曾子十篇注釋序〉。

7、春秋左氏傳：〈左傳引康誥解〉。

8、春秋穀梁傳：〈鎮江柳孝廉春秋穀梁傳學序〉。

9、春秋公羊傳：〈孔廣森　春秋公羊通義序〉、〈范茂才　春秋上律表序〉。

10、論語學：〈陳鱣　論語古訓序〉、〈論語論仁論〉。

11、孟子學：〈山井鼎　刻七經孟子考文並補遺序〉、〈孟子論仁論〉。

12、爾雅學：〈與郝蘭臬戶部論爾雅書〉、〈與高郵宋定之論爾雅書〉。

13、孝經學：〈孝經郊祀宗祀說〉、〈孝經先王即文王說〉。

史學：〈擬國史儒林傳序〉、〈擬儒林傳稿凡例〉、〈全謝山經史問答序〉、〈南江邵氏遺書序〉、〈通鑑訓纂序〉、〈史炤　通鑑釋文跋〉、〈錢大昕　四史疑年錄序〉、〈錢大昕　十駕齋養新錄序〉、〈重刻舊唐書序〉、〈顧炎武肇域志跋〉、〈京師慈善寺西新立顧亭林先生祠堂記〉、〈席世臣　宋遼金元別史序〉、〈王西莊先生全集序〉、〈續疇人傳序〉、〈劉孟瞻　項羽都江考跋〉、〈校刊宋元鎮江府志序〉。

子學：〈荀子引道經解〉、〈塔性說〉、〈一切經音義跋〉、〈復性辨〉、〈鬼谷子跋〉。

〔註90〕金培懿：〈阮元注經方法中的語言意識及其詮釋學意義〉，同前註67，頁265～267。

關於經學上的家法、師承問題，阮元說：「夫漢人治經，首重家法，家法亦稱師法，前漢多言師法，後漢多言家法。至唐，承江左義疏，惟易、書、左氏爲後起者所奪，其餘家法未嘗亡也。自有破樊籬者，而家法亡矣。」〔註91〕阮元治經，不重師承，就正如王俊義所言一樣：「阮元研究群經也直接從周秦古書，或運用考古知識，從金石文字中印證文獻記載，而不受傳統傳注的約束。」〔註92〕

第三節　阮元對金石曆算學的研究

一、阮元的金石學研究

我國過去有一門學問叫「金石學」，是在宋代開始興起來的。所謂「金」指青銅器及其銘文，「石」則指碑刻。〔註93〕阮元於金石學用力何如？阮元說：「數指而計之，有十事焉。」〔註94〕，易言之，阮元自述其對金石學的研究有下列十事：

1、勒爲《山左金石志》24 卷。阮元〈山左金石志序〉云：「山左兼魯、齊、曹、宋諸國地，三代吉金甲于天下，東漢石刻，江以南得一已爲鉅寶，而山左有秦石二，西漢石三，東漢則不勝指數，故論金石于山左，誠眾流之在渤海，萬峰之峙泰山也。」〔註95〕

2、勒成《兩浙金石志》18 卷。阮元〈兩浙金石志序〉：「余在浙，久遊浙之名山大川，殆遍錄浙人之詩數千家，成《兩浙輶軒錄》，刻之；訪兩浙帝王賢哲之陵墓，加以修護，成《防護錄》刻之，以其餘力及于金石刻，搜訪摹揚，頗窮幽遠，又勒成《兩浙金石志》一書。」〔註96〕

3、勒爲《積古齋鐘鼎款識》10 卷。阮元〈積古齋鐘鼎彝器款識序〉：

> 余心好古文奇字，每摩挲一器，揭釋一銘，俯仰之間，輒心往于數千年前，以爲此器之作，此文之鑄，尚在周公，孔子未生以前，何

〔註91〕阮元：〈王西莊先生全集序〉，《揅經室集》，頁 546。

〔註92〕王俊義：〈再論乾嘉揚州學派〉載馮爾康等：《揚州研究——江都陳軼群先生百齡冥誕紀念論文集》（臺北：聯經出版事業公司，1996 年 8 月），頁 247。

〔註93〕葉昌熾：《語石》，出版說明（遼寧教育出版社，王其褘校點本，1998 年 12月），頁 1。

〔註94〕阮元：《揅經室集》（北京：中華書局，1993 年 5 月），頁 645～646。

〔註95〕阮元：《揅經室集》，頁 637。

〔註96〕阮元：《揅經室集》，頁 1070。

論秦、漢乎。由簡策而卷軸，其竹帛已灰燼矣，此乃巋然獨存乎世，人得西嶽一碑，定武片紙，即珍如鴻寶，何況三代法物乎。世人得世綵書函，麻沙宋版，即藏爲祕冊，何況商、周文字乎。友人之與余同好者，則有江侍御德量、朱右甫爲弼、孫觀察星衍、趙銀臺秉沖、翁比部樹培、秦太史恩復、宋學博葆醇、錢博士坫、趙晉齋魏、何夢華元錫、江鄭堂藩、張解元廷濟等，各有藏器，各有搨本，余皆聚之，與余所藏自搨者，集爲《鐘鼎款識》一書，以續薛尚功之後。薛尚功所輯共四百九十三器，余所集器五百五十，數殆過之。〔註97〕

阮元覺得聚集此等鐘鼎彝器，實有永恆的價值：「然則聚一時之彝器摹勒爲書，實可使一時之器永傳不朽，即使吉金零落無存，亦可無憾矣。」〔註98〕

4、鑄揚州周散氏南宮大盤，「東南重寶也，歲丁卯，離使者獻於朝，阮元模鑄二盤，極肖之，一藏府學，一藏文選樓。」〔註99〕

5、摹刻天一閣北宋石鼓拓本：凡四百七十二字，阮元摹刻爲二，一置杭州府學明倫堂，一置揚州府學明倫堂。

6、阮元步至揚州甘泉山，得西漢「中殿第廿八」二石於屬王冡：天下西漢石止此與曲阜五鳳石共二石。

7、阮元遣書佐至諸城琅琊臺：剔秦篆於榛莽中拓之，多得一行。

8、漢府門之倅大石人二，仆於野，爲樵牧所殘，阮元連車運致曲阜豐相圃中，並立之。

9、阮元得四明本全拓延熹華山廟碑摹刻之，置之北湖祠塾。阮元〈漢延熹華嶽廟碑整拓本軸子二跋〉云

此漢延熹〈西嶽華山廟〉碑未蔀本，即四明本。明時藏寧波豐學士熙萬卷樓，國朝歸鄞縣全謝山編修祖望，謝山有跋，載《鮚埼亭集》中，後歸范氏天一閣。乾隆間，嘉定錢太學東壁爲范氏編金石目錄成，范氏以此碑非司馬舊物，酬贈之。嘉慶十年（1805年）質于印氏。十三年戊辰（1808年），歸于余。……

〔註97〕阮元：《揅經室集》，頁636。
〔註98〕阮元：《揅經室集》，頁637。
〔註99〕阮元：《精拓周散氏盤銘》（上海：碧梧山莊印，求古齋發行，線裝石印本），頁1～13。

〈華山碑〉今海內止存三本，此其第二也。其第三本爲明陝西東雲
駒兄弟，郭允伯，國朝王山史，張力臣，凌如煥，黃文樨諸家所遞
藏，今在大興朱竹君學士家。其第一本爲明長垣王文蓀，國朝商邱
宋漫堂，陳宗尹所遞藏，有王覺斯，朱竹垞等跋，今歸成親王詒晉
齋中。此二本皆翦標本，而長垣本百字皆全爲勝。余既十四年（1809
年）摹刻四明本暨秦泰山殘字于揚州北湖墓祠矣，復攜拓本至京師，
拓本紙力已敝，急爲裝池成軸，復借鉤長垣百字補于缺處，并記以
詩。

嘉慶十五年（1810年），〈華山碑〉既標成，從桂香東少宰芳處得觀
長垣本，摹其碑右所全百字，雙鉤補于此碑缺處。是年冬，竹君學
士之子少河錫庚歸自山西，復相約會于南城之龍泉寺，各攜山史，
四明二本，校讀竟日，二本蓋同時所拓也。三本皆以庚午年相聚于
京師，洵金石佳話也。〔註100〕

10、阮元摹刻秦泰山殘篆、吳〈天發神讖〉二碑，同置北湖祠塾。阮元〈摹
刻泰山殘字跋〉云：

秦泰山石刻殘篆，乾隆間燬于火，世間搨本漸少，嘉慶十四年（1809
年），揚州阮氏以舊拓本屬吳門吳國寶摹刻，與重摹漢〈西嶽華山碑〉
石同置北湖祠塾。〔註101〕

阮元〈摹刻天發神讖碑跋〉云：

三國吳〈天發神讖碑〉，舊在江寧，嘉慶十年燬於火，人間拓本皆可
寶貴。元家有舊拓本，合之繁昌鮑氏舊拓本，共得二百二十一字。
十四年春，屬長洲吳國寶木無刻，以昭絕學。〔註102〕

阮元對古金石多所論述，無怪乎劉德美女士說：「阮元在金石學方面，就是集
鑒賞、探訪、收藏、文章於一身的通才。」〔註103〕

阮元爲何雅好金石之學？以下是阮元在〈積古齋記〉的自白：

李義山詩云：「湯盤孔鼎有述作，今無其器存其詞。」義山唐人，尚
不見器而重其詞，況今又千年，不但存其詞且有其器耶。所以予於

〔註100〕阮元：《揅經室集》，頁 644～645。
〔註101〕阮元：《揅經室集》，頁 644。
〔註102〕阮元：《揅經室集》，頁 600。
〔註103〕劉德美：〈阮元的考據學〉載《國立臺灣師範大學歷史學報》，第 14 期，（1986
年 6 月），頁 8。

　　　鐘鼎古器有深好也。與吾同好者，有平湖朱子右甫。右甫得一器，

　　　必摩挲考證之，頗於經史多所創獲。予之暇，藉此羅列以爲清娛，

　　　且以償案牘之勞。兒子常生好兒童之篆刻，亦刷拭以侍。〔註104〕

可知芸臺之嗜好金石，實在是他繁忙公務之餘的消遣或興緻，更影響及他的
學生（朱爲弼）和兒子（常生），亦一同有此種雅興。阮元亦有詩句云：

　　　齋中積古最精摹，一尺檀盤事事全。

　　　金石文房十三器，漢唐北宋二千年。

　　　案頭舊搨銅花細，筆下新生墨彩鮮。

　　　翡翠珊瑚皆避席，好同歐趙共清緣。〔註105〕

阮元說：「形上謂道，形下謂器，商周二代之道存於今者，有九經焉，若器則
罕有存者，所存者，銅器鐘鼎之屬耳。——器者所以藏禮——然則器者，先
王所以馴天下尊王敬祖之心，教天下習禮博文之學。」〔註106〕

　　據林海俊的考證：「我們在閱讀《積古齋》的時候，還可以發現這部書的不
少優點。首先，它第一次提出了『藏禮』這一概念，明確指出了青銅器有別尊
卑、明貴賤的作用。」〔註107〕李成良（1947～　 ）亦指出：「阮元把金石學的
地位提高到了相當重要的位置。他通過對鐘鼎彝器的形制和文字的研究，獨闢
蹊徑，開闢了『考古證經』的新領域，比起他的前人來說，是一個重要的創造。」
〔註108〕林氏、李氏的分析，不約而同都總結了阮元對金石之學的貢獻。

　　對於阮元的金石學研究貢獻，下列各家的評語，尤爲確當。

　　李遇孫（1765～1843）：「阮宮保輯積古齋鐘鼎彝器款識，與薛氏同其體
例，而精博過之。近時講金石之學者，金少而石多，吾師此書，專以款識名，
爲薛氏後不可缺之書。薛尚功所輯共四百九十三器，而積古齋有五百六十器
之多，絕後超前，殆無其匹。所著揅經室文集，亦多考證金石之文；又重摹
天一閣所藏北宋本石鼓文，西嶽華山廟碑；又石經儀禮考，皆有功於金石。
視學山東時，成山左金石志二十四卷，撫浙時復輯兩浙金石志。」〔註109〕

〔註104〕阮元：《揅經室集》，頁 649。

〔註105〕阮元：〈詠十三金石文房〉，《揅經室集》，頁 934。

〔註106〕阮元：〈商周銅器說上〉，《揅經室集》，頁 632。

〔註107〕林海俊：〈清代古文字學家阮元〉載《揚州大學學報》，（1998 年第 5 期），頁
　　　　28。

〔註108〕李成良：《阮元思想研究》（四川人民出版社，1997 年 11 月），頁 234。

〔註109〕李遇孫：《金石學錄》卷 4〈國朝下〉，國粹學報社編：《古學彙刊》（臺北：
　　　　力行書局印行），頁 3088。

　　龔自珍（1792～1841）：「公（阮元）謂吉金可以證經，樂石可以劻史，
翫好之侈，臨摹之工，有不預焉。是以儲彝器至百種，椎拓遍山川，紙墨照
眉髮，孤本必重鉤，偉論在著錄。十事彪炳，冠在當時。是公金石之學。」
〔註110〕

　　羅振玉（1866～1940）：「國朝二百年儒風益振，王、郝詁訓，上扶五雅
之衰；段、桂說文，遙奪二徐之席；焦、張之圖禮制，陋李、嚚之前聞；阮
（元）、吳（大澂）之釋鼎彝，壓宣和之御製。」〔註111〕

　　容庚（1894～1983）：「《積古齋鐘鼎彝器款識》十卷，此書是研究清代所
見古銅器銘文的頭一部書，起了領導的作用。」〔註112〕

　　于省吾（1896～1984）：「有清中葉，考據之學號稱極盛，然多攻許、鄭
之書，自錢獻之撰十六長樂堂古器款識考，阮伯元踵之有積古齋鐘鼎彝器款
識之作，羅抉益博，靡然海宇嚮風矣！」〔註113〕

　　唐蘭（1901～1979）：「從阮元作積古齋鐘鼎款識，并且刻入皇清經解以
後，款識學盛行一時，成爲漢學的一部分。」〔註114〕

二、阮元的曆算學研究

　　阮元認爲中國古代的天文曆算之學，並不遜色於西洋人，反之，中土的
曆算學家，代不乏人，彼等皆精于數學。阮元云：

> 自利瑪竇入中國，西人接踵而至，其於天學皆有所得，采而用之，
> 此禮失求野之義也；而徐光啓至，謂利氏爲今日之羲和，是何其言
> 之妄耶！天文算數之學，吾中土講明切究者，代不乏人。自明季空
> 談性命，不務實學，而此業遂微，臺官步勘，天道疏闊彌甚，于是
> 西人起而乘其衰，不得不矯然自異矣。然則但可云明之算家不如泰
> 西，不得云古人皆不如泰西也。我國家右文尊道，六藝昌明，若吳

〔註110〕龔自珍：〈阮尚書年譜第一序〉，張鑑：《阮元年譜》（北京：中華書局，黃愛
　　　　平點校本，（1995年11月），頁274。
〔註111〕羅振玉：〈國學叢刊序〉，《羅振玉校刊群書敘錄》（江蘇廣陵古籍刻印社，1998
　　　　年1月），頁57。
〔註112〕容庚：〈清代吉金書籍述評〉，曾憲通編：《容庚選集》（天津人民出版社，1994
　　　　年），頁74～129。
〔註113〕于省吾：〈雙劍誃吉金文選序〉，《雙劍誃吉金文選》（北京：中華書局，1998
　　　　年9月），頁7。
〔註114〕唐蘭：《中國文字學》（上海古籍出版社，1979年），頁24。

江王氏，宣城梅氏，皆精于數學，實能盡得西法之長，而匡所不逮，
至休寧戴東原先生，發明五曹孫子等經，而古算學明矣。嘉定錢竹
汀先生，著《廿二史考異》，詳論三統四分以來諸家之術，而古推步
學又明矣！學者苟能綜二千年來相傳之步算諸書，一一取而研究
之，則知吾中土之法之精微深妙，有非西人所能及者。彼不讀古書，
謬云西法勝于中法，是蓋但知西法而已，安知所謂古法哉！〔註115〕

在此可見，阮元對中國曆算學家的成就，是如何推崇備至的了。

阮元不單只博通經史，他對天文算學的興趣也非常濃厚，阮元說：「咸謂
西人之學，非中土之所能及，然元嘗博觀史志，綜覽天文算術家言。」〔註116〕

清朝算學之盛，實往古所未有，阮元於〈里堂學算記序〉歷數清朝自開
國以來的數學家：

我國家稽古右文，昌明數學，聖祖仁皇帝御製《數理精蘊》，高宗純
皇帝欽定《儀象考成諸編》，研極理數，綜貫天人，鴻文寶典，日月
昭垂，固度越乎軒轅，隸首而上之。以故海內為學之士，甄明度數，
洞曉幾何者，後先輩出。專門名家則有若吳江王曉庵錫闡、淄川薛
儀甫鳳祚、宣城梅徵君文鼎。儒者兼長則有若吳縣惠學士士奇、婺
源江慎修永、休寧戴庶常震。莫不各有撰述，流布人間。蓋我朝算
學之盛，實往古所未有也。江都焦君里堂，與元同居北湖之濱，少
同遊，長同學，里堂湛深經學，長於三禮，而於推步數術，尤獨有
心得。比輯其所著〈加減乘除釋〉八卷，〈天元一釋〉二卷，〈釋弧〉
三卷，〈釋橢〉一卷總而錄之，名《里堂學算記》。書成，而屬元序
之。元思天文算學，至今日而大備，而談西學者輒詆古法為粗疏不
足道，于是中西兩家遂多異同之論。然元嘗稽考算氏之遺文，汎覽
歐羅之述作，而知夫中之與西，枝條雖分，而本幹則一也。……元
少略涉斯學，心鈍不能入深，且以供職中外，斯事遂廢。今見里堂
成此書，敬且樂焉。吾鄉通天文算學者，國朝以來惟泰州陳編修厚
耀最精。今里堂之學，似有過之無不及也。〔註117〕

諸可寶《疇人傳三編》卷三〈阮元傳論〉云：

〔註115〕阮元：〈疇人利瑪竇傳論〉，《揅經室續集》卷2，頁6～7。

〔註116〕阮元：〈疇人湯若望傳論〉，《揅經室續集》：卷2，頁7～8。

〔註117〕阮元：《揅經室集》（北京：中華書局，1993年5月），頁681～682。

夫太傅揚歷中外五十餘年，頤養里第又十一年，身爲名臣通儒，猶
孜孜於天文算學不倦，良因術數之眇，窮幽極微，可以綱紀群倫，
經緯天地，乃儒流實事求是之學，非方技苟且干祿之具，用是上下
二千年來，網羅將三百家，勒成一編，傳諸永久。是故勿庵興而算
學之術顯，東原起而算學之道尊，儀徵太傅出，而算學之源流傳習，
始得專書。昔河間文達公淹通經籍，人疑其不自著書，則但曰畢生
詣力備見於《四庫書目提要》而已；吾謂儀徵公於算學亦然，非必
有所撰纂而後成一家言也，言不朽成盛業，孰有大於《疇人傳》者
乎！又豈屑屑焉與曲藝自矜者，較尺寸之憲率，絜短長於跡象乎，
然則儀徵之有功藝苑，與河間將毋同；若夫著作貫九流，事功垂十
世，名在史宬，語在典冊，後之誦《揅經室四集》，讀《文選樓叢書》
者，自能窺其全而識其眞，今之記載，類取明算諸說著於篇，庶幾
備尚論之一助，以斯爲別傳也可，即以是當學術外紀也。〔註118〕

諸可寶不單表彰阮元之於曆算學的貢獻，甚而對王錫闡、戴東原等清代學人
在曆算學的成就，也同樣加以肯定。

清道光二十年（1840）四月，阮元爲羅士琳《續疇人傳》撰序，阮元云：
「元少壯本昧於天算，惟曄李氏尚之，焦氏里堂言天算，尚之往來杭署，搜
列各書，與元撰成《疇人傳》，今老病告歸田里，更爲昏耄，又喜得羅氏茗香
論古天算有如此，羅氏補續疇人，各爲列傳，用補前傳所未收者，得補遺十
二人附見五人，續補十九人，附見七人，大凡四十三人，離爲六卷，次於前
傳四十六卷之後，統前傳共成五十二卷，容有挂漏再續焉。」〔註119〕

正如阮元云：「天文律算之學，至本朝而大備；天下學者，或疑其深微奧
秘而不敢學習。」〔註120〕不過，『談天三友』之一的李銳（另二人爲焦循、凌
廷堪）卻云「曆學乃致治之要，爲政之本。」〔註121〕

總言之，在阮元的眼中，西學實來自中土，阮元爲西洋人蔣友仁撰〈地
球圖說序〉云：「西洋人言天地之理最精，其實莫非三代以來古法所舊有。後
之學者，喜其新而宗之，疑其奇而闢之，皆非也。言天員地員者，顯著於大

〔註118〕諸可寶：《疇人傳三編》卷3，《疇人傳彙編》，下冊（臺北：世界書局，1982
年4月），頁751。

〔註119〕阮元：《揅經室再續集》卷2，頁3。

〔註120〕阮元：〈范茂才 春秋上律表序〉，阮亨：《瀛舟筆談》卷7，頁22。

〔註121〕阮元：〈李尚之傳〉，《揅經室集》，頁482。

戴記。——元之注釋曾子十篇也，於天員篇未嘗不用泰西之說。」〔註122〕

　　對於阮元在曆算學的研究貢獻，下述各家頗有代表性，茲錄而出之：

　　竺可楨（1890～1974）：「清阮元作疇人傳，評量明朝人天算的成就說：『明季士大夫率以空疏相尚』；又說：『明代算學陵替習之者鮮』。」〔註123〕

　　全漢昇（1913～　）：「清中葉反對西化的人物，以阮元為代表。他的攻擊焦點是西洋的天文學說。如疇人傳卷九蔣友仁傳論，反對西人地動日靜之說……他不滿意當時西法的擁護者，而提倡中法，以為中法勝於西法。」〔註124〕

　　陸寶千（1925～　）：「芸臺亦自稱『少治六經，涉及九數』；又稱『象數之學，儒者所當務』。故掇拾史書，薈萃群籍，凡言天者，推步者，製儀器者，通九九者，皆甄而錄之，為疇人傳四十六卷。中國之有科學史，此其嚆矢也。夫象數之學，制器所本，亦經世之一端也。」〔註125〕

　　艾爾曼（1946～　）：「考據學者如戴震、錢大昕和阮元（1764～1849）、成功地將西方天文學和數學的技術方面引入經學研究的儒家框架中。」〔註126〕

　　李天綱：「阮元主編《疇人傳》，是中國儒學史上扭轉乾坤的著作。全書收從黃帝以來的疇人 280 個，其中包括西洋人 37 個。按『凡例』，阮元說：『歐羅巴人自明末入中國，嗣後源源而來，相繼不絕。利瑪竇、湯若望、南懷仁等於推步一事頗能深究，亦當為之作傳。』事實上《疇人傳》不但收入了在華的耶穌會士，他們介紹的歐洲科學家，如歐幾里得、第谷、哥白尼、牛頓等也被收入。」〔註127〕

〔註122〕阮元：〈地球圖說序〉，《文選樓叢書》（嚴一萍選：百部叢書集成，臺北：藝文印書館），頁1。

〔註123〕竺可楨：〈中國古代在天文學上的偉大貢獻〉，王元化主編：《釋中國》（上海：文藝出版社，1998 年 3 月），第四卷，頁 2876。

〔註124〕全漢昇：〈明末清初反對西洋文化的言論〉，王元化主編：《釋中國》，第一卷，頁 114。

〔註125〕陸寶千：《清代思想史》第 7 章〈嘉道史學：〉，（臺灣：廣文書局，1978 年 3 月），頁 312。

〔註126〕艾爾曼：〈從前現代的格致學到現代的科學〉，載劉東主編：《中國學術》（北京：商務印書館，2000 年夏），第二輯，頁 23。

〔註127〕李天綱〈清代儒學與西學〉，載香港中文大學中國文化研究所編：《二十一世紀》，2001 年 10 月號（總第 67 期），頁 53。

第四節　阮元的方志學

阮元早在清嘉慶三年（1798），爲休寧金太守棨撰〈泰山志序〉，時阮元35 歲，阮元此種重視修纂地方志的看法，一直延續至道光二十九年（1849）老死那一年爲止，那一年，阮元仍爲王檢心撰〈道光重修儀徵縣志序〉；由此可見，阮元對方志學的高度重視。事實上，據倉修良的統計：「到了清代，我國修志事業進入了全盛時代，不單所修志書數量超過以往任何一個朝代（今天留下 8000 多部志書中，清代所修佔 5700 部左右），而且鄉鎮志、山水志、寺院志等也都比明代更加發達，更爲普遍。」〔註128〕

下文從兩個角度來審視阮元的方志學：一、阮元方志學的序跋文；二、阮元修纂地方志的成果。

一、阮元方志學的序跋文

阮元早在 1798 年便說：「山經、地志，史家之書也。山莫大於泰山，史亦莫古於泰山，泰山之必當有志，重于天下山經、地志遠矣。——余於乾隆五十九年奉命視學山左，試泰安畢，登岱覽其勝，又遍拓其金石文字爲金石錄，而岱志之舉，尚望諸鴻通博覽之君子。今休寧金太守棨來守泰安，訟簡民和，歲時豐稔，遂乃窮圖經之幽邃，憫舊志之殘缺，實始爲修志之舉。——作紀三卷、圖一卷、志十卷、記五卷、敘錄一卷，總爲 二十卷，經始於乾隆乙卯（1795），告成於嘉慶戊午（1798）。」〔註129〕阮元稱道〈泰山志〉：「余喜得其書而盡覿之，序述賅備，體例謹嚴，兼史家之三長，考地理于千古，善乎！」〔註130〕

1799 年夏，36 歲的阮元，爲松江陳通判韶所錄〈方外志〉撰序云：「天台山之有專志，始於元之無名氏，其書世已罕觀，方外志則明高明寺僧無盡所撰也。——元又命錢塘嚴生杰修訂之。——書成，釋靈在繪圖二十有一，靈在住此山中，所繪或得其眞面目，亦從之列於卷首。」〔註131〕

1806 至 1807 年間，43 歲的阮元爲族姊夫焦循撰〈揚州北湖小志序〉，阮

〔註128〕倉修良：〈方志學概述〉，《史家　史籍　史學》（濟南：山東教育出版社，2000年 3 月），頁 766。
〔註129〕阮元：〈泰山志序〉，《揅經室集》（北京：中華書局，1993 年 5 月），頁 536～537。
〔註130〕同前註。
〔註131〕阮元：〈重訂天台山方外志要序〉，《揅經室集》，頁 676～677。

元認為從修纂方志的文筆，可觀作者的史才，阮元說：「孝廉學識精博，著作等身，足觀史才。夫以北湖周回百里中水地、古蹟、忠孝、節義、文學、武事悉載于是，是地出靈秀，特籍孝廉之筆，以傳斯地之事也。使各郡縣數十里中皆有一人，載筆以志其事，則郡縣之志不勞而成矣。丞索其稿刊於版，以貽鄉人觀覽，以待長官采擇焉。」〔註132〕

清嘉慶二十三年（1818），阮元任兩廣總督，奏纂《廣東通志》，至道光二年（1822）閏三月，《阮通志》成書，阮元撰〈重修廣東省通志序〉詳述修志本末云：「元蒞兩廣，閱廣西通志，乃嘉慶初謝中丞啓昆所修，喜其載錄詳明，體例雅飭，及閱廣東通志，胰猶是雍正八年郝中丞玉麟所修，書僅六十四卷。四庫提要稱其一年竣事，體例牴牾，未悉訂正。且迄今九十餘年未經續纂，若再遲，則文獻愈替，是不可不極修纂矣。爰奏請開局修纂之。大略以廣西通志體例為本而有所增損。凡總纂，分纂，採訪，校錄莫不肩任得人，富於學而肯勤其力，三年有成，奏進御覽。志三百三十四卷——共二十六門。古人不曰志而曰圖經，故圖最重。宋王中行等廣州圖經不可見矣，今則一縣一州為一圖，沿海洋汛又為長圖，按冊讀之，粲然畢著矣。」〔註133〕可知方志古稱圖經，方志又以繪載地圖為最主要之功用。

清道光十四年（1834），71歲的阮元為李斗撰〈揚州畫舫錄跋〉記：「揚州全盛在乾隆四五十年間，余幼年目睹，弱冠雖閉門讀書，而平山之遊，歲必屢焉。方翠華南幸，樓臺畫舫，十里不斷。」道光十九年（1839）冬至日，76歲的阮元再撰〈揚州畫舫錄跋〉云：「自畫舫錄成又四十餘年，書中樓臺園館，僅有存者，大約有僧守者，如小金山、桃花庵、法海寺、平山堂尚在；凡商家園丁管者多廢，今止存五樓一家矣！」〔註134〕而阮元也早在《畫舫錄》成書時，為李艾塘撰序云：「《揚州畫舫錄》十八卷，儀徵李君艾塘所著也。——且艾塘為此垂二十年，考索於志乘碑版，諮詢於故老通人，採訪於舟人市賈，其裁製在雅俗之間，洵為深合古書體例者。」〔註135〕

清道光二十二年（1842），79歲的阮元為元代「京口四傑」之一的俞希魯撰〈至順鎮江志序〉云：「余家久藏宋嘉定、元至順寫本《鎮江志》二部，乃

<hr>

〔註132〕阮元：〈揚州北湖小志序〉，《揅經室集》，頁391。
〔註133〕阮元：〈重修廣東省通志序〉，《揅經室集》，頁588～589。
〔註134〕阮元：〈揚州畫舫錄二跋〉，《揅經室再續集》卷3，頁6～7。
〔註135〕阮元：〈畫舫錄序〉，《揅經室集》，頁691～692。

乾隆六十年宣城張木青學士薰所贈之書。嘉慶間,曾經進呈內府。又錄兩副本,一藏家中文選樓,一藏焦山書藏,以待有志者刊之,良以二書有關於京口之掌故甚巨也。——余按俞氏乃元末遺老,為金華宋濂所推。若非刊刻此書,烏知俞氏之學精密若是?」〔註136〕

清道光二十七年(1847),84 歲的阮元,為其從弟阮先(愼齋)的《揚州北湖續志》撰序云:「憶昔焦里堂孝廉著有《前北湖小志》,所載一方人物事蹟,節孝風俗,刊行於世,迨四十年矣。余自己亥歸田後,即屬愼齋分續是書,同其兄敬齋克,分實齋充搜羅,更得六卷,粲然大備;復延甘泉王望湖參訂,儀徵畢韞齋校錄,閱五年而成。」〔註137〕

清道光二十九年(1849),86 歲的阮元為王檢心撰〈道光重修儀徵縣志序〉,對修志之法,阮元詳加述說:「史家之志地理,昉於漢書,其志首列禹貢全篇,次列周禮職方氏,然後述漢時方域,蓋舊典與新編前後相聯,而彼此各不相混,乃古人修志之良法。——欲得新志之善,必須存留舊志——然後再列新增,凡舊志有異同,則詳注以推其得失,新增之事蹟,則據實以著其本原,其舊志缺漏舛訛,有他書可以訂正者,則別立校補一類,庶乎事半功倍,詳略合宜。」〔註138〕總之,在阮元的心目中,修纂地方志,實際可做到「有裨於掌故」,而間接有功於史學。

二、阮元修纂地方志的成果

筆者翻查一下近六十年來出版的中國地方志目錄,有關阮元所修纂的方志,記載大多類同,但亦偶有相異之處。茲鉤稽考釋如下:

地方志目錄／阮元所修方志	《揚州府圖經》	《廣東通志》	《雲南通志稿》
朱士嘉編《美國國會圖書館藏中國方志目錄》1942 年 8 月		∨	∨
朱士嘉編《中國地方志綜錄》1958 年 1 月	∨	∨	∨

〔註136〕阮元:〈至順鎮江志序〉,俞希魯編纂:《至順鎮江志》上下冊,載薛正興主編:《江蘇地方文獻叢書》,(南京:江蘇古籍出版社,1999 年 8 月),頁 1~3。
〔註137〕阮元:〈揚州北湖續志序〉,陳恆和輯:《揚州叢刻》(揚州:廣陵古籍刻印社,1980 年 3 月),頁 1。
〔註138〕阮元:〈道光重修儀徵縣志序〉,王檢心修,劉文淇,張安保纂:《道光重修儀徵縣志》載《中國地方志集成‧江蘇府縣志輯》(南京:江蘇古籍出版社,1991 年 6 月),頁 1~2。

中國科學院北京天文臺編《中國地方志聯合目錄》1985 年 1 月		ˇ	ˇ
楊維坤編《中國地方志目錄》1990 年 4 月		ˇ	
金恩輝，胡述兆編《中國地方志總目提要》1996 年 4 月	ˇ	ˇ	ˇ

1、《揚州府圖經》：朱士嘉《中國地方志綜錄》增訂本題阮元和江藩爲纂修人，有嘉慶 11 年原鈔稿本〔註139〕；《中國地方志總目提要》題【嘉慶】《揚州府圖經》8 卷，清阮元修，江藩，焦循撰。〔註140〕據近人薛飛的考證：「《揚州圖經》是清嘉慶年間焦循，江藩纂輯的一部揚州地方文獻，係從眾多資料中把有關揚州的各項文獻記載輯錄在一起。」〔註141〕本書確實不是由阮元所修。

2、《廣東通志》334 卷，首 1 卷：以上五種方志目錄都有收，可見是書頗爲通行以及《阮通志》之廣受傳頌。香港大學馮平山圖書館藏有廣州清同治甲子（1864 年）120 冊線裝本；與及上海商務 1934 年 5 冊本。〔註142〕

3、《雲南通志稿》：《國會圖書館藏中國方志目錄》題《雲南通志》26 卷，首 3 卷，清阮元修，王崧、李誠纂，道光十五年刻本，一百十二冊；〔註143〕《中國地方志聯合目錄》題【道光】《雲南通志稿》216 卷，首 3 卷，清阮元，伊里布等修，王崧、李誠纂，有清道光十五年（1835）刻本。〔註144〕

　　在以上阮元所修的地方志之中，《廣東通志》尤其得到後人的讚譽，例如吳蘭修（1789～1839）詩云：「嶺海徵文獻，戴志開其初，泰泉著作才，典雅

〔註139〕朱士嘉編：《中國地方志綜錄》增訂本（北京：商務印書館，1958 年 1 月），頁 118。

〔註140〕金恩輝，胡述兆編：《中國地方志總目提要》（臺北：漢美圖書有限公司，1996年 4 月），頁 10～89。

〔註141〕焦循、江藩撰：《揚州圖經》（江蘇古籍出版社，1998 年 12 月），薛飛校點本，前言。

〔註142〕楊維坤編：《香港大學馮平山圖書館藏中國地方志目錄》（香港：香港大學圖書館出版，1990 年），頁 91。

〔註143〕朱士嘉編：《國會圖書館藏中國方志目錄》（華盛頓：美國國家印務局，1942年），頁 447。

〔註144〕中國科學院北京天文臺主編：《中國地方志聯合目錄》（北京：中華書局，1985年 1 月），頁 820。

洶有餘，後來劉與郝，考證亦云疏；況今凡百年，沿革日以殊。叢編驟淵海，稗史芟荒蕪，今日論圖經，此冊眞完書。」〔註145〕

　　林天蔚（1921～）評論《廣東通志》時說：「雖然阮元爲一代名儒，總纂四人（陳昌齊（1748～1820）、劉彬華（1770～1829）、江藩（1761～1831）、謝蘭生（1760～1830））亦各有專長，頗負時譽，然其所纂的《廣東通志》評價如何？筆者試論如下：
　1、就體裁而言，全襲自謝啓崑之《廣西通志》，總括而言《阮志》略欠創新。
　2、《阮志》引用參考書籍，嚴謹而精。
　3、《阮志》有史論亦有考證。
　4、亦有可議之處共5條。」〔註146〕有彈有讚，評論至爲中肯。
　　總之，正如趙葦航所言：「阮元對揚州地方文獻的徵集和編纂也力持不懈。」〔註147〕王章濤則云：「阮元特別強調地方志是經世致用的百科書，必須服務於當時社會的需要，並對後人有所啓迪和借鑒。」〔註148〕這二句的評論，可說所言不虛。

第五節　阮元對文學及藝術的研究

　　阮元一生的文學及藝術研究活動，大概可以其輯錄或編纂成書的著述作爲線索，藉此稽考阮元推動文學及藝術研究活動的作用，以及考查有哪些文人曾經直接或間接幫助過阮元推動這些文學及藝術研究的活動。
　　基於以上的理由，本節爰分二點加以申述：
　一、考察阮元的文學及藝術研究活動，繼而鉤稽有哪些相關的學者、文人；
　二、從書畫學、文選學、駢文學、詩論、文論五個方面，綜述阮元對文學及藝術研究的貢獻。
　　　甲、阮元的書畫學研究；

〔註145〕吳蘭修：〈送宮保芸臺夫子元移節滇黔〉，《荔村吟草》卷1（聚珍仿宋本，1934年），頁3～4。
〔註146〕林天蔚著：《方志學與地方史研究》（臺北：南天書局出版，1995年7月），頁162～173。
〔註147〕趙葦航：〈清代揚州歷史地理學家之成就〉，《揚州研究——江都陳軼群先生百齡冥誕紀念論文集》（臺灣：聯經，1996年8月），頁349。
〔註148〕王章濤：〈阮元與揚州學派〉，同前註21，頁317。

　　乙、阮元的文選學研究；

　　丙、阮元的駢文學研究；

　　丁、阮元的詩論研究；

　　戊、阮元的文論研究。

一、阮元的文學及藝術研究活動

　　乾隆 58 年（1793）撰《石渠隨筆》8 卷。阮元將奉敕參與《石渠寶笈續編》時所作的私人記錄整理成此書。共八卷，詳記書畫作品所有題跋，並撰有辨析真偽優劣的考訂和評論。〔註149〕

　　嘉慶 1 年（1796）撰《小滄浪筆談》。阮元說：「何君夢華，陳君曼生，皆曾遊歷下者，又為余附錄詩文于後，題曰《小滄浪筆談》。」〔註150〕

　　嘉慶 3 年（1798）修《淮海英靈集》成。《淮海英靈集》凡例云：「助元編輯諸友為陳焯、趙蘭生、陳雲伯、端木國瑚、焦循、阮鴻（家叔北渚）；助元徵詩諸友為：團維墉、汪慶人、程贊和、贊皇、贊寧、贊普、汪晉蕃、方靜也、薛溶、王東山、李斗、葉文光、史壽莊、張既堂、張觀海、黃洙、朱春槎、歐陽錦、焦循、季蕃、李鐘泗、黃文暘、徐元方、王授、謝開基、江藩、夏味堂、沈方鐘、王伯申、劉台拱、台斗、朱士彥、黃藥領、陳理堂、繆善夫、劉仙培、季廉夫：校字者為吾弟亨、子長生。」〔註151〕

　　同年撰《兩浙輶軒錄》成。阮元說：「爰訪遺稿，求總集，遍於十一郡，自國初至今，得三千餘家，甄而序之，名曰《兩浙輶軒錄》。嘉慶三年，書成，存之學官，未及刊板。六年，巡撫浙江，仁和朱朗齋、錢塘陳曼生請出其稿，願共刊之。」〔註152〕

　　嘉慶 4 年（1799）撰《廣陵詩事》成。阮元云：「且余生於于諸耆舊百餘年後，亦藉此收羅殘缺，以盡後學之責也。退食餘間，檢付弟亨、子常生鈔錄成書，將以付刻。」〔註153〕

　　嘉慶 5 年（1800）定《定香亭筆談》成。阮元云：「己未（1799）冬，雲伯從余撫浙，旋南孝豐、施孝廉、應心復轉寫去，付之梓人，其中漏略尚多，

〔註149〕謝稚柳主編，周克文執筆：《中國書畫鑒定》（上海：東方出版中心，1998 年 1 月），頁 231。

〔註150〕阮元：〈小滄浪筆談序〉，《揅經室集》，頁 570。

〔註151〕阮元輯錄：《淮海英靈集》凡例，《文選樓叢書本》，頁 2。

〔註152〕阮元：〈兩浙輶軒錄序〉，《揅經室集》，頁 573。

〔註153〕阮元：〈廣陵詩事序〉，《揅經室集》，頁 570。

爰出舊稿，屬吳澹川、陳曼生、錢金粟、陳雲伯諸君重訂正之。」〔註154〕

嘉慶7年（1802）刻《詁經精舍文集》。

詁經精舍講學之士92人，包括：汪家禧、陳鴻壽、陳文述、孫同元、嚴杰、李富孫、李遇孫、孫鳳起、吳東發、周中孚、張鑑、楊鳳苞、徐養原、徐養灝、徐熊飛、嚴元照、周治平、洪頤煊、洪震煊、金鶚等；薦舉孝廉方正及古學識拔之士63人，包括：陳鱣、許乃賡、端木國瑚等人；纂述經詁之友5人：王瑜、臧鏞堂、臧禮堂、方起謙、何元錫；己未會試總裁中式進士22人，包括：姚文田、湯金釗、程同文、許宗彥等。〔註155〕

據胡敬云：「《詁經精舍文集》所延校閱者爲汪文端、王蘭泉、孫淵如諸先生，而相國相與品題訂定焉。」〔註156〕而據羅文俊手訂《詁經精舍文續集》所記：詁經精舍課試之官有29人；監課詁經精舍學長2人；高錫蕃、陳其泰；詁經精舍肄業之士183人；歲科試錄送詁經精舍肄業之士151人。〔註157〕

道光1年（1821），刻《江蘇詩徵》成。

阮元云：「歲丙寅、丁卯間，伏處鄉里，見翠屏洲王君柳村儲積國朝人詩集甚多，而江蘇尤備，柳村欲有所輯，名之曰《江蘇詩徵》，余乃歲資以紙筆鈔胥，柳村遂益肆力徵考，於各家小傳詩話尤多采擇。——同里江君鄭堂藩、許君楚生珩、凌君曉樓曙皆在粵館，爰屬三君子刪訂校正之。」〔註158〕

道光4年（1824）11月，學海堂落成。

據容肇祖考證云：「嘉慶二十二年，阮元來任兩廣總督，道光元年春，始設經古之課，既以粵士爲可教，遂闢學海堂。初擬於前明南園舊址，略覺湫隘。又擬於城西文瀾書院，以地少風景。最後擬於河南海潼寺旁，亦嫌近市。相視久之，遂定於粵秀山，枕城面海，因樹開門。經始於1824年9月，是年

〔註154〕阮元：〈定香亭筆談序〉，《定香亭筆談》（揚州阮氏琅嬛仙館本，1800年），頁1。

〔註155〕孫星衍撰：〈詁經精舍題名碑記〉，阮元手訂：《詁經精舍文集》，載趙所生、薛正興編：《中國歷代書院志》第十五冊（江蘇教育出版社，1995年9月），頁3～5。

〔註156〕胡敬：〈詁經精舍文續集序〉，羅文俊手訂：《詁經精舍文續集》，載趙所生、薛正興編：《中國歷代書院志》第十五冊（江蘇教育出版社，1995年9月），頁296～300。

〔註157〕同前註。

〔註158〕阮元：〈江蘇詩徵序〉，《揅經室集》，頁571～572。

11 月，落成，是為學海堂最初之建築。」〔註159〕

學海堂於清道光四年，由兩廣總督阮元，創辦於廣州粵秀山，至光緒二十九年（1903），清廷廢書院，興學堂，始改為阮太傅祠。八十年間，於廣東學風，倡導甚力；對全國學術，貢獻亦大。〔註160〕

學海堂學長，道光 6 年初設 8 人：趙均、吳應逵、林伯桐、吳蘭修、曾釗、馬福安、熊景星、徐榮；其後補的學長包括：張杓、張維屏、黃子高、謝念功、儀克中、侯康、譚瑩、黃培芳、梁廷枏、陳澧、楊榮緒、金錫齡、鄒伯奇、李能定、沈世良、陳良玉、朱次琦、陳璞、李光廷、周寅清、李徵尉、樊封、何如銓、許其光、陶福祥、譚宗浚、廖廷相、陳瀚、黎維樅、高學㸌、張其羽、林國賡、林國贊等人。〔註161〕

道光 14 年（1834）著《石畫記》5 卷成。

據阮元弟子吳榮光（1773～1843）云：「吾師儀徵相國官總督時，公餘之暇，取石之方圓長橫而裁成之，每幅拈出古畫家筆法，而證以古詩人之詩，唯妙唯肖，凡得若干幅，間系韻語，成《石畫記》五卷。」〔註162〕阮元於道光 12 年（1832）在滇南節署石畫軒云：「又於到點蒼時，張氏蘭坡為余親至石屋選買數十幅，間有題詠，或持贈戚友，或兒輩乞去。又蘭坡遭公在省肆買石，各請品題，余擇其得古人詩畫之意者，不假思索，隨手拈出，口授指劃，各與題識，付蘭坡暨姪蔭曾，或鐫或記。」〔註163〕阮元在雲南雖貴為總督，但知交較少，只憑藉石畫交友，阮元有詩云：「滇少詩畫友，得友在石中；舊交久零落，歎息感于衷，豈無新交遊？自顧嫌龍鐘，宜此特健藥（書畫之佳者），與之相磨瓏，更如與談理，點頭向生公，我固愛石友，石亦依雲翁。」〔註164〕

若從地域加以考察，阮元一生的文學或藝術研究活動，離不開以揚州、杭州、廣州及北京等四地為其活動之中心。據王章濤的考查：「清乾隆年間，揚州出現了賈田祖、李惇、王念孫、任大椿、顧九苞、汪中、劉台拱、朱彬

〔註159〕容肇祖：〈學海堂考〉載《嶺南學報》，第 3 卷第 4 期，（1934 年 6 月），頁 17。
〔註160〕林伯桐初編、陳澧續編、周康燮補編：《學海堂志》出版說明（香港：龍門書店，1964 年 6 月），頁 1。
〔註161〕同前註 12。
〔註162〕吳榮光：〈石畫記序〉，阮元：《石畫記》《學海堂叢刻》第一函，（啟秀山房叢書，廣州，1877 年），頁 5。
〔註163〕同前註 14。
〔註164〕阮元：〈作石畫記題以三十韻〉，同前註 14。

等一大批學界鉅子；焦循、凌廷堪成爲阮元學術上的摯友；道光晚期，阮元致仕歸里。斯時追隨於阮元左右者有劉文淇、毓崧父子、劉寶楠、恭冕父子、羅士琳、陳立、柳興恩等，皆能修舊業，立新知。——杭州更是阮元學術研究的搖藍；阮元亦下開清季廣東文化的新風；政治及文化中心——北京方面，青年阮元在京生活了七年，王念孫、任大椿供職京師、段玉裁、汪中、江藩、凌廷堪、錢大昕、陳鱣等人亦往來於北京；碩儒紀昀、鐵保、翁方綱、沈初、彭元瑞各擅其技；同學少年若胡長齡、汪廷珍、劉鳳誥、錢楷、盧蔭文、那彥成、伊秉綬、貴徵、劉鐶之一時俊彥，雲集北京；拜體仁閣大學士的阮元在道光十五年再入京，早爲阮元所賞識的年輕學人有龔自珍、陳慶鏞、吳式芬、汪喜荀、何紹基等。」〔註165〕

二、

甲、阮元的書畫學研究

阮元在清中葉的書壇是一位自成一格的書法家。《皇清書史》稱譽文達「工分隸；浸饋〈方朔石門頌碑〉深矣；阮文達公中年亦力學〈百石卒史碑〉；伍崇曜《阮文達石渠隨筆跋》云：『公書法鬱盤飛動，間仿〈天發神讖碑〉』。」〔註166〕《書林藻鑑清代篇》載：「阮太傅亦未致力於書，然偶爾落筆，便見醇雅清古，不求工而自工，亦金石書籍之所成也。」〔註167〕《國朝書畫家筆錄》記阮元：「兼工書，尤精篆隸。」〔註168〕

阮元的書論在中國書法學史上亦佔一重要席位，阮元〈南北書派論〉云：

> 元謂書法遷變，流派混淆，非溯其源，曷返于古。蓋由隸字變爲正
> 書，行草，其轉移皆在漢末，魏，晉之間，而正書，行草之分爲南，
> 北兩派者，則東晉，宋，齊，梁，陳爲南派，趙，燕，魏，齊，周，
> 隋爲北派也。南派由鍾繇，衛瓘及王羲之，獻之，僧虔等，以至智
> 永，虞世南。北派由鍾繇，衛瓘，索靖，及崔悦，盧諶，高遵，沈

〔註165〕王章濤：〈阮元與揚州學派〉，《揚州研究》（臺灣：聯經，1996年8月），頁299～335。

〔註166〕李放：《皇清書史》卷24，載周駿富：《清代傳記叢刊》，藝林類23（臺北：明文書局，1985年5月），冊84，頁4～264。

〔註167〕馬宗霍：《書林藻鑑清代篇》，載周駿富：《清代傳記叢刊》（臺北：明文書局，1985年5月），藝林類，冊86，頁182。

〔註168〕竇鎮：《國朝書畫家筆錄》，卷2，載周駿富：《清代傳記叢刊》，藝林類22（臺北：明文書局，1985年月），冊82，頁257。

馥，姚元標，趙文深，丁道護等，以至歐陽詢，褚遂良。……元筆
札最劣，見道已遲，惟從金石，正史得觀兩派分合，別爲〈碑跋〉
一卷，以便稽覽。所望穎敏之士，振拔流俗，究心北派，守歐，褚
之舊規，尋魏，齊之墜業，庶幾漢，魏古法，不爲俗書所掩，不亦
禪歟！〔註169〕

其〈北碑南帖論〉云：

古石刻紀帝王功德或爲卿士銘德位，以佐史學，是以古人書法未有
不托金石以傳者，秦石刻曰金石刻，明白是也。前，後漢魏隸碑盛
興，書家輩出。東漢山川廟墓，無不刊石勒銘，最有矩法。降及西
晉，北朝，中原漢碑林立，學者慕之，轉相摩習。……帖者始于卷
帛之署書，後世凡一縑半紙，珍藏墨蹟，皆歸之帖，今閣帖如鍾，
王，郗，謝諸書，皆帖也，非碑也。……是故短牋長卷，意態揮洒，
則帖擅其長；界格方嚴，法書深刻，則碑據其勝。宋蔡襄能得北法。
元趙孟頫楷書摹擬李邕。明董其昌楷書托蹟歐陽。蓋端書正畫之時，
非此則筆力無立卓之地，自然入于北派也。要之，漢，唐碑版之法
盛，而鐘鼎文字微。宋，元鐘鼎之學興，而字帖之風盛。若其商榷
古今，步趨流派，擬議金石，名家復起，其誰與歸？〔註170〕

從以上兩文可見，在南北書派之中，阮元是北派碑學的支持者。阮元又說：「唐
人書法多出於隋，隋人書法多出於北魏，北齊，不觀魏，齊碑石，不見歐，
褚之所從來，自宋人閣帖盛行，世不知有北朝書法矣。」〔註171〕

　　阮元《揅經室集》中，還有〈王右軍蘭亭詩序帖二跋〉，〈摹刻天發神讖
碑跋〉，〈復程竹盦編修邦憲書〉，〈晉永和泰元專瓦 字拓本跋〉，〈隋大業當陽
縣玉泉山寺銕鑊字跋〉，〈摹刻揚州古木蘭院井底蘭亭帖跋〉等書論的作品。

　　總的來說，阮元屬於金石碑學書家，「他的隸書結體匾平整肅，用筆沉著
端正，雍容大度中透出秀麗之姿；行楷亦多北碑遺意，天骨開張，神峻氣爽。」
〔註172〕阮元的行書「筆沉墨蘊，渾穆之氣似出董其昌，而參以金石刻，味極
雋永。」〔註173〕

〔註169〕阮元：《揅經室集》（北京：中華書局，1993年5月），頁591～596。
〔註170〕阮元：《揅經室集》，頁596～598。
〔註171〕阮元：〈顏魯公爭坐位帖跋〉，《揅經室集》，頁598。
〔註172〕徐建融：《清代書畫鑑定與藝術市場》（上海書店，1996年10月），頁64。
〔註173〕梁披雲、馬國權：《中國書法大辭典》（香港：書譜，廣東人民，1987年1月），

就筆者所見的阮元墨跡，現依出版年月的先後排列如下：

1、陳澧《陳東塾先生詩詞》（續補本）：阮元書『憶江南館』四字。〔註 174〕

2、日人青山杉雨《明清書道圖說》：阮元書隸書乙少卿碑；楷書「甲子春，
書奉山民待詔翰林正之。」〔註 175〕

3、《中國歷代書法家名人墨跡》：收隸書〈御製續纂秘殿硃林石渠寶笈序〉；
隸書〈滇池縣黑水祠龍神廟〉；行書〈曼士九弟屬書近作〉。〔註 176〕

4、《中國書法鑑賞大辭典》：行書詩稿，凡十三行，共七十二字；名刺，行
書，凡五行，共三十字；〈百玲瓏石詩軸〉，行書七言律詩一首，凡四行，
共八十字；〈望君山廬山雪詩軸〉，行書五言律詩二首，凡四行，共八十六
字；〈贈山民待詔翰林七言聯〉，行書七言聯一則，凡上下聯正文十四字；
〈致四弟尺牘〉，行書，尺牘一則，凡五行，共五十八字；〈節臨乙瑛碑軸〉：
隸書，凡四行，共三十七字；〈七言聯〉，隸書，凡上下聯正文十四字，款
四字，共十八字。〔註 177〕

5、《中國書蹟大觀》伍：行書卷紙本〈錢泳履園叢話載余嘉慶丙辰製團扇〉
〔註 178〕

6、《明清名家書法大成》第三卷清代書法收阮元八言聯「六子三孫滿庭愛日，
一琴十鼓兩袖清風」，書札，錄坡仙詩三幅。〔註 179〕

7、《中國歷代法書墨跡大觀》十五：清 阮元行書題畫詩軸。〔註 180〕

8、田家英《清代學者法書選集》（小莽蒼蒼齋藏）：阮元行書五言古詩軸。
〔註 181〕

阮元題奚岡留春小舫圖卷 墨續本，行書，三行，頁 1921。

〔註 174〕清陳澧著，汪兆鏞編纂，汪宗衍續補：《陳東塾先生詩詞》續補本（香港：崇
文書店，1972 年 9 月），頁 6。

〔註 175〕青山杉雨：《明清書道圖說》（東京：二玄社株式會社，1986 年 2 月），頁 170。

〔註 176〕《中國歷代書法家名人墨跡》清代部分（下）（中國展望出版社，1987 年 12
月），頁 407～426。

〔註 177〕《中國書法鑑賞大辭典》（北京：大地出版社，1989 年 10 月），頁 1218～1222。

〔註 178〕遼寧省博物館編：《遼寧省博物館 中國書蹟大觀》（北京：文物出版社，1993
年 5 月），第五卷，圖 173。

〔註 179〕樂心龍、莊新嶼編：《明清名家書法大成》第三卷，清代書法（上海書畫出版
社，1994 年），頁 7～9。

〔註 180〕謝稚柳編：《中國歷代法書墨跡大觀》十五，清（上海書店，1994 年 10 月），
圖 104。

〔註 181〕小莽蒼蒼齋藏：《清代學者法書選集》（北京：文物出版社，1995 年 5 月），

9、《中國歷代書法大觀》下：日本高島菊次郎氏藏行書《閱兵回省看宜園》；
　　尺牘一封。〔註182〕

10、《歷代名人楹聯墨跡》載阮元隸書「左傳云養福書範之福身其康養者以之，
　　禮記曰期頤易卦之頤口自實期焉而已」；行書「敘出玉臺徐孝穆，吟成漁
　　具陸天隨」；行書「書成錦繡萬花谷，畫出天龍八部圖」。〔註183〕

11、徐建融《清代書畫鑒定與藝術市場》收阮元　隸書聯「宜今宜古宜風雅，
　　半耕半讀半經廛」。〔註184〕

12、劉再蘇《名人楹聯墨跡大觀》收阮元　五言聯「開卷與心會，得性非外
　　求」；阮元八言聯「與古為稽隨興所適，天懷若水春靜於年」。〔註185〕

　　清代畫壇比較少人提及阮元的名字，原因大概是他的書論見解精闢，為
他在書壇帶來一定的名聲。談論阮元的繪畫，只有下列一、二條文獻資料：

　　《清代畫史補錄》：「（阮元）精鑒金石，工篆隸行楷；偶作花卉，筆致秀
逸。」〔註186〕《甌鉢　羅室書畫過目考》：「工隸書，精考證，善製大理石屏，
為阮氏石畫，號蒼山畫仙，著〈金石考〉，〈　琅嬛仙館石畫記〉。」〔註187〕

　　阮元畫作可見的傳世作品有道光二十三年（1843）〈梅花圖〉軸，圖錄於
《百梅集》；1909年神州國光社有〈阮元珠湖草堂圖〉影印本。〔註188〕

乙、阮元的文選學研究

　　阮元〈南宋淳熙貴池尤氏本文選序〉：「元幼為《文選》學，而壯未能精
熟其理，然訛文脫字，時時校及之。」〔註189〕可見阮元自幼已熟讀《文選》，

　　　　頁296～297。
〔註182〕閻正主編：《中國歷代書法大觀》下（北京國際文化出版公司，1995年8月），
　　　　頁464～469。
〔註183〕汪文娟編：《歷代名人楹聯墨跡》（上海人民美術出版社，1996年2月），頁
　　　　181，383，384。
〔註184〕徐建融：《清代書畫鑒定與藝術市場》（上海書店出版社，1996年10月），圖
　　　　70。
〔註185〕劉再蘇編：《名人楹聯墨跡大觀》（湖北美術出版社，1998年3月），頁220，
　　　　頁268。
〔註186〕江銘忠：《清代畫史補錄》卷3，載周駿富：《清代傳記叢刊》，藝林類14（臺
　　　　北：明文書局，1985年5月），頁079～174。
〔註187〕李玉棻《甌鉢羅室書畫過目考》卷3，載周駿富《清代傳記叢刊》藝林類11，
　　　　頁074～436。
〔註188〕沈柔堅：《中國美術辭典》（上海辭書出版社，1987年12月），頁179。
〔註189〕阮元：《揅經室集》（北京：中華書局，1993年5月），頁665。

原因也不難理解，因爲阮元的兩位業師胡西芚和孫梅，都精通《選》學。阮元〈胡西芚先生墓誌銘〉記：「元幼時以韻語受知于先生，先生授元以《文選》之學，導元從李晴山先生遊。」〔註190〕阮元〈舊言堂集後序〉又云：「吾師烏程孫松友先生，學博文雄，尤深《選》學，摯虞劉勰，心志實同。」〔註191〕

《文選》選文的準則何在？由阮元〈書梁昭明太子文選序後〉，可知芸臺深知蕭統（501～531）選文的標準：「昭明所選，名之曰文。蓋必文而後選也，非文則不選也。經也，子也，史也，皆不可專名之爲文也，故〈昭明文選序〉後三段特明其不選之故。必沈思翰藻，始名之爲文，始以入選也。」〔註192〕至於文選學，因揚州有文選樓，由南朝下迄清朝，其中以曹憲，魏模，公孫羅，李善，魏景倩，李邕，許淹七人對選學的貢獻最大，故阮元主張除了奉昭明太子蕭統栗主外，當祀以上七人配之。〔註193〕阮元又說：「元幼時即爲《文選》學，既而爲《經籍纂詁》二百十二卷，猶此志也。此元曩日之所考也。嘉慶九年（1804年），元既奉先大夫命，遵國制立阮氏家廟，廟在文選樓，文選巷之間，廟西餘地先大夫諭構西塾以爲子姓齋宿飲餕之所，元因請爲樓五楹，題曰『隋文選樓』——越既祥，書此以示子孫，俾知先大夫存古蹟，祀鄉賢，展廟祀之盛心也。元謹記。」〔註194〕以上便是隋揚州文選樓建構的來由。阮元家居揚州舊城文樓巷，即隋曹憲故里，又得南宋淳熙貴池尤氏本《文選》，故藏之文選樓中，別爲校勘記，以貽學者。〔註195〕

阮元爲其弟子梁章鉅的《文選旁證》撰序，將《文選》一書的價值，版本，梁中丞書的貢獻等，娓娓道來，故抄錄此序，作爲阮元文選學的總結，阮元云：

> 《文選》一書，總周秦漢魏晉宋齊梁八代之文而存之，世間除諸經
> 《史記》《漢書》之外，即以此書爲重。讀此書者，必明乎《倉雅》，
> 《凡將》，《訓纂》許鄭之學而後能及其門奧，淵乎浩乎，何其盛也。
> 夫豈唐宋所謂潮海者能及乎？舊選之文，漢即有注，昭明之時，注

〔註190〕阮元：《揅經室集》，頁399。
〔註191〕阮元：《揅經室集》，頁683；另參考拙文：（第七章 附錄 第四節〈阮元人際網絡〉）。
〔註192〕阮元：《揅經室集》，頁608。
〔註193〕阮元：〈揚州隋文選樓記〉，《揅經室集》，頁388。
〔註194〕同前註45。
〔註195〕阮元：《揅經室集》，頁666。

者更多，至於隋代，乃有江都曹李之學，書探萬卷，壽逾百年，且有公孫羅，許淹諸說，是以沈博美富，學守師傳也。

唐開元後有六臣之注，五臣自欲掩乎李注，惟少實事求是之處，且多竊誤雜揉之譏。《文選》刻板最早，初刻必是六臣注本，而單李注本幾於失傳，宋人刻單李注本，似從六臣本提掇而出，是以五臣之名尚有刪除未盡之處。今世通行單李注板本最初則有宋淳熙尤延之本，尤本有兩本，一本予所藏，以鎮隋文選樓也，一本即嘉慶間鄱陽胡果泉，中丞據以重刻者也。

我朝諸儒之學，難者弗避，易者弗從，為此學者已十餘家，而遺義尚多，可謂難矣。閩中梁茝林中丞，乃博采唐宋元明以來各家之說，計書一千三百餘種，旁稽博引，考證折衷，若有獨見，復下己意，精心銳力，捨易為難，著《文選旁證》一書四十六卷，沈博美富，又為此書之淵海矣。

余昔得宋本，即欲重刻之，且欲彙萃諸本為校勘記，以證晉府汲古之誤，繼而胡中丞已刻尤本是以輟作，今又讀梁中丞此書刻本，得酬夙願，即使元為校勘記，亦必不能如此精博也。欣然為序，與海內共之。〔註196〕

阮元在〈隋文選樓〉詩云：

我念選樓下，廊廡窗復深。詩書秋客意，金石古人心。

自我閉門去，是誰憑檻吟？卻留經話在，聊復擬珠林。〔註197〕

阮元自幼在文選樓讀書的情景，吾人自可想見。

丙、阮元的駢文學研究

阮元自幼熟讀《文選》，對駢四儷六的文體，阮元尤其喜愛，為其師烏程孫梅的《四六叢話》撰序時，阮元說：「元才圉陋質，心好麗文，幸得師承，側聞緒論。妄執丹管而西行，願附驥尾而千里。固知盧，王出於今時，流江河而不廢，子雲生於後世，懸日月而不刊者矣。」〔註198〕

欲使文章傳諸久遠，使人易於記誦，必須多用有『韻』之文，阮元說：「為文章者，不務協音以成韻，修詞以達遠，便人易誦易記，而惟以單行之語，

〔註196〕阮元：〈梁中丞文選旁證序〉，《揅經室續集》卷3，頁25～26。
〔註197〕阮元：〈八念〉，《揅經室集》，頁955～957。
〔註198〕阮元：〈四六叢話序〉，《揅經室集》（北京：中華書局，1993年5月），頁740。

縱橫恣肆，動輒千言萬字，不知此乃古人所謂直言之言，論難之語，非言之
有文者也，非孔子之所謂文也，文言數百字，幾於句句用韻。孔子於此發明
乾坤之蘊，詮釋四德之名，幾費修詞之意，冀達意外之言。要使遠近易誦，
古今易傳，公卿學士皆能記誦，以通天地萬物，以警國家身心，不但多用韻，
抑且多用偶。即如樂行，憂違，偶也；長人，合禮，偶也；……凡偶皆文也」
〔註199〕

　　以《昭明文選》爲例，專名爲文者，必沈思翰藻而後可也。阮元認爲駢
四儷六的文體源於：「自齊、梁以後，溺于聲律，彥和《雕龍》，漸開四六之
體。至唐，而四六更卑。然文體不可謂之不卑，而文統不得謂之不正。——
經子史多奇而少偶，故唐宋八家不尙偶；《文選》多偶而少奇，故《昭明》不
尙奇。——是四書排偶之文，眞乃上接四六爲一脈，爲文之正統也。」〔註200〕

　　關於平仄音律之起源，見沈約（441～513年）《宋書》〈謝靈運傳論〉及
沈約〈答陸厥書〉〔註201〕，阮元於〈文韻說〉推而論六朝駢體文大盛的緣由
以及古今韻文的濫觴云：「是以聲韻流變而成四六，亦只論章句中之平仄不復
有押腳韻也，四六乃有韻文之極致，不得謂之爲無韻之文也。昭明所選不押
腳韻之文，本皆奇偶相生有聲音者，所謂韻也。——綜而論之，凡文者在聲
爲宮商，在色爲翰藻，即如孔子〈文言〉「雲龍風虎」一節，乃千古宮商輕藻
奇偶之祖，「非一朝一夕之故」一節，乃千古嗟歎成文之祖，子夏〈詩序〉「情
文聲音」一節，乃千古聲韻性情排偶之祖。吾固曰，韻者即聲音也，聲音即
文也。」〔註202〕

　　阮元爲其師孫梅撰寫的〈四六叢話序〉，便是一篇講究平仄，協律的駢體
文，細讀全文，中國駢體文發展的歷史，便可由此文而得知；阮元欲以駢體
文動搖桐城派及唐宋古文家的地位，便昭然若揭了。〔註203〕

丁、阮元的詩論研究

　　作爲一位封疆大吏、懷抱經世之志的清代名臣，阮元的文學觀和傳統的
經生或文人有甚麼不同呢？阮元對待詩學的態度又如何？

〔註199〕阮元：〈文言說〉，《揅經室集》，頁605～606。
〔註200〕阮元：〈書梁昭明太子文選序〉，《揅經室集》，頁608～609。
〔註201〕阮元：〈文韻說〉，《揅經室集》，頁1064。
〔註202〕阮元：《揅經室集》，頁1064～1066。
〔註203〕參考郭明道：〈阮元的文筆論〉載《揚州師院學報（社會科學版）》（1994年
　　　　第2期），頁24～27。

　　首先，阮元和〈毛詩序〉認爲「詩者，志之所之也，在心爲志，發言爲詩。情動於中而形於言，言之不足故嗟嘆之，嗟嘆之不足故詠歌之，詠歌之不足，不知手之舞之，足之蹈之也。」〔註204〕的詩論相契合，阮元〈知足齋詩集後序〉云：「《詩》三百篇《雅》、《頌》之作，皆古名臣大儒之所爲也。唐宋以來，名臣大儒多有詩集。詩者，志也，可以觀其志而不能揜。詩者，持也，可以驗其所持而不可拔。性情，心術，政績，遭遇，皆可於詩見之。」〔註205〕易言之，從詩人的字裏行間，可體會詩人心胸的廣狹、性情的邪正，以至於日常生活的瑣事，皆可於詩中見之。

　　至於一部詩集選詩的標準又是如何呢？

　　阮元爲他的師友的詩文集撰序，亦間接得見其詩論。阮元云：

　　（紀昀）所爲詩，直而不伉，婉而不佻，抒寫性靈，醞釀深厚，未嘗規模前人，罔不與古相合。〔註206〕

　　（錢中丞）其詩風格清超，性情縝密，粹然想見其爲人。〔註207〕

　　上元孫君蓮水（韶）之詩，蓋出于隨園（袁枚），而善學隨園者也。蓮水從隨園游，奉其所論所授者以爲詩，而本之以性情，擴之以游歷，以故爲隨園所深尚深賞，有一代清才之目，而蓮水亦動必曰隨園吾師也，不敢少昧所從來。——吾觀蓮水之爲詩清麗，有則唐人正軌也。且不苟作，不多作，意必新警，語必遒峭，一字未安，吟想累日。所以性情正而詞氣醇，與其肆于詩之外，無寧有所蓄於詩之中，吾固曰此唐人正軌而善學隨園者也。〔註208〕

　　（王柳村）選詩謹守歸愚《別裁》家法，雖各適諸家之才與派，而大旨衷於雅正。忠節孝義布衣逸士詩集未行於世者，所錄尤多，可謂攄懷舊之蓄念，發潛德之幽光者矣。〔註209〕

　　（王柳村）君復出《柳村詩選》屬序之。予軍艘轉運畢，迴舟泊高明寺，夜雨瀟瀟，春燈搖焰，讀是詩至子夜，歎其體裁正，情性眞，才雄氣靜，將擬之古人，其靖節耶？明遠耶？正字摩詰耶？嘉州，

〔註204〕郭紹虞：《中國歷代文論選》上（香港：中華書局，1979年3月），頁4。
〔註205〕阮元：《揅經室集》（北京：中華書局，1993年5月），頁541。
〔註206〕阮元：〈紀文達公集序〉，《揅經室集》，頁679。
〔註207〕阮元：〈綠天書舍存草序〉，《揅經室集》，頁683。
〔註208〕阮元：〈孫蓮水春雨樓詩序〉，《揅經室集》，頁684～685。
〔註209〕阮元：〈江蘇詩徵序〉，《揅經室集》，頁571。

蘇州耶？抑子美，太白耶？將毋同，復於晚唐後擬之，無相似者，
夫乃歎其洵，有異於時俗之所爲也。〔註210〕

（劉大觀）觀察工詩善書，甲子，乙丑間，僑居揚州，勒所得詩爲
一卷，曰《邗上集》，體格蘊藉如漁陽。〔註211〕

（法式善）時帆先生詩〈前集〉，元爲之刊於杭州，收入靈隱書藏。
〈後集〉未校刻而先生卒，先生子桂馨以稿寄江西屬訂而桂馨又卒。
迴憶二十餘年交誼，傷悼不已。念先生具良史才，主持詩派，衷于
雅正，足爲後學之式。〔註212〕

（郭書屏）所爲詩，爾雅眞摯，實事求是，亦足以紀其所游，鵬之
所搏，鵬之所徙，乃可以擬之「鶴井」云乎哉。〔註213〕

吳江郭君頻伽（麐），矑而清，如鶴如玉，曰一眉，與余相識于定香
亭上，其爲詩也，自抒其情與事，而靈氣滿天，奇香撲地，不屑屑
求肖于流派，殆深于騷者乎？〔註214〕

總之，阮元論詩，崇尚取法唐人，以獨抒胸臆，本之眞性情爲尚；體裁純正，
含蓄蘊藉爲工。

戊、阮元的文論研究

古人修辭的作用爲何？言語、文言的定義爲何？阮元有一較合理的解
說：「古人無筆硯紙墨之便，往往鑄金刻石，始傳久遠。其著之簡策者，亦有
漆書刀削之勞，非如今人下筆千言，言事甚易也。許氏《說文》：『宜言曰言，
論難曰語。』《左傳》曰：『言之無文，行之不遠』此何也？古人以簡策傳事
者少，以口舌傳者多，以目治事者少，以口耳治事者多，故同爲一言，轉相
告語，必有愆誤，是必寡其詞，協其音，以文其言，使人易於記誦，無能增
改，且無方言俗語雜於其間，始能達意，始能行遠。此孔子於《易》所以著
〈文言〉之篇也。」〔註215〕

在阮元的心目中，「經也，子也，史也，皆不可專名之爲文也。——然則
今人所作之古文，當名之爲何？曰：『凡說經講學皆經派也，傳志記事皆史派

〔註210〕阮元：〈王柳村種竹軒詩序〉，《揅經室集》，頁686。
〔註211〕阮元：〈邗上集序〉，《揅經室集》，頁687。
〔註212〕阮元：〈存素堂詩續集序〉，《揅經室集》，頁688。
〔註213〕阮元：〈郭書屏鶴井集序〉，《揅經室集》，頁690。
〔註214〕阮元：〈靈芬館二集詩序〉，《揅經室集》，頁690。
〔註215〕阮元：〈文言說〉，《揅經室集》（北京：中華書局，1993年5月），頁605。

也，立意爲宗皆子派也，惟沈思翰藻乃可名之爲文也。』」〔註216〕

阮元的文論，於辨析古文，文章時云：「元謂古人于籀史奇字，始稱古文，至於屬辭成篇，則曰文章。」〔註217〕阮元於文章，推崇兩漢，並不師法唐、宋，阮元在〈與友人論古文書〉中，詳論之云：「故班孟堅曰：『武，宣之世，崇禮官，考文章。』又曰：『雍容揄揚，著于後嗣，大漢之文章炳焉與三代同風。』是故兩漢文章著於班，范，體制和正，氣息淵雅，不爲激音，不爲客氣。若云後代之文有能盛于兩漢者，雖愚者亦知其不能矣。近代古文名家，徒爲科名時藝之累，於古人之文有益時藝者，始競趨之。元嘗取以置之兩漢書中誦之，擬之，淄澠不能同其味，宮徵不能壹其聲，體氣各殊，弗可強已。若謂前人拙樸，不及後人反覆思之，亦未敢以爲然也。夫勢窮者必變，情弊者務新，文家矯厲，每求相勝，其間轉變，實在昌黎。昌黎之文，矯《文選》之流弊而已。——今之爲古文者，以彼所棄，爲我所取，立意之外，惶有紀事，是乃子史正流，終與文章有別。」〔註218〕

阮元分辨『文』與『筆』之別，說：「然則今人所便單行之文，極其奧折奔放者，乃古之筆，非古之文也。」〔註219〕阮元亦主張詩、文須根柢經史，曾云：「元嘗謂學如相如，子雲之爲文，必先學許，鄭，景純之所以爲學，非有根柢，不能文也。」又云：「作文之道，不盡自文出；作詩之道，亦于盡自詩出。自古未有不求根柢於六經諸史，而可以自立者。」〔註220〕

後人對阮元在詩、文及書法藝術上的造詣，好評如潮，例如：

錢仲聯（1908～　）：「有清一代，巨公能詩者，首推王文簡、阮文達、祈文端、曾文正、張文襄諸公。而文達、文襄之寫景，尤爲工妙。」〔註221〕

袁行雲（1928～1988）：「阮元結緣金石，書法主南北二宗。遠法韓、蘇，近似翁方綱。篇章無蘇齋之富，而涉獵取才之廣，猶有過之。」〔註222〕

〔註216〕阮元：〈書梁昭明太子文選序後〉，《揅經室集》，頁 608～609。

〔註217〕阮元：〈與友人論古文書〉，《揅經室集》，頁 609。

〔註218〕阮元：《揅經室集》，頁 609～610。

〔註219〕阮元：〈文韻說〉，《揅經室集》，頁 1066。

〔註220〕見《純常子枝語》頁 3151，《頤道堂詩集‧自敘》，引自郭明道：〈阮元的文筆論〉，載《揚州師院學報（社會科學版）》，（1994 年第 2 期），頁 27。

〔註221〕錢仲聯：〈夢苕盦詩話〉，《清詩紀事》乾隆朝卷（江蘇古籍出版社，1989 年 4 月），頁 6683。

〔註222〕袁行雲：《清人詩集敘錄》（北京：文化藝術出版社，1994 年 8 月），頁 1762～1764。

趙蘇娜（1954～　）：「工詩文，精鑒金石、書、畫，善篆、隸、行、楷。所作花卉、木石、筆致秀逸。善製大理石屏，爲阮氏石畫，號蒼山畫仙。」〔註223〕

第六節　阮元整理典籍的貢獻

阮元喜歡藏書，他又將自己讀書的心得、經典研究的結果，刊印出版，廣佈人間。清代中葉一大班學人的經、史撰著及詩文集，亦因爲得到阮元的出資刻印，而得以流傳至今。後人用藏書家、文獻學家的字眼來稱呼他，阮元可說當之無愧。

阮元整理典籍的貢獻，可謂昭昭在目，永垂史冊。本節分從以下三個方面論述阮元整理典籍的貢獻：

一、阮元編書、刻書的概況
二、甲、阮元的目錄學
　　乙、阮元的輯佚學
三、後人對阮元整理典籍的評語

一、阮元編書、刻書的概況

嘉慶 3 年（1798），《經籍纂詁》116 卷刻成。

法式善（1752～1813）說得好：「近人著書，當以邵學士晉涵《爾雅正義》、王觀察念孫《廣雅疏證》、阮巡撫元《經籍纂詁》爲最典洽。」〔註224〕

嘉慶 4 年（1799），阮元爲《疇人傳》撰序。

華世芳（1854～1905）評阮元云：「儀徵阮文達公元——又嘗溯古今沿革之源，究中西異同之致，掇拾史書，薈萃群籍，創爲《疇人傳》；自黃帝以降，甄而錄之，得二百八十人，綜算氏之大成，紀步天之正軌，至今游藝之士，奉爲南鍼。」〔註225〕

嘉慶 6 年（1801），阮元手訂《詁經精舍文集》14 卷。

孫星衍（1753～1818）評阮元的辦學：「及由少司農巡撫茲土，遂于西湖

〔註223〕趙蘇娜：《歷代繪畫題詩存》（山西教育出版社，1998 年 7 月），頁 485。
〔註224〕法式善：《陶廬雜錄》卷 2（北京：中華書局，1997 年 12 月），頁 35。
〔註225〕華世芳：《近代疇人著述記》，《疇人傳彙編》下冊（臺北：世界書局，1982 年 4 月），頁 1。

之陽立詁經精舍，祠祀漢儒許叔重、鄭康成，廩給諸生于上舍，延王少寇昶及星衍爲之主講，佐撫部授學于經舍焉。——則中丞之好士在一時，而樹人在數十年之後。吾知上舍諸君子，亦必束脩自好，力求有用之學，以爲一代不可少之人。」〔註226〕

嘉慶11年（1806），纂刊《十三經校勘記》243卷成。

陳康祺云：「江西南昌學所刻《十三經注疏》416卷，卷末各附校勘記，阮文達公巡撫時捐貲校刻者也。」〔註227〕

林伯桐（1775～1844）評云：「讀阮宮保《十三經注疏校勘記》，精深廣大，三禮會通，本末具詳，折衷一是，尊其所聞，固治禮者之幸也。」〔註228〕

嘉慶16年（1811），編《四庫未收書提要》174種。

阮元子阮福的後記：「家大人在浙時，曾購得四庫未收古書進呈內府，每進一書，必仿四庫提要之式，奏進提要一篇。凡所考論，皆從採訪之處先查此書原委，繼而又屬鮑廷博、何元錫諸君子參互審訂，家大人親加改定纂寫，而後奏之。十數年久，進書一百數十部。此提要散藏于揚州及大兄京邸，福因偕弟祐、孔厚校刻《揅經室集》，請錄刊提要于集內。家大人諭，此篇半不出于己筆，即一篇之中，創改亦復居半，文不必存，而書應存，可別而題之曰『外集』。」〔註229〕又據陳東輝的考證：「嘉慶帝給這部書賜名，曰《宛委別藏》，並加蓋『嘉慶御覽之寶』朱色陽紋大方印，儲於宮內養心殿，以補《四庫全書》之闕。之所以賜名《宛委別藏》，乃緣於『夏禹曾登宛委山，得金簡玉字之書』的傳說，以顯這經書籍罕覯珍貴之義。」〔註230〕

嘉慶19年（1814），《全唐文》1000卷編成。

《全唐文》的纂修，經始於嘉慶13年，編成於嘉慶19年閏二月。當時曾設置全唐文館，入館參加編校的約一百多人，由董誥領銜，清代知名學者

〔註226〕孫星衍：〈詁經精舍題名碑記〉，阮元：《詁經精舍文集》（文選樓叢書本），頁1～2；另見《平津館文稿》，卷下《孫淵如先生全集》，（吳縣朱氏槐廬家塾校刊本，1885年），頁330。

〔註227〕陳康祺：《郎潛紀聞初筆》卷9，〈阮刻十三經校勘記〉，《郎潛紀聞初筆 二筆 三筆》（北京：中華書局，1997年12月），頁196。

〔註228〕林伯桐：《修本堂稿》卷5，頁11，引自（《修本堂叢書》（道光甲辰校刊，番禺林氏藏板），頁11。

〔註229〕阮福：〈四庫未收書提要後記〉，《揅經室外集》，卷1（北京：中華書局，1993年5月），《揅經室集》，頁1183。

〔註230〕陳東輝：〈阮元與宛委別藏〉載《杭州師範學院學報》，（1997年第5期），頁14～17。

如阮元、徐松等都參預其事。〔註231〕阮元負責職務爲《全唐文》的總閱官，當時出任工部右侍郎管理錢法堂事務，今任漕運總督。

嘉慶 21 年（1816），《十三經注疏》416 卷刻成。

阮刻《十三經注疏》問世後，當時及後代學者多所嘉許。焦循認爲該書「校以眾本，審訂獨精，於說經者，饋以法程。」（《雕菰樓集》卷 6〈讀書三二贊〉）〔註232〕

道光 3 年（1823），《揅經室集》40 卷刻成。

阮元說：「余三十餘年以來，說經記事，不能不筆之於書。然求其如文選序所謂『事出沈思，義歸翰藻』者甚鮮，是不得稱之爲文也。今余年屆六十矣，自取舊帙，授兒子輩重編寫之，分爲四集。」〔註233〕

道光 4 年（1824），《學海堂集》16 卷刻成。

阮元云：「道光四年，新堂既成，初集斯勒，四載以來，有筆有文，凡十五課。潛修實踐之士，聰穎博雅之材，著書至於仰屋，豈爲窮愁論文期於賤壁，是在不朽及斯堂也。」〔註234〕

道光 9 年（1829），粵東刻成《皇清經解》1400 卷。

《皇清經解》刻成後，對研究清代經學的人來說，提供了不少的方便。無論是當時的學人，抑或是後來的評論，激賞者多，例如：

江藩（1761～1831）云：「《皇清經解》，此盡阮氏伯元所輯，爲說經家一大統宗，學者不可不讀。」〔註235〕

張澍（1799～1847）云：「又論樹購買《皇清經解》，以擴見聞，澍於客歲向盧厚山同年丐得全部，披閱數四，沾漑良多。」〔註236〕

李元度（1821～1887）云：「嘗論讀書難，其在今日轉易，何者？經學至國朝諸儒，實能洞辟奧窔，盡發前人之覆，今既有《皇清經解》一書，以匯

〔註231〕《全唐文》1000 卷 中華書局編輯部：〈出版說明〉（北京：中華書局，1983 年），頁 1。
〔註232〕陳東輝：〈阮元與十三經注疏〉載《揚州大學學報》，人文社會科學版，（1997 年第 4 期），頁 48～50。
〔註233〕阮元：〈揅經室集自序〉，《揅經室集》（北京：中華書局，1993 年 5 月），頁 1。
〔註234〕阮元：〈學海堂集序〉，《揅經室集》，頁 1077。
〔註235〕江藩：《經解入門》卷 3（天津市古籍書店，方國瑜校點本，1990 年 6 月），頁 85。
〔註236〕張澍：《養素堂文集》卷 14（臺灣：聯經，明清末刊稿彙編初輯，1976 年 7 月），頁 601～604。

眾說，又得《欽定四庫全書提要》，類聚條分，以辨讀書之門徑，學者即二書求之，思過半矣！」〔註237〕

王先謙（1842～1917）云：「道光間，前大學士臣阮元總督兩廣，薈萃國朝學人撰著，刊於粵東，爲《皇清經解》千四百卷。豳昭代之儒風，導後進以繩矩。優優棣棣，觀者美焉。」〔註238〕

董作賓（1895～1963）〈羅雪堂先生傳略〉記云：「壬午秋，應鄉試。畢，紆道白下，因覽書肆，見粵刻《皇清經解》，父爲購之，先生（羅振玉）如獲至寶，乃以一歲之力，讀之三遍，自謂得讀書之門徑，蓋植基于此時也。」〔註239〕

道光 19 年（1839），阮元自訂《揅經室續集》。

阮元序云：「至七十六歲，予告歸田，以所積者，刻爲續集。不肯索序於人，秖于此自識數言，以明己意而已。前集所自守者，實事求是四字，此續者，雖亦實事求是，而無才可矜，無氣可使，無學可當考據之目，歉然退然，自命爲卑毋高論四字而已。」〔註240〕

道光 22 年（1842），《文選樓叢書》34 種，478 卷印行。

據《新編百部叢書提要》云：「元博雅通達，此書半爲其一人著作，半爲其同時學者所撰，而元爲之輯刊者。元爲清代樸學大師，而此書實可代表乾嘉學術之盛。原版散置各處，至道光二十二年，其弟亨印行是書。」〔註241〕

有關是書編印之緣起，阮亨梅叔云：「余於文選樓、積古齋諸處所儲書板，皆加收檢，其中家兄所刊者爲多，亦有門下士暨余暨姪輩所刊者，久不墨印，恐漸零落。印書人請以各零種彙爲叢書而印之，亦可行也，因列其目三十二種如右。」〔註242〕

〔註237〕李元度：〈重鋟輶軒語書目答問序〉，《天岳山館文鈔》卷 27，載沈雲龍編：近代中國史料叢刊，第 41 輯，（臺北：文海出版社，1969 年），頁 1601～1602。

〔註238〕王先謙：〈皇清經解續編序〉，《虛受堂文集》，卷 2，見《葵園四種》（岳麓書社，1986 年 9 月），頁 29。

〔註239〕董作賓：〈羅雪堂先生傳略〉載羅振玉：《羅雪堂先生全集》初編第 1 冊（臺北：文華出版公司，1968 年），頁 1～2。

〔註240〕阮元：〈揅經室續集自序〉，《揅經室續集》，叢書集成初編本，（上海商務，1935 年 12 月），頁 1。

〔註241〕《叢書集成新編 總目 書名索引 作者索引》（臺灣：新文豐，1986 年 1 月），頁 38。

〔註242〕阮亨：〈文選樓叢書總目〉，《文選樓叢書》（臺灣：藝文印書館，1967 年影印本），頁 1～2。

茲列出《文選樓叢書》所收書名、卷數、著作者及內容分類如下：

書　名	卷　數	著作者	內容分類
1、《揅經室集》	40	阮元	詩文別集
2、《揅經室續集》	18	阮元	詩文別集
3、《揅經室外集》	5	阮元	普通書目
4、《禮經釋例》	14	凌廷堪	古禮儀
5、《孝經義疏補》	10	阮福	家庭倫理
6、《詁經精舍文集》	14	阮元輯	文總集
7、《述學》	2	汪中	文別集
8、《儀禮石經校勘記》	4	阮元	讀書指南
9、《七經孟子考文補遺》	200	山井鼎	讀書指南
10、《雕菰集》	24	焦循	詩文別集
11、《密梅花館詩錄》	2	焦廷琥	詩別集
12、《曾子注釋》	5	阮元	儒家哲學
13、《恆言錄》	6	錢大昕	辭書
14、《揅經室詩錄》	5	阮元	詩別集
15、《淮海英靈集》	22	阮元輯	詩總集
16、《定香亭筆談》	4	阮元	詩話
17、《小滄浪筆談》	4	阮元	詩話
18、《廣陵詩事》	10	阮元	詩話
19、《儀鄭堂文集》	2	孔廣森	文別集
20、《八專瓦 吟館刻燭集》	3	阮元輯	詩總集
21、《歷代帝王年表》	不分卷	齊召南編	歷代編年
22、《新刊古列女傳》	8	劉向	婦女總傳
23、《疇人傳》	52	阮元，羅士琳	算學家總傳
24、《疇人傳三編》	7	諸可寶	算學家總傳
25、《地球圖說》	2	蔣友仁譯	自然科學
26、《積古齋鐘鼎彝器款識》	10	阮元	彝器
27、《小琅嬛叢記》		阮福輯	
28、《文筆考》	1	阮福輯	文話
29、《滇南古金石錄》	1	阮福輯	金石
30、《漢延熹西嶽華山碑考》	4	阮元	碑帖考釋

31、《石渠隨筆》	8	阮元	書畫考識
32、《周無專鼎銘考》	1	羅士琳	彝器
33、《呻吟語選》	2	呂坤	名言
34、《溉亭述古錄》	2	錢塘	群經總義
35、《愚溪詩稿》	1	張肇瑛	詩別集
36、《讀書敏求記》	5	錢曾	經籍題跋

二、

甲、阮元的目錄學

　　阮元公餘之暇，熱愛讀書，對書籍的蒐求及典藏，尤更著意。釋，佛典籍皆有藏，儒何獨無？為此，阮元說：「周官諸府掌官契以治藏，《史記》《老子》為周守藏室之史，藏書曰「藏」，古矣。古人韻緩，不煩改字，「收藏」之與「藏室」，無二音也。漢以後曰「觀」，曰「閣」，曰「庫」，而不名「藏」，隋，唐釋典大備，乃有《開元釋藏》之目，釋道之名「藏」，蓋亦摭儒家之古名也。明侯官曹學佺謂釋道有藏，儒何獨無？欲聚書鼎立。其意甚善，而數典未詳。」〔註243〕

　　阮元一生在圖書目錄學的成就，可見諸下列數事：

1、在杭州立靈隱書藏

　　阮元〈杭州靈隱書藏記〉云：「嘉慶十四年（1809年），杭州刻朱文正（1731～1807）公，翁覃溪（1733～1818）先生，法時帆（1753～1813）先生諸集將成，覃溪先生寓書于紫陽院長，石琢堂狀元曰：「《復初齋集》刻成，為我置一部靈隱。仲春十九日，元與顧星橋，陳桂堂兩院長，暨琢堂狀元，郭頻伽，何夢華上舍，劉春橋，顧簡塘，趙晉齋文學，同過靈隱食蔬筍，語及藏《復初齋集》事，諸君子復申其議曰：「史遷之書，藏之名山，副在京師，白少傅分藏其集於東林諸寺，孫洙得《古文苑》於佛龕，皆因寬閒遠僻之地可傳久也。今《復初齋》一集尚未成箱篋，盍使凡願以其所著所刊所寫所藏之書藏靈隱者，皆裒之，其為藏也大矣。」元曰：「諾」——蓋緣始於《復初》諸集，而成諸君子立藏之議也，遂記之。」〔註244〕

〔註243〕阮元：《揅經室集》（北京：中華書局，1993年5月），頁616。
〔註244〕阮元：《揅經室集》，頁617。

2、在焦山立焦山書藏

　　阮元〈焦山書藏記〉云：「嘉慶十八年（1813年）春，元轉漕於揚子江口，焦山詩僧借庵巨超翠屏洲詩人王君柳村豫來瓜洲舟次，論詩之暇，及藏書事，遂議於焦山亦立書藏，以〈瘞鶴銘〉「相，此，胎，禽」等七十四字編號，屬借庵簿錄管鑰之；復刻圖章，書樓區，訂條例，一如靈隱。觀察丁公百川淮為治此藏事而藏之。此藏立，則凡願以其所著所刊所寫所藏之書藏此藏者，皆裒之。且即以元昔所捐置焦山之宋，元鎮江二志為相字第一，二號，以志緣起。千百年後，當與靈隱並存矣。」〔註245〕

3、為明范欽天一閣撰〈寧波范氏天一閣書目序〉

　　阮元云：「海內藏書之家最久者，今惟寧波范氏天一閣巋然獨存。其藏書在閣之上，閣通六間為一，而以書廚間之，其下乃分六間，取天一生水地成之之義。乾隆間，詔建七閣，參用其式，且多寫其書入四庫，賜以《圖書集成》，亦至顯榮矣。余自督學至今，數至閣中，繙所藏書，其金石楊本當錢辛楣先生修《鄞縣志》時即編之為目，惜書目未編。余於嘉慶八，九年（1803～1804年）間命范氏後人登閣分廚寫編之，成目錄一十卷。十三年（1808年），以督水師復來，寧紹台道陳君廷杰言及之，陳君請觀其目，遂屬府學汪教授本校其書目，金石目，並刻之。刻既成，請序焉。」〔註246〕

4、撰《四庫未收書目提要》，即《宛委別藏》，即《揅經室外集》

　　清道光二年（1822年），《四庫未收書目提要》五卷問世，阮福謹記《四庫未收書提要》云：「此《提要》散藏于揚州及大兄京邸，福因偕弟祜，孔厚校刻《揅經室集》，請錄刊《提要》于集內。家大人諭，此篇半不出于己筆〔註247〕，即一篇之中，創改亦復居半，文不必存，而書應存，可別而題之曰「外集」。」〔註248〕

　　阮元對圖書、目錄的興趣，在給別人的題詩中，亦有言及：

　　　我昔校天祿，直閣兼文淵。稽古中秘書，猶恐有佚焉。

　　　四庫所未收，民間尚流傳。問俟曹倉開，索特海舶旋。〔註249〕

〔註245〕阮元：《揅經室集》，頁618。

〔註246〕阮元：《揅經室集》，頁558。

〔註247〕阮亨：《瀛舟筆談》卷11，「《四庫未收書提要》出于鮑廷博，何夢華，嚴杰三人之力為多。」，頁1。

〔註248〕阮元：《揅經室集》，頁1183。

〔註249〕阮元：〈題何夢華上舍訪書圖〉，《揅經室集》，頁888。

乙、阮元的輯佚學

阮元喜讀古籍，因此經常留心古籍的流傳及輯佚；自少至老，阮元在字裏行間不時透露出他那種嗜愛讀書的習慣。例如彭仲山以其叔（彭希鄭）《酌雅齋集》一卷來請序，阮元立即於秋夜霜新寒蟲不鳴之時，拭老眼窮燭讀之〔註250〕。1842 年，阮元將屆七秩之年，北居揚州道橋之桑榆，有客送來高郵茆魯山輯十種古書十冊，阮元驚喜交集，乘園林小雨之後，洗目帶眼鏡，窮一日之力讀之〔註251〕，對知識的探求，阮元永遠有一種如飢似渴的心態，確實教人欽佩。

阮元表彰典籍，不遺餘力。官戶部時，曾奏進《四庫》未收經史子集六十種，並撰擬提要以進〔註252〕。對於學者輯佚的成就，阮元都爲之撰寫序言，予以推介。阮元〈高郵茆氏輯十種古書序〉云：

> 古書之亡多矣，四庫不能盡輯。昔元二十歲外入京，嘗謁邵二雲（1743～1794）先生，先生門徒甚多，各授以業。有會稽章孝廉（逢源）者，元見先生教以輯古書，開目令輯，至今猶記其目，中有《三輔決錄》《萬畢術》等書，章孝廉力其業，不數年，成書盈尺，惜孝廉病卒，書不知零落何處，恐數年之功，未必能精博似此；今茆君積數十年之力，博覽萬卷，手寫千篇，裒集之中，加以審擇，編次之時，隨以考據，可謂既博且精，得未曾有。……高明者讀之，當自得之耳。此十書拾殘成帙，實爲快事，樂爲序之。〔註253〕

〈高密遺書序〉云：

> （元）詰其所學，必有所來，右原乃言幼讀書爲舉業，入安定書院，曾賓谷先生異之，曰爾勿爲時下學，余薦老師宿儒一人，與爾爲師，乃甘泉江鄭堂（藩）（1761～1831）也，右原以重脩禮延之，館其家，從之學。右原質本明敏，又專誠受教四年，子屏老病卒，獨學又十餘年，日事搜討，從漢唐以來各書中得《高密遺書》盈尺之稿。……其稿皆巾箱小本，細書狹行，朱墨紛雜；偶得一條，即加注貼簽，且寫且校，其有他人已先輯者，與自所輯者，亦各自有分別，吾于

〔註250〕阮元：〈酌雅齋文集序〉，《揅經室再續集》卷3（文選樓叢書本），頁15。
〔註251〕阮元：〈高郵茆氏輯十種古書序〉，同前註。
〔註252〕〈賜謚文達誥任太傅大學士阮公鄉賢錄事實〉，張鑑：〈阮元年譜〉（北京：中華書局，1995 年 11 月），頁243。
〔註253〕阮元：〈高郵茆氏輯十種古書序〉，《揅經室再續集》卷3，頁16。

是慨然高密（鄭玄）之學矣。高密起兩漢之末，開六朝之先，唐宋且勿論矣。三禮之注，毛詩之箋，至今全備，炳如日星。高密本有不能，禮堂寫定傳與其人之歉然，片言隻字散在各書，明目細心者尚可追尋，皆袁紹逼會司馬屏，庽之殘爐，聖經賢傳之緒餘，朱子得其一義，即可正朝廷之大禮，開《禮經綱目》之先路；拾殘補逸，可謂博且勤矣。右原乞為序，予因子屏為予早年益友，所教之弟子，多年有此成書，耄年猶及見之，是以樂而敘之。〔註254〕

三、後人對阮元整理典籍的評語

葉昌熾（1849～1917）詩云：「一留湖上一江湄，鷲嶺藏書許共窺。欲到建安眞洞府，選樓高處有雙碑。」〔註255〕

洪業（1893～1980）：「其後阮元在浙嘗進四庫未收書，亦每種作提要奏之；道光二年，其子阮福刊其四庫未收書目提要目錄五卷。其中為書一百七十五種，共一千八百八十九卷，而二種不分卷，與總目重複者數種，然合兩目計所舉書，共一萬四百餘種，乾隆前歷代公私藏書之未佚、未燬者，具其大部矣！」〔註256〕

楊蔭深（1898～　）：「阮元家居文樓巷，其藏書樓曰文選，輯文選樓叢書，初刻十種，增至二十七種。」〔註257〕

陳登原（1899～）：「全氏以後，如錢竹汀則為天一閣編金石目，阮文達則為之編天一閣書目，薛福成則為編天一閣見存書目，或為名宦，或為耆宿，是則閣雖禁祕，而固未嘗禁閉焉。」〔註258〕

王重民（1903～1975）：「浙刻四庫全書總目的流傳是有長久的歷史淵源和很廣泛的使用基礎的。1795 年浙江士紳出資在杭州翻刻了殿本四庫全書總目，由當時的浙江學政阮元作跋。1825 至 1826 年間，阮元在廣州建成學海堂，

〔註254〕阮元：〈高密遺書序〉，《揅經室再續集》卷 3（文選樓叢書本），頁 18～19。
〔註255〕葉昌熾：《藏書紀事詩》，葉昌熾，倫明：《藏書紀事詩　辛亥以來藏書紀事詩》附補正，校補（上海古籍出版社，1999 年 12 月），頁 565。
〔註256〕洪業：〈四庫全書總目及未收書目引得序〉載《洪業論學集》（北京：中華書局，1981 年 3 月），頁 51～55。
〔註257〕楊蔭深：《中國文學　藏書家考略》（臺灣：新文豐，1995 年 10 月），頁 119～120。
〔註258〕陳登原：《天一閣藏書考》載南京金陵大學中國文化研究所叢刊，甲種，（1932 年），頁 37～38。

即用浙刻本的四庫全書總目作爲學生的課本之一，這對於四庫全書總目的流通使用，尤其是浙本的流通使用起了一定的影響。」〔註259〕

鄭偉章（1944～　）：「阮元主持文壇風會數十年，海內學者奉爲泰斗，爲一代儒臣，文獻大家。淹貫群籍，長於考證，富藏書。」〔註260〕

總的來說，在阮元的心目中，「則刻書洵有功於古人也。」〔註261〕；無論是編書、校書或刻書「足使藝林稱快，後世委心，古籍古人，皆藉是更垂不朽矣！」〔註262〕而阮元一生所追求者，就是：「人有讀書福，書福人亦康。」〔註263〕的寧靜心境。

第七節　阮元推動書院教育的作用

我國的書院制度，實溯源於唐朝，大興於宋、元、明及清四代。書院教育的研究，則始於二十世紀的三十年代。〔註264〕只要翻開任何一部有關中國書院史，又或清代書院史的論著，阮元創辦的詁經精舍和學海堂，都必然會榜上有名，撰著者亦不約而同地會注意到阮元在推動書院教育上所起的作用。

基於以上所述，本節打算分三部分論述：

一、阮元推動書院教育的作用

二、詁經精舍及學海堂研究論著目錄

三、後人對阮元推動書院教育的評語

一、阮元推動書院教育的作用

書院作爲古代教育士子的地方，實與今日的學校，形式類同。而在阮元

〔註259〕王重民：〈跋新印本《四庫全書總目》〉，王重民：《冷盧文藪》（上海：古籍出版社，1992年12月），頁673。

〔註260〕鄭偉章：《文獻家通考》中冊（北京：中華書局，1999年6月），頁603～606。

〔註261〕阮元：〈至順鎮江志序〉，俞希魯：《至順鎮江志》上（江蘇古籍出版社，1999年8月），頁3。

〔註262〕阮元：〈重刻宋本太平御覽敘〉，《揅經室集》，頁694。

〔註263〕阮元：〈題嚴厚民杰書福樓圖〉，《揅經室集》，頁1109。

〔註264〕著述及論文包括：1、曹松葉：〈宋元明清書院概況〉載《國立中山大學 語言歷史學研究所週刊》，第10集 第114期，（1930年1月），頁4541～4562；2、盛朗西：《中國書院制度》（上海：中華書局，1934年11月），頁1～240；3、陳東原：《中國教育史》（臺灣：商務印書館，1936年7月），頁452～457；4、謝國楨：〈近代書院學校制度變遷考〉載《張菊生先生七十生日紀念論文集》（上海：商務印書館，1937年1月），頁281～322。

的心目中，書院除了是師生學習、講學之地以外，其實更是一處學術研究的中心，它可以負上印刷、收藏、輯錄圖書與及有發佈師生習作的職能。

從阮元的角度來看書院教育，它至少帶有下述四項的作用：

1、「志於聖賢之經」

阮元認為，經學可以說是學術研究的重心；因此阮元云：「聖賢之道存于經，經非詁不明。——然則舍經而文，其文無質，舍詁求經，其經不實。為文者尚不可以昧經詁，況聖賢之道乎！」〔註265〕

2、「專肄經史辭賦」

士子學習的重點，除了經學，史學和詩、文、辭賦，同樣要多加著意。這是杭州詁經精舍生員的學習重點，正如許宗彥所言：「相與講明雅訓，兼治詩古文辭」〔註266〕而廣州學海堂生員之所學亦相近。亦如譚瑩所云：「公以崇化勵賢之職，訂疑今察古之條；於月書季考之餘，嚴義肄儒宗之選。謂欲培其根柢，則經史之須研，謂欲擷其菁英，則詩文之並重。」〔註267〕

3、「古訓實學相勵」

在《詁經精舍文集》，「茲集所載，于古今學術，洞悉本源，折衷無偏，實事求是，足以發明墜義，輔翼經史。」〔註268〕在學海堂求學的樊封則云：「宮保制府阮公，以儒術施。諸實政，教不違俗，民安其便。民之鐫心版口碑者不具論，惟訓士則專導以古；每有課，課必及經，而旁及文筆。」〔註269〕樊封又云學海堂之生徒：「蓋欲使稽古之士，良秀者崇實學而得所依歸；魯鈍者知窮經之法，不在高深玄遠，惟能通其古義，自足取益。」〔註270〕阮元的實學，除了是指經學，亦是指數學和自然科學。〔註271〕

〔註265〕阮元：〈西湖詁經精舍記〉，《揅經室集》（北京：中華書局，1993年5月），頁547～548。

〔註266〕許宗彥：〈詁經精舍文集序〉：阮元手訂《詁經精舍文集》，趙所生，薛正興編：《中國歷代書院志》第15冊，頁1。

〔註267〕譚瑩：〈新建粵秀山學海堂碑〉，阮元編：《學海堂集》，卷16，同前註第13冊，頁273。

〔註268〕同註3。

〔註269〕樊封：〈新建粵秀山學海堂題名記〉，阮元編：《學海堂集》卷16，頁275。

〔註270〕樊封：〈粵秀山新建學海堂銘并序〉，阮元編：《學海堂集》卷16，頁276。

〔註271〕見於下列論著：1、毛禮銳、沈灌群：《中國教育通史》第三卷，「阮元對科技教育有著突出的貢獻：其一，博訪古算逸書以廣學術的流佈；其二，編纂《疇人傳》闡明了算學的源流，其三，積極培養科技人才。」（山東教育出版社，

4、倡「學術以正人心」

阮元創辦詁經精舍及學海堂的終極理想是利用學術以正人心。阮元生活的時代，士人只顧科舉考試，疏忽經史實學的研習；如崔弼所言：「本朝廣南人士不如江浙。蓋以邊省少所師承，制舉之外，求其淹通諸經注疏及諸史傳者，屈指可數，其藏書至萬卷者，而更屈指可數。故州郡書院，止以制藝試帖與諸生衡得失，而士子習經，亦但取其有涉制藝者，簡鍊以爲揣摩。積習相沿，幾於牢不可破。」〔註272〕故阮元亟於利用教育，挽人心及正風俗。崔弼亦云：「治莫切於揆文，教化莫美於興賢勸學。」〔註273〕崔弼的學術理念，和阮元如出一轍。

其次，看一看詁經精舍和學海堂辦學的成效和影響。詁經精舍方面，俞樾的理想是：「使學者讀許、鄭之書，通曉古言，推明古制，即訓詁名物以求義理，而微言大義存其中矣！」〔註274〕培育人才方面，張崟開列一成績清單云：「生徒著籍，可考者千數百人，學問名家，作述不朽者，比比而是。舉其著者，早年如歸安姚文田，仁和嚴元照，海寧陳鱣，臨海二洪（頤煊，震煊），嘉興二李（富孫，遇孫）雙張（廷濟，燕昌），仁和錢林，烏程施國祈，周中孚，平湖朱爲粥，德清徐養原，蕭山汪繼培，青田端木國瑚；晚期如義烏朱一新，錢塘吳承志，定海黃以周，餘杭章炳麟，歸安崔適，德清戴望，罔不述作斐然，有光史冊。」〔註275〕

1987 年 6 月），頁 684。2、李國鈞、金林祥：《中國教育思想通史》第四卷（明清）：「阮元在開辦學海堂時聲稱『此堂專勉實學』，他所稱的實學排除了科舉之學，在某種程度上把理學也拒之門外。除了上面所講的經史、稽古、政事、文藝等學外，實學的一項重要內容便是自然科學。」（湖南教育出版社，1994 年 6 月），頁 394。3、陳學恂：《中國教育史研究》明清分卷：「提倡科技教育和自然科學研究：阮元本人擅長天文、數學和器械製造，並撰寫有這方面的著作。」（華東師範大學出版社，1995 年 12 月），頁 365。4、胡青著：《書院的社會功能及其文化特色》：「詁經精舍崇尚訓詁考證，學經史辭賦，天文地理，曆算兵刑，不崇理學。——廣州學海堂亦爲阮元所建，專以古經課士，並兼習小學，天文，地理，算法等科。」（湖北教育出版社，1996 年 11 月），頁 106。

〔註272〕崔弼：〈新建粵秀山學海堂記〉，阮元編：《學海堂集》卷16，同註4，頁 279。
〔註273〕同前註9。
〔註274〕俞樾：〈重修詁經精舍記〉，陳谷嘉、鄧洪波編：《中國書院史資料》中冊，頁 1392。
〔註275〕張崟：〈詁經精舍志初稿〉，載浙江省立圖書館編：《文瀾學報》，第 2 卷第 1 期（1936 年 3 月），頁 488。

　　學海堂方面，《廣州府志》稱：「學海堂在粵秀山林巒幽勝處。道光四年八月總督阮元創建，爲端溪、粵秀、越華、羊城四書院諸生經學、史筆、詞賦季課公所。設學長八人，擬題閱卷，粵人知博雅皆自此。」〔註276〕馬新貽亦云：「往時阮文達公撫浙創詁經精舍，而督兩廣則有學海堂之建，凡以考校經義，修明樸學，衍賈、鄭之緒，浚周、孔之源，故其時儒彥輩出，彬彬稱盛。」〔註277〕學海堂培育的人材，據容肇祖的考證，包括：歷屆學長55人，專課肄業生方面，從道光十四年，下迄光緒二十三年，總共260人。〔註278〕

　　總之，無論詁經精舍或學海堂，它所培育出來的學生，都是一些敦品勵行，或是一些「本經術之學，展經濟之用」，兼容事功之學的實材。

二、詁經精舍及學海堂研究論著目錄

作者	論文或論著	期刊名稱、卷數、期數	出版日期
曹松葉	〈宋元明清書院概況〉	《國立中山大學語言歷史學研究所週刊》10集114期	1930年1月
容肇祖	〈學海堂考〉	《嶺南學報》3卷4期	1934年6月
古公愚	〈學海堂述略〉	《新民月刊》1卷7，8期	1935年12月
張崟	〈詁經精舍志初稿〉	《文瀾學報》2卷1期	1936年3月
謝國楨	〈近代書院學校制度變遷考〉	《張菊生先生七十生日紀念論文集》	1937年1月
瞿宣穎	〈學海堂沿革〉	《中和月刊》1卷4期	1940年4月
百葉	〈創於嘉慶年間的廣東學海堂〉	香港《大公報》	1957年
劉伯驥	〈學海堂刻書表目〉	《廣東書院制度》第8章	1958年2月
宇翁	〈阮元與學海堂〉	《藝林叢錄》第3期	1962年1月
林伯桐、陳澧、周康燮	《學海堂志》	香港龍門書店	1964年6月
艾爾曼	〈學海堂與廣東今文經學的興起〉	《清史問題》4卷2期	1979年12月

〔註276〕廣東《廣州府志》卷66，清光緒五年刊本，陳谷嘉、鄧洪波編：《中國書院史資料》中冊，頁1398。
〔註277〕馬新貽：〈新建學海堂記〉，陳谷嘉、鄧洪波編：《中國書院史資料》中冊，頁1394。
〔註278〕容肇祖：〈學海堂考〉載《嶺南學報》，第3卷第4期，（1934年6月），頁1～147。

李國鈞	〈清代考據學派和最高學府：詁經精舍與學海堂〉	《岳麓書院通訊》1983 年 1 期	1983 年
黃克武	〈詁經精舍與十九世紀中國教育學術的變遷〉	《食貨月刊》（復）13 卷 5，6 期	1983 年
盧光耀	〈廣州學海堂概述〉	《岳麓書院通訊》1985 年 2 期	1985 年
劉淇	〈詁經精舍創建年份考〉	《岳麓書院通訊》1986 年 1 期	1986 年
楊榮春 王建軍	〈廣州學海堂考略〉	《岳麓書院 1010 周年紀念文集》	1986 年 10 月
程禹文	〈阮元辦學與古代書院教育〉	《湖南大學學報》1987 年 1 期	1987 年
劉德美	〈清季的學政與學風、學制的演變〉	《歷史學報》第 17 期	1989 年 6 月
常紹溫	〈阮元創辦學海堂與廣東學術風氣的轉變〉	《歷史文獻與傳統文化》第 1 輯	1990 年 9 月
陳東輝	〈阮元與詁經精舍〉	《浙江學刊》1991 年第 4 期	1991 年 7 月
馬鏞	〈清代後期書院刻書述論〉	《華東師範大學學報》（哲社版）1993 年 1 期	1993 年 1 月
李緒柏	〈清後期廣東的樸學〉	《中山大學史學集刊》2 輯	1994 年 11 月
何國華	〈阮元與清代嶺南高等學府學海堂〉	《嶺嶠春秋 嶺南文化論集》（二）	1995 年 10 月
陳東輝	〈阮元與學海堂〉	《文史》第 41 輯	1996 年 4 月
羅志歡	〈明清廣東藏書刻書業與蒸蒸日上的嶺南文風〉	《嶺嶠春秋 嶺南文化論集》（三）	1996 年 12 月

三、後人對阮元推動書院教育的評語

胡敬（1769～1845）：「學使（羅文俊）爲儀徵相國師高第，師督兩粵時，仿在浙課士，開學海堂，學使爲師所最賞。蓋師自山左典學移節於此，試浙士之學有根柢者，甄拔無遺美，暨撫浙創建精舍；月一課以制藝，會城設有三課，舍不更試，專試碑版與考證諸作；即詩賦錄取，亦不多擇，其尤付刊題曰詁經精舍文集，所延校閱者爲王文端、王蘭泉、孫淵如諸先生，而相國相與品題訂定焉。」〔註 279〕

徐榮（1792～1855）：「碧玉樓高不可尋，南園南望莽蕭森；清泉精舍無

〔註 279〕 胡敬：〈詁經精舍文續集序〉，羅文俊手訂：《詁經精舍文續集》，趙所生，薛正興主編：《中國歷代書院志》第 15 冊（江蘇教育出版社，1995 年 9 月），頁 296。

遺址，寶月孤臺孰嗣音。百代淵源前日事，千間廣廈古人心。會將兩漢公羊學，宜掃浮華見古今。」〔註280〕

謝念功（1792～1832）：「吾粵學海堂，宮保大司馬儀徵阮公特建為課士古學之所；蓋宏獎士風，許與氣類，雖單門後進，必加善誘，故祈祈生徒，濟濟儒術，莫不北面人宗，望風推服。」〔註281〕

丁晏（1794～1875）：「癸酉，文達師為漕督，課士麗正書院——乾隆四十六年，晏主是院講席。——弱冠事鉛槧，成連感知音，忌才多娼嫉，豁達江海深。九原不可作，六藝猶自尋；兩楹書講院，老淚頻沾襟。」〔註282〕

趙均：「粵秀山之學海堂，宮保揚州阮公取漢何休學海之義，以造就我粵人才之地也。」〔註283〕

譚瑩（1800～1871）：「若我阮大司馬芸臺師，新建粵秀山學海堂，其儒肆之津梁，學庭之淵藪乎！」〔註284〕

吳棠（1816～1876）：「南海羅蘿村先生，阮文達督粵時學海堂所拔士，視學兩浙，循文達遺規，手訂詁經精舍文續集八卷，各體俱備，藝林傳誦。」〔註285〕

俞樾（1821～1907）：「使學者讀許、鄭之書，通曉古言，推明古制，即訓詁名物以求義理，而微言大義存其中矣。」〔註286〕

馬新貽（1821～1870）：「儀徵阮文達公撫浙時，創精舍於西湖，命曰詁經。杭州舊有敷文、崇文、紫陽三書院，專習舉子業，而此獨為諸生詁經之所，聘明經之士以為之師。課士首重經解，兼及策論詩賦雜文，蓋視三書院為益濬其源，而其流亦曼衍浩博矣！」〔註287〕

〔註280〕徐榮：〈新建粵秀山學海堂詩〉，阮元編：《學海堂集》卷16，頁280。

〔註281〕謝念功：〈新建粵秀山學海堂序〉，阮元編：《學海堂集》卷16，頁278。

〔註282〕丁晏：〈阮文達師相〉，《頤志齋感舊詩》《叢書集成續編》第177冊，文學類，頁591。

〔註283〕趙均：〈新建粵秀山學海堂記〉，阮元編：《學海堂集》卷16，頁270。

〔註284〕譚瑩：〈新建粵秀山學海堂碑〉，《樂志堂文略》卷4（（光緒1875年刊本），頁1。

〔註285〕吳棠：〈重刊詁經精舍文續集序〉，羅文俊手訂：《詁經精舍文續集》，同註16，頁295。

〔註286〕俞樾：〈重修詁經精舍記〉，陳谷嘉、鄧洪波編：《中國書院史資料》中冊，頁1392。

〔註287〕馬新貽：〈詁經精舍文三集序〉，俞樾編：《詁經精舍文三集》，《中國歷代書院志》第15冊，頁435。

桂文燦（1823～1907）：「阮文達公督粵，建學海堂。——乃選高材生吳應逵、趙均、吳蘭修、曾釗、林伯桐、張杓、馬福安、熊景星為學長，額定，八人分擬經史詩賦等題，分閱諸卷；有缺，七人公舉肄業生充補論者；謂自有書院以來，其法莫善於此也。」〔註288〕

黃以周（1828～1899）：「有明以來，專尚制藝，主講師長，復以四書文、八韻詩為圭臬，并宋人建書院，意而失之。近時賢大夫之崇古學者，又思矯其失，而習非成是，積重難返，不得已別築講舍，選高材生充其中，專肄經史辭賦，一洗舊習。若吾浙江之詁經精舍，廣東之學海堂，其較著者也。」〔註289〕

陳寶箴（1831～1900）：「乾嘉之際，士稍以為陋，一二巨人長德，相承為考證之學。儀徵阮文達公遂創建詁經精舍、學海堂於浙江、廣東，余嘗覽其學規，蓋亦勤密矣！」〔註290〕

易宗夔（1874～　）：「阮芸臺為浙江巡撫，立詁經精舍，祀許叔重、鄭康成兩先生，延王述庵、孫淵如主講席。選高材生讀書其中，課以經史疑義，及小學、天文、地理、算法。許各搜討書卷條對，不用局試糊名法。刻其文尤雅者，曰《詁經精舍集》。不十年，上舍生致身通顯，及撰述成一家言者，不可殫數。東南人才，稱極盛焉。」〔註291〕

張釜：「前清嘉慶間儀徵阮文達公，一督浙學，兩任巡撫，前後互十五載之久。振興文教，綏輯地方，敷政惠黎，殆難枚舉。而其影響於我浙以至於中國學術界之深遠者，尤推西湖詁經精舍之創設。」〔註292〕

容肇祖（1897～1994）：「阮元於學海堂課，每課自命題，如〈學海堂文筆策問〉，見《揅經室三集》卷五，是為他提倡駢偶體的見解的表現。這種提倡，亦近於偏歧的嗜好。然而在學海堂中，影響亦不算少。」〔註293〕

〔註288〕桂文燦：〈阮元與學海堂〉，《經學博采錄》卷4（臺北：明文書店，1992年8月），頁111。
〔註289〕黃以周：〈南菁講舍文集序〉，《南菁講舍文集》《中國歷代書院志》第11冊，頁293。
〔註290〕陳寶箴：〈河北精舍學規〉，席裕福：《清朝政典類纂》（北京圖書館，2000年），卷226。
〔註291〕易宗夔：〈阮元建詁經精舍〉，《新世說》文學第四（山西古籍出版社，1997年7月），頁103。
〔註292〕同註12，頁488。
〔註293〕同註15。

　　李敖（1935～　）：「阮元八十六歲時死去，他在提倡學術上的影響上，既深且久。在浙江立詁經精舍，在廣東立學海堂，也是有名的學術重鎮。」〔註294〕

　　樊克政（1942～　）：「阮元並致力於提倡學術與文教事業，除曾設立杭州詁經精舍與廣州學海堂外，還曾在杭州詁經精舍親自講學。」〔註295〕

　　陳東輝（1966～　）：「就學海堂乃至整個嶺南而言，阮元可謂是開創風氣之人，廣大肄業諸生是追隨風氣之人，眾學長則是主持風氣之人；在晚清和近代廣東學術發展史上佔有舉足輕重的地位。」〔註296〕

　　總的來說，郭明道（1949～　）評阮元爲『清代教育改革家』〔註297〕；尹旦侯更譽阮元爲『清中葉一位有器識、有責任感的學者、政治家、教育家。』〔註298〕就阮元推動書院教育所作出的貢獻這一方面來說，阮元是當之無愧的。

第八節　阮元對後學的影響

　　阮元對後學的影響，可說是他對清代整個學術文化史貢獻之一端；其對後學影響之久遠、之大、之深，究其原因，亦與他能夠在清代學術文化史上做出的貢獻，息息相關。瞿林東（1937～　）云：

　　　　阮元能夠在清代學術文化史上做出貢獻，一是他少治六經，出於對
　　　　經學的愛好和推崇；二是少年得志，借助於他的官僚的身份和聲望；
　　　　三是他善於做學術組織工作。沒有這三個條伴的結合，阮元在清代
　　　　學術史上的地位將是另外一種樣子。他的學術組織工作，包括：講

〔註294〕李敖：〈阮元《揅經室集》〉，《中國名著精華全集》（臺灣：遠流，1983 年 7 月），頁 457～567。

〔註295〕樊克政：〈清朝的書院〉，《中國書院史》（臺灣：文津，1995 年 9 月），頁 239 ～242。

〔註296〕陳東輝：〈阮元與學海堂〉載北京：中華書局，《文史》第 41 輯，（1996 年 4 月），頁 297～302。

〔註297〕郭明道：〈清代教育改革家阮元〉，「阮元，不單是清代揚州學派的中堅人物，又是一位著名的教育改革家。他在服官之暇大力從事教育事業，創辦書院，改革弊端，培養出大批眞才實學之士，轉變了當時的不良學風。阮元的教育改革活動，在清代教育史上是一個重要的轉折點，對近代教育也產生了積極的影響。」載《揚州師院學報》（社會科學版），1990 年第 4 期，頁 125。

〔註298〕尹旦侯：〈阮元評傳〉，沈灌群、毛禮銳主編：《中國教育家評傳》（上海教育出版社，1989 年 2 月），第二卷，頁 908。

學、撰述和刻書三個方面，在乾、嘉、道年間學術文化的發展中成為萬流傾仰的事業。〔註299〕

仰彌謂：

然於時以經術文章主持風會，不偏不倚，能劑漢宋之平，而其人又聰明早達，揚歷中外，兼享大年，其名位著述，足以弇晃群材，其力尤足提倡後學，羽翼之以成一代之盛事者，莫阮文達公若。〔註300〕

二人之說，當足以互相參考，互相補足而見阮元在學術文化史上影響至巨的成因背景。

以下試從三方面論述阮元對後學的影響：

其一、阮元大力推動清代文化事業之發展，興學教士，獎掖人才，編纂校勘，撰述刊刻，不遺餘力。誠如郭明道（1949～　）所言：「在有清一代，像阮元這樣全力傳播文化，倡導學術和培養後進，作用之大是很難找出第二個與之相提並論的，稱他為巨擘，是當之無愧的。」〔註301〕阮元為當時塑造了一個培育後學的溫床，提供有利後學追求學問、經世致用的環境。學海堂、詁經精舍歷年為廣東、浙江等地培養出一大批學有專長的青年學者，為學術文化界注入了朝氣勃勃的生力軍。又如黃愛平（1955～　）所言，從學子方面來說，學子在學的方面有書院的培育，「士有一藝之長，無不獎勵。能解經義及工古今體詩者，必擢至於前。」〔註302〕這樣一條由培養至鼓勵、至提攜的康莊大道，全由阮元一手策劃，一手包辦。尚小明（1968～　）在論及阮元在學術界的崇高地位時，認為與他對眾多學人的延攬、獎掖分不開。

而筆者更要指出的是，阮元興辦書院得以成功，借助幕僚之力不可忽視。據尚小明云：「阮元幕府有一百二十餘人，是清代規模最大的一個學人幕府。阮元幕府可以說匯聚了乾嘉之際以至道光初期幾乎所有在朝在野的一流漢學家以及眾多知名的詩文作家，如段玉裁、焦循、臧庸、顧廣圻、江藩、李銳、陳壽祺、嚴杰等都曾在阮元幕府。」〔註303〕魏白蒂描述阮元如何提挈與促進

〔註299〕瞿林東：〈阮元和歷史文獻學〉，載白壽彝主編：《清史國際學術討論會論文集》（瀋陽：遼寧人民出版社，1990年8月），頁609。

〔註300〕仰彌：〈阮文達事述：為公卒後九十年紀念作〉，載周康燮編：《中國近三百年學術思想論集》，（香港崇文，1971年5月），頁303～322。

〔註301〕郭明道，田漢雲：〈清代傳播民族文化的巨擘——阮元〉，載《揚州師院學報》（社科版），1988年第3期，頁143～153。

〔註302〕黃愛平：〈阮元學術述論〉，載《史學集刊》，（1992年第1期），頁37。

〔註303〕尚小明：《學人游幕與清代學術》，（北京：社會科學文獻出版社，1999年10

嘉道時代的學術研究時指出：「阮元在浙江已得到一百多位學者，嘉慶乙未會試副總裁又得二百零九名進士，不過不是每一個人都加入阮元周圍的。學者可以加入阮元工作作幕友，在書院講學、作文章；做阮元子女的家庭教師；同時自己研究，也可以參加修纂項目的工作。」〔註304〕白新良統計：「學海堂的主講名師，先後有 55 人；有著述問世的學生，可查者有 300 餘人，幾千種書。對於當時和此後學術文化的發展，產生了重要而深遠的影響。」〔註305〕所以，當時阮元創辦的兩所書院，可以說是精英薈萃，更加是高水準的學術研究中心。

此外，書院亦負上印刷、收藏圖書、輯錄校勘等職能，儼如一個學術出版機構及圖書館。常紹溫說：「學海堂講求實學，提倡質疑論難，使之成爲教學、科研、刻書三結合的學術重鎮；不單培養出人材，也促進了廣東出版事業的發展。」〔註306〕由於阮元熱心於編書、校書和刻書工作，由書院整理出來的古籍，數量頗爲豐富。羅志歡考出：「學海堂內建有文瀾閣爲藏書板之所，又以啓秀樓爲校書之地，並以刻書爲事。期間編刻了大量的學術專著，如道光九年刻《皇清經解》138 種 1400 卷；同治中葉刻《孫吳司馬兵法》8 種，8卷；同治光緒間刻《三通》450 卷；光緒二年刻《兩漢紀》62 卷；又刻有《學海堂叢刻》、《揅經室集》、《四庫總目提要》等。」〔註307〕

阮元藉撰述、主持刊刻、校錄編纂書籍來推動文化，傳播求實學風，營造一個濃厚的文化學術氛圍。即使後學未能進入學海堂、詁經精舍親炙名師，亦可收浸淫、感染之效。行之有年，社會上，書院內外，爲國家提供了大量可造之才。我們可以用張鋆的說話作爲一個總結：「生徒著籍，可考者千數百人，學問名家，作述不朽者，比比而是。」〔註308〕

月），頁 128。

〔註304〕魏白蒂：〈《四庫全書》纂修外一章：阮元如何提掖與促進嘉道時代的學術研究〉，《兩岸四庫學：第一屆中國文獻學學術研討會論文集》（淡江大學中國文學系，1998 年 9 月），頁 15。

〔註305〕白新良：《中國古代書院發展史》，（天津大學出版社，1995 年 5 月），頁 205。

〔註306〕常紹溫：〈阮元創辦學海堂與廣東學術風氣的轉變〉載暨南大學中國文化史籍研究所編：《歷史文獻與傳統文化》，第一集，（廣州：廣東人民出版社，1990年 9 月），頁 247。

〔註307〕羅志歡：〈明清廣東藏書刻書業與蒸蒸日上的嶺南文風〉載《嶺嶠春秋：嶺南文化論集》三（廣東人民出版社，1996 年 12 月），頁 599。

〔註308〕張鋆：〈詁經精舍志初稿〉，載（浙江省立圖書館編：《文瀾學報》，第 2 卷第1 期（1936 年 3 月），頁 488。

其二、阮元創辦書院，刻印經書，所要大大推動的是漢學；所矯正的是只顧科舉，疏忽經史實學的歪風，要達到的是「倡學術以正人心」的終極理想。當時士子讀書，爭名逐利之心，與今人無異；捨本逐末，但求考試過關，社會上遂產生專習舉業之書院。馬新貽（1821～1870）云：「儀徵阮文達公撫浙時，創精舍於西湖，命曰詁經。杭州舊有敷文、崇文、紫陽三書院，專習舉子業，而此獨爲諸生詁經之所，聘明經之士以爲之師。」〔註309〕浙江如此，廣東又如何呢？崔弼言：「本朝廣南人士不如江浙，蓋以邊省少所師承，制舉之外，求其淹通諸經注疏及諸史傳者，屈指可數，其藏書至萬卷者，而更屈指可數。故州郡書院，止以制藝試帖與諸生衡得失，而士子習經，亦但取其有涉制藝者，簡鍊以爲揣摩。積習相沿，幾於牢不可破。」〔註310〕可見廣東不但有與江浙一樣的不正學風，更甚者是本地的文化水平根本不高。其時風氣如此，阮元甫撫浙江，馬新貽云：「課士首重經解，兼及策論詩賦雜文，蓋視三書院爲益濬其源，而其流亦曼衍浩博矣！」〔註311〕學生在此是使學生學經史辭賦、天文地理、曆算兵刑、不崇理學。廣東方面，孫完璞云：「阮元督粵，以粵人不治樸學，創學海堂以訓士。」〔註312〕

阮元傾盡一生的努力，他的理想達到了嗎？如有達到，又到達了一個甚麼樣的程度呢？　梁啓超（1873～1929）說：「儀徵阮芸臺元，任封疆數十年，到處提倡學問，浙江、廣東、雲南學風皆受其影響。」〔註313〕徐珂（1869～1928）亦云：「元主持漢學，全在經解一書。節鉞所至之處，於廣州則創學海堂，於浙江則建詁經書院，兩省承學之士，百年以來，猶沿其餘風。」〔註314〕可見，其所到之處，學風不但得以轉移，甚至於廣東一省的文化水平，也由此得以全面提升。

〔註309〕馬新貽：〈詁經精舍文三集序〉，俞樾編：《詁經精舍三集》，《中國歷代書院志》（江蘇教育出版社，1995年9月），第15冊，頁435。

〔註310〕崔弼：〈新建粵秀山學海堂記〉，《學海堂集》，卷16，趙所生，薛正興編：《中國歷代書院志》，第13冊，頁279。

〔註311〕同前註10。

〔註312〕孫完璞：〈粵風〉，載簡又文編：《廣東文物》，（上海書店，1990年8月），頁48。

〔註313〕梁啓超：〈近代學風之地理的分佈〉載《中國近三百年學術史參考資料四編》（香港：崇文書店，1973年3月），頁145。

〔註314〕徐珂：〈經學有北南二派〉，《清碑類鈔》（北京：中華書局，1986年3月），第8冊，經術類，頁3804。

　　阮元的功績，不啻爲社會、爲文化界移風易俗；於後學求上進、做學問，無疑爲他們釐清了本源，指導了一條正路。得益學子，數不勝數，因此而成爲一代學問大家者，亦爲數不少。《廣州府志》從社會的層面，肯定阮元對廣東文化的貢獻：「學海堂在粵秀山林巒幽勝處。道光四年八月總督阮元創建，爲端溪、粵華、越華、羊城四書院諸生經學、史筆、詞賦季課公所。設學長八人，擬題閱卷，粵人知博雅皆自此。」〔註315〕自阮元開學海堂課士後，始人文蔚起，湧現出一批著名學者，如曾釗、林伯桐、吳蘭修、吳榮光、侯康、梁廷枬、譚瑩、陳澧、鄒伯奇、李光廷、桂文燦、林國庚、陶福祥、吳道鎔、汪兆鏞等。其人數之多，著述之繁富，涉及領域之廣泛，都是廣東文化史上所罕見的。〔註316〕

　　上面種種在此作一總結，誠如何國華所言：「著名學者陳澧、朱次琦、廖廷相、溫仲和、桂文燦、梁啓超、汪兆鏞等人，都是學海堂的畢業生。——一批學者如曾釗、陳澧、譚瑩、鄒伯奇、梁廷枬、吳蘭修、林伯桐、張維屏、黃培芳、朱次琦等推動了廣東教育、出版、藏書等文化教育事業發展，從而標誌著嶺南文化已趕上中原文化水平。」〔註317〕

　　於詁經精舍，易宗夔（1874～　　）云：「阮芸臺爲浙江巡撫，立詁經精舍，祀許叔重、鄭康成兩先生，延王述庵、孫淵如主講席。選高材生讀書其中，課以經史疑義，及小學、天文、地理、算法。許各搜討書卷條對，不用局試糊名法。刻其文尤雅者，曰《詁經精舍集》。不十年，上舍生致身通顯，陳撰述成一家言者，不可殫數。東南人材，稱極盛焉。」〔註318〕如張釜所總結：「前清嘉慶間儀徵阮文達公，一督浙學，兩任巡撫，前後亙十五載之久。振興文教，綏輯地方，敷政惠黎，殆難枚舉。而其影響於我浙以至於中國學術界之深遠者，尤推西湖詁經精舍之創設。」〔註319〕張釜更進一步具名，指陳述作斐然者，名單詳見於上一節，在此不贅。

〔註315〕廣東《廣州府志》：卷66，清光緒五年刊本，載陳谷嘉、鄧洪波：《中國書院史資料》（杭州：浙江教育出版社，1998年5月），中冊，頁1392。

〔註316〕李緒柏：〈清後期廣東的樸學〉，載中山大學歷史系編：《中山大學史學集刊》，第二輯，頁209～225。

〔註317〕何國華：〈阮元與清代嶺南高等學府學海堂〉，載《嶺嶠春秋：嶺南文化論集》二，（中國社會科學出版社，1995年10月），頁303～313。

〔註318〕易宗夔：〈阮元建詁經精舍〉，《新世說》文學第四，（山西古籍出版社，1997年7月），頁103。

〔註319〕同前註10。

　　總言之，據李國鈞的考究：「早期的詁經精舍肄業生在學術上多有成就，著作宏富，這是當時任何一個書院所望塵莫及的。如趙坦、崔應榴、方觀旭、嚴杰、洪頤煊、嚴元照、徐養原、李富孫、金鶚、沈濤等人的經學著作，分別被收入經解和續經解。」〔註320〕於學海堂，李緒柏云：「學海堂自道光四年（1824）創建，到光緒二十九年（1903）奉詔停辦，前後達80年。在此漫長時間內，一共有55人任學長，招收專課肄業生16期，260多人。他們中大部分人都是當時廣東文化、教育事業上的中心人物。」〔註321〕

　　吳道鎔輯錄《廣東文徵》一至六冊，編錄對廣東學術界一些有影響力的人物，如：譚宗浚、曾釗、陳澧、儀克中、黃培芳、李黼平、張杓、吳蘭修、羅文俊、張維屏、吳榮光、劉彬華、林伯桐、吳應逵、潘珍堂、潘乃位、廖廷相、廖廷福、林國賡、侯康等人，大多是阮元的後學或是學海堂的生員。〔註322〕白新良亦說：「在阮元和詁經精舍、學海堂的帶動下，嘉道時期，全國各地又湧現了一大批漢學學者和以講授漢學為主要內容的書院。」〔註323〕

　　其三、阮元這種興學教士，倡文化，推崇經史實學的精神，其所影響，非止於身故，實流披於後世。

　　阮元的門生、門生的門生、前輩、老師；同科考試的同輩、幕友、故吏；社會各界朋友，形成了一道道人際的網絡。從地域到階層，覆蓋面廣泛，一代傳一代。正如李成良所說：「無論其人之年長年少，也無論其身分之高低，阮元都是以高尚的人品，精湛的學術，而對他們產生了極大的魅力，感染了每一個與他相交往的學者，使他們覺得阮元可敬、可信。」〔註324〕因此，阮元得以能夠完成很多空前的文化成就。他的影響力，直至晚清，遍及全國，尤其是江蘇、浙江、廣東三省的學術文化界。

　　李緒柏云：「自學海堂後，菊坡精舍、廣雅書院、崇實書院、五公精舍等也都減掉制藝，而專課古學。」〔註325〕固之然，在講學內容上，阮元創建的書院帶動了改革風；在書院的規制上，亦非常完善而有規模。曾漢棠說：「舉

〔註320〕李國鈞：《中國書院史》，（湖南教育出版社，1994年6月），頁905。

〔註321〕同前註18。

〔註322〕吳道鎔原稿，張學華增補，李棪改編：《廣東文徵》改編本（香港：香港中文大學，1973至1979年），頁170～567。

〔註323〕同前註7。

〔註324〕李成良：《阮元思想研究》，（四川人民出版社，1997年1月），頁363。

〔註325〕同前註23。

凡學長、季課、經費及雅集諸端，皆有跡可尋。」〔註 326〕完善的書院制，足以成爲其他書院的楷模，大大裨益於學子。曾漢棠進一步說：「近代粵東學人才士輩出，學風爲之大振，與此不無關係。」〔註 327〕阮元一生所要成就者，其實就是儒家這種入世的胸懷、豁達的理想。

阮元的人品、學問、政績、終身對理想的追求，對推動文化事業的熱忱，不遺餘力，身體力行，才是他留給後世，影響後學的最寶貴的財產。

正如陳東輝（1966～　 ）所言：「就學海堂乃至整個嶺南而言，阮元可謂是開創風氣之人，廣大肄業諸生是追隨風氣之人，眾多學長則是主持風氣之人；在晚清和近代廣東學術發展史上佔有舉足輕重的地位。」〔註 328〕這一句對阮元的論斷，筆者覺得吾人應無異議，足可作爲對阮元的定評。

第九節　阮元對朝鮮學者的影響

阮元的學術思想，除了影響廣東、浙江、湖南等省的教育文化發展外，較鮮爲人知者，是阮元的學術思想，無論是直接或間接，都曾影響及朝鮮近世的儒學發展。原因是：朝鮮近代的實學思想家：例如朴齊家、金正喜和丁若鏞等人，和阮元都曾經有過直接或間接的接觸。

朴齊家（1750～1805），字在先、修其、次修，年輕時因喜讀楚辭而取號楚亭。朴齊家先後有四次燕京之行，分別是：1778 年 3 月，1790 年 5 月，1790年 10 月和 1801 年，在後三次的出使，先後同清朝著名學者紀昀、李鼎元、翁方綱、阮元、鐵保、孫星衍等人結下了深厚友誼。朴齊家是李氏朝鮮第一代檢書官，他在任檢書官期間非常重視從清朝購入古書珍本，每次去燕京都一定去琉璃廠熱心閱覽。1777 年，朝鮮購入在當時很難得到的初印本《欽定古今圖書集成》1 萬卷，5200 冊；1778 年，朴齊家還同李得懋等人，親自去燕京購入《通志堂經解》1750 卷，共 500 冊，爲清朝文化輸入朝鮮作出了很大貢獻。〔註 329〕

〔註 326〕曾漢棠：〈香港學海書樓與粵港文化的承傳關係〉載《學海書樓七十五周年紀念集》（香港：學海書樓，1998 年 4 月），頁 13。

〔註 327〕同前註 28。

〔註 328〕陳東輝：〈阮元與學海堂〉，載北京中華書局編輯部編：《文史》第 41 輯，頁301～302。

〔註 329〕潘暢和：〈清代科技實學與朴齊家的《北學議》〉，載葛榮晉主編：《中國實學思潮史》（北京：首都師範大學出版社，1994 年 9 月），下卷第 45 章，

　　金正喜（1786～1856），字元春，號阮堂，又號秋史、覃研齋等。1809 年
10 月，隨父親金魯敬來到燕京，據〈阮堂金公小傳〉記載：「判書公（魯敬）
使于燕，公（正喜）隨而入，時年二十四，阮閣老元，翁鴻臚方綱，皆當世
鴻儒，大名震海內外，且顯不輕與人接，一見公莫逆也。」（《阮堂先生全集》）。
在滯留燕京一個多月的時間裏，金正喜拜訪了徐松、朱野雲、阮元、翁方綱
等碩學名士。阮元把他的《經籍籑詁》、《十三經注疏校勘記》、《揅經室集》（部
分）等自著贈送給金正喜。金正喜歸國 20 年後，還收到了阮元之子常生寄來
的阮元所編《皇清經解》184 種，1400 卷經書，這無疑對于金正喜考據實學
的研究有很大的幫助。金正喜成爲朝鮮金石學之大師，被稱爲阮堂大師；金
正喜念念不忘翁、阮二大師，這也表現在他的取號上，金正喜自號『阮堂』，
是取自阮元的『阮』字加上『堂』字；他又仿翁方綱的『寶蘇齋』而自號爲
『寶覃齋』；金正喜又號『覃研齋』，是取自翁方綱自號『覃溪』的『覃』字
和阮元的自號『研經齋』的『研』字，加上『齋』字而成的；單就這一點，
亦足以說明翁方綱、阮元的考據實學思想對金正喜的思想影響是很深的。

　　金正喜也同阮元一樣，非常喜歡『實事求是』一語，並作了〈實事求是說〉
一文，專講他的實事求是之說。〔註 330〕金正喜寫成《金石過眼錄》，形成了獨
具風格的朝鮮金石學派，他還在翁方綱書法藝術的基礎上，逐步形成了拙樸清
高的『秋史體』，這些都是他對清朝考據實學的補充與發展。〔註 331〕另據清劉
喜海〈海東金石苑題辭〉自注說：「山泉長兄秋史名正喜者，曾於庚午（1810）
來都，謁見翁覃溪、阮芸臺諸先生，其經術文名，爲朝鮮一時之冠，曾手拓古
碑寄余。」〔註 332〕而徐珂對『阮堂』的考證，亦頗詳細，茲錄如下：「張石齋
殷齋集爲朝鮮貢使題畫詩。知貢使之師金正喜，前充貢使時，慕中朝儀徵相公
之學，別署阮堂。阮堂爲彼國通儒，性喜古籍。朱氏算學啓蒙，中國久軼，阮
堂於其國得之，攜以來京，展轉入儀徵手，爰屬羅君次球校算付梓。道光朝士
多與阮堂師弟納交，石洲亦嘗以儀徵所著詩書古訓，及自撰亭林年譜郵贈。詩

　　　　頁 390～393。
〔註 330〕朱七星：〈清代考據實學與金正喜的實學思想〉，同前註 1，第 46 章，頁 404
　　　　～411。
〔註 331〕萬榮晉：〈中國實學研究的現狀和今後發展方向〉，載國際儒學聯合會編：《國
　　　　際儒學研究》第 4 輯（中國社會科學出版社，1998 年 5 月），頁 357。
〔註 332〕參朴觀圭〈清劉喜海與朝鮮文人間的交游考〉，引自黃建國、高躍新主編：《中
　　　　國古代藏書樓研究》（北京：中華書局，1999 年 7 月），頁 427～445。

中所云：『敬以老阮書，用慰阮堂情』是也。近賢自蘇齋而後，江號鄭堂，李字鄬齋，各自明其瓣香所在，不圖此俗沿及東瀛。」〔註333〕

　　丁若鏞（1762～1836），字美鏞，號俟庵、茶山等，堂號與猶堂。丁若鏞一生寫了 500 多種的著作，收錄在《茶山全書》中，一生並無親身入燕京考察之機會。丁若鏞接觸清初實學的一個重要途徑是通過朋友，如李蘗、柳得恭、朴齊家等人處借閱書冊。他說：「近聞翁覃溪門友阮元，取大戴禮曾子十表章，而注解之，亦道繞連脈之意。」（《全書》第2集，第1卷〈大學公議〉）在這裏所提到的清代實學家阮元的注釋，是通過入燕京曾歷訪阮元筆談而得書的朴齊家借閱的。據初步考察，丁若鏞在自己的《茶山全書》中，曾引用有清代實學家諸如顧炎武、閻若璩、毛奇齡、徐乾學、萬斯同、黃宗羲、王源、翁方綱、阮元等二十多位學者的言論。可見，他深受清代經世實學和考據實學思想之影響。〔註334〕

〔註333〕徐珂：《清朝野史大觀》下，清朝藝苑卷 10：（江蘇廣陵古籍刻印社，1994年 5 月），頁29。

〔註334〕朱七星：〈清初經世實學與丁若鏞的實學思想〉，萬榮晉主編：《中國實學思潮史》，下卷第 47 章，頁 412～416。

第六章　結　語

「學術盛衰，當於百年前後論升降焉。」——阮元〈十駕齋養新錄序〉

要寫這一篇論文的結語，話難不難，說易也不易。不難，因為說到阮元的資料，委實豐富而繁多；不易，因為要在資料蕪雜的情況下，理出一個頭緒來，實在也要有一定的識力。本文基本的切入點，是利用了目錄學、文獻學、圖書館學的資訊，試圖對阮元作出「全方位」的考察，藉此鉤稽阮元的學術和思想全貌。筆者撰寫這篇論文的態度是「實事求是」的，即有一分的證據，才說一分的說話，不作無謂的推測。清代乾、嘉學人的重視證據與及刻苦讀書的傳統，筆者更是心嚮往之，而希望這種優良的傳統和學風，可以繼續發揚光大。

如何恰當地評論阮元，還給他本來的面貌，再就著他生活的時代和環境，給予阮元一個比較中肯的評價，這是筆者在腦海中經常思考的問題。如果從古人所謂：「太上立德、其次立功、又其次立言。」三不朽的角度來論阮元，阮元在這三方面的得分，都會是頗為偏高的。如果我們用一般世俗的眼光來論人，從道德、文章、人品、學問四個方面來評論阮元，筆者仍然會給阮元打一個偏高的分數。

作為清代中葉三位通儒之一（另二人是汪中和焦循），阮元也是當時一位大幕主，與及揚州學派一位重要的集大成者。民國時代的李詳（1859～1931）已云：「而追念揚州學派，昔為人所頌者，今且一蹶不振，前賢可傷，後者難繼，余綜其始末陳之，未嘗不為之長太息也。」〔註1〕揚州學派為人所稱頌者究竟是什麼？李詳只是交待了一大班揚州學人的名單而沒有明言，但我們可以從張舜徽、田漢雲、黃愛平、王章濤等人的研究中得知：揚州之學最講通貫、揚州

〔註1〕李詳：〈論揚州學派〉，李詳：《藥裏慵談》卷3（江蘇古籍出版社，2000年1月），頁54～55。

學人治學務實而敢於創新、經世致用、學兼漢宋、博大精深、道藝俱重。換一句話說，揚州學人既有寬廣的文化視野，又有卓越的創造能力。而從阮元治學的範疇與及其對清代學術的貢獻中，我們都可以得到確切的印證。

翻檢一下清代學術思想史的專著，對阮元在漢學方面所取得的成就，大多抱持肯定的態度。〔註2〕這本來也是一個不爭的事實，阮元一些涉及考證的文字，例如：〈明堂論〉、〈禹貢東陵考〉、〈古戟圖考〉、〈匕圖考〉、〈銅和考〉、〈璧羨考〉、〈棟梁考〉、〈浙江圖考〉、〈雲南黑水圖考〉、〈明堂圖說〉、〈考工記車制圖解〉等，確實表現出阮元是漢學考證的能手。上引各篇的考釋文字，在在可以看到阮元的通觀和博識。不過，阮元之於宋學，我們卻見不到他持有什麼反對之態度，可以這樣說：阮元同樣重視「尊德性」的性理之學。

綜述阮元學術思想的評論資料，自清代、民國以還，可以說是蔚為大觀，多若恆河沙數。但奇怪的事實竟然是，和阮元同時期的學人，大多對阮元的學術思想評論得較為全面。出生於十八世紀前的阮亨（1783～1859）、朱為弼（1771～1840）、陳壽祺（1771～1834）、張鑑（1781～1850）、汪喜孫（1786～1847）、龔自珍（1792～1841）、何紹基（1799～1873）等清代學人，對阮元的學術著作或學術貢獻，都曾經予以高度的評價。〔註3〕然而，不可忽略的

〔註2〕 例如：侯外廬：「如果說焦循在學術體系上清算乾嘉思想，則阮元是在編纂上總結乾嘉成果，他不但是一位戴學的繼承者，而且是一位根據漢學家的精神而倡導學風的人。」載《近代中國思想學說史》（上海生活，1947年5月），頁556。楊向奎：「漢學家於訓詁以外大談實學，則始自阮元。」載《中國古代社會與古代思想研究》下冊（上海人民出版社，1962年4月），頁1007～1029。楊向奎：「自清初到乾嘉時代，漢學家而兼長宋學，并有反理學思想的大師，除顧亭林，戴東原外，還有阮元。」載《清儒學案新編》第5卷〈儀徵學案〉（齊魯書社，1994年3月），頁378。張豈之：「阮元在學術思想上最重要的貢獻，一是對漢學思潮的總結，一是對文化史的研究。」載《中國思想史》第6編 明清編（西北大學出版社，1989年6月），頁925～927。王俊義：「處在十八世紀末至十九世紀初社會危機和學術變化的前夜，阮元的主要功績在於總結過去，而不是開啟未來。……阮元的學術實踐，既是對清代漢學的總結，也反映了這一代學術的局限。」載王俊義、王愛平合著：《清代學術與文化》（遼寧教育出版社，1993年10月），頁341～363。

〔註3〕 可參考阮亨：《瀛舟筆談》卷7，（清嘉慶年版1820年），頁1。朱為弼：〈阮中丞師四十壽序〉、〈阮宮保六十壽序〉、〈儀徵阮相國師七十壽序〉，《蕉聲館文集》卷6，（東湖草堂藏版《蕉聲館集》，1852年3月），頁12～23。陳壽祺：〈上宮保尚書儀真公書〉、〈上儀徵公夫子書〉、〈答儀徵公書〉，《左海文集》卷5，頁1～19；卷7，頁1～3，孫紹塘重刊：（三山陳氏家刻左海全集）。張鑑：〈揅經室文集序〉、〈答阮相國師書〉，《冬青館甲集》卷5，頁249～250；

一點事實，他們不是阮元的親屬（阮亨乃阮元從弟），便是阮元的弟子（朱爲弼、陳壽祺、張鑑、何紹基），又或是阮元的後輩（汪喜孫、龔自珍），對阮元的學術評價，少不免添加私人感情的因素，或有過譽之嫌。不過，總的來說，他們對阮元在清代學術的傳承及貢獻方面，都一同作出了高度的概括，這亦是不能否認的。另一方面，有關阮元學術思想的文章，亦曾引起當時學者的注意。爲阮元所賞識，而曾擔任詁經精舍講席的王昶（1724～1806），不知道是不是要答謝阮元的出資相助，爲他刊印《湖海文傳》一書，在道光丁酉年（1837 年）經訓堂藏版的《湖海文傳》，便已收錄了阮元以下十多篇的文章，包括：〈明堂論〉、〈封泰山論〉（卷七）、〈論語一貫說〉（卷十六）、〈商周銅器說〉（卷十八）、〈漢讀考周禮六卷序〉（卷二十）、〈大戴禮記補注序〉、〈群經宮室圖序〉（卷二十三）、〈三統術衍序〉（卷二十八）、〈十駕齋養新錄序〉（卷二十九）、〈西湖詁經精舍記〉（卷三十四）、〈石刻孝經論語記〉（卷三十九）、〈重修會稽大禹陵廟碑〉（卷四十七）、〈胡西琴先生墓誌銘〉（卷五十七）、〈跋大司農鄭公碑跋〉（卷七十三）等。〔註 4〕

　　研究阮元的文獻資料，無論是原始的，抑或轉手的，都頗爲豐富而龐雜。筆者嘗試通過疏理和阮元有關的資料，企圖鉤劃出清代中葉至今三百多年的學術趨向。論文便是以阮元這個學術人物爲中心點，從師友、弟子、幕僚等人和他的交往，藉此建構一個多維視野的形象，通過阮元的學術活動，從而幫助人們更加認識清楚清代學術思想史、經學史、教育史、科技史、以至文化史的全貌。

　　清代學者與及後人對阮元的爲人以至事功、政績、學問各個方面，大多交相稱譽；筆者卻先從貶抑阮元的評論入手，爲阮元辨誣。作爲一個調庭人，筆者希望做到：還給阮元一個公道。

　　筆者分從阮元生平、年譜的研究、著述的研究、學術總論的研究、詁經精舍及學海堂的研究等四個項目、將清代、民國以來的阮元研究，作一回顧

　　《冬青館乙集》卷 6，頁 350，〈叢書集成續編〉本（上海書店，1994 年 6 月）。
　　汪喜孫：〈問經圖跋〉，載《國粹學報》，第 1 年第 6 號，第 6 期，（1905 年 7
　　月），頁 2。龔自珍：〈阮尚書年譜第一序〉，《龔定庵全集類編》（北京：中國
　　書店，1994 年 12 月），頁 29～31。何紹基：〈送宮保儀徵相國師予告歸里序〉、
　　〈龍泉寺檢書圖記〉，載《何紹基詩文集》（岳麓書社，1992 年 3 月），頁 765
　　～766；頁 784～785。
〔註 4〕　參考姚椿：〈湖海文傳序〉；應寶時：〈湖海文傳跋〉；王紹基：〈湖海文傳序〉
　　及〈湖海文傳目錄〉，王昶：《湖海文傳》（道光丁酉年經訓堂藏版，1837 年），
　　頁 1～3。

及綜述。

最近二十年，隨著兩次揚州學派學術研討會的召開（1988 年 9 月在揚州師範學院舉行；2000 年 4 月由揚州大學主辦），中國大陸、臺灣、香港以及海外的專家、學者，對於阮元的研究，無論是專書又或論文方面，已經得出一張成績不俗的清單。（可參考：拙文 第二章 第三節 阮元研究的回顧；參考書目：甲、（五）近代學者論著、 乙、中文論文索引） 此外，臺灣中央研究院中國文哲研究所由 1998 年 7 月至 2000 年 12 月的兩年半時間，有由林慶彰先生及蔣秋華先生主持的「清乾嘉揚州學派」研究計畫，對促進阮元及其揚州學派的相關研究，都起了推波助瀾的作用。

阮元的先世，出自魏晉陳留國。阮元亦言：「陳留尉氏邑，阮氏著舊德。」〔註5〕阮元乃武夫之後裔，早歲曾攻讀於以園林茂綠和藏書豐富見稱的揚州「康山草堂」。阮元母親與蔣士銓之母過從甚密，故此，阮元母親教子的方式深受蔣母的影響。阮元以一詩之功而得到乾隆皇帝的賞識，並且開展了他的仕宦生涯。〔註6〕阮元年青時代入北京應試，已經開始了他的學術事業，包括：鉤沉史料、整理古籍、著書立說、弘揚文化。中年宦遊浙江十一年，山明水秀的杭州，成為阮元學術研究的搖籃。老年督粵，居廣州九年，最難得之處是改變了當地空疏的學風。貴為封疆大吏的阮元自言：「一琴十鼓兩袖清風」，足證他為官清廉，不積家財，一心只是鼎力支持文教和學術事業。

讀一讀下列的詩句：

> 村中有老農，曉起抱諸孫。傳聞達官過，策杖倚蓬門。屋西積草廩，
> 屋東延朝曦。布衣木棉厚，顏色有餘溫。懸知爾室中，尚有升斗否。
> 〔註7〕
> 墾嶺開山愁水旱，分田析屋養兒孫。長官那有安民策，惟望豐年是
> 本原。〔註8〕

〔註5〕 阮元：〈陳留懷古寄示二弟仲嘉亨子常生〉，《揅經室集》（北京：中華，1993年 5 月），頁 879。

〔註6〕 劉體智：〈阮元一詩之功〉：「阮文達公大考，《眼鏡詩》首二句云：『四目何須爾，重瞳不用他。』時高宗年近八旬，目力不減，頗以老健自喜，閱詩大喜，拔置第一。文達因是驟躋顯貴，出膺疆寄，入贊綸扉，躬際太平之盛。晚歲優游林下，壽臻耄耋，每逢慶典，屢沐恩施。儒臣之福，莫與比倫，皆一詩之功也。」《異辭錄》（北京：中華書局，1997 年 12 月），頁 116。

〔註7〕 阮元：〈早行〉，《揅經室集》，頁 767。

〔註8〕 阮元：〈回杭州〉，《揅經室集》，頁 869。

雙歧多秀麥，方識雪宜寒。斗米百錢賤，萬民千里安。〔註9〕

　　廣廈何曾有萬間，聊開矮屋庇孤寒。〔註10〕

可推知阮元做官的夢想：的而且確是為民拯命。如果能做到「政繁嫌晝短，少暇便心清。」〔註11〕就最好不過；倘若長期公務纏身，阮元亦有「乃知仕宦久，不及童與孺」〔註12〕的慨嘆。

　　阮元的著述，大多由他自己出資或籌集資金，組織學者完成的。試從尚小明的〈清代幕賓代撰學術著作表〉羅列和阮元相關的著述如下：〔註13〕

書　名	成書年代	署名編撰者	實際編撰者	資料來源
《山左金石志》	嘉慶元年（1796）	浙江學政阮元	朱文藻等	阮元〈山左金石志序〉
《經籍纂詁》	嘉慶五年（1800）	浙江巡撫阮元	臧庸、臧禮堂、嚴杰、陳鱣、周中孚、楊鳳苞等	阮元《定香亭筆談》卷四
《積古齋鐘鼎彝器款識》	嘉慶九年（1804）	浙江巡撫阮元	朱為弼	阮元〈積古齋鐘鼎彝器款識序〉
《兩浙金石志》	嘉慶十年（1805）	浙江巡撫阮元	何元錫、趙魏等	阮元〈兩浙金石志序〉；張鑒等《雷塘庵主弟子記》
《十三經注疏校勘記》	嘉慶十一年（1806）	浙江巡撫阮元	段玉裁、徐養原、嚴杰、顧廣圻、臧庸、李銳等	阮元〈十三經注疏校勘記序〉；段玉裁〈與孫淵如書〉
《疇人傳》	嘉慶十五年（1810）	浙江巡撫阮元	李銳等	阮元〈疇人傳續編序〉；張鑒等《雷塘庵主弟子記》
《皇清經解》	道光九年（1829）	雲貴總督阮元	嚴杰、江藩等	張鑒等《雷塘庵主弟子記》

〔註9〕阮元：〈題雪窗圖卷用去年韻〉，《揅經室集》，頁939。

〔註10〕阮元：〈監臨鄉試書誌一律〉，《揅經室集》，頁979。

〔註11〕阮元：〈初秋澹凝精舍小憩〉，《揅經室集》，頁885。

〔註12〕阮元：〈夜宿母墓〉，《揅經室集》，頁857。

〔註13〕尚小明：〈論清代游幕學人的撰著活動及其影響〉，載《明清史》【復印報刊資料】（中國人民大學書報資料中心，2000年第1期），頁2000・1-69-79。

　　除上述以外，阮元還編刻了《淮海英靈集》、《兩浙輶軒錄》、《江浙詩徵》等江浙詩集，輯刻《詁經精舍文集》14 卷、輯錄《國史儒林傳》6 卷、修纂《天一閣書目》，編錄《十三經經郛》100 餘卷、重修《廣東通志》150 卷、撰《石畫記》4 卷、纂集《皇清碑版錄》等等。〔註14〕阮元一生著述甚豐，除編校各書外，尚有《揅經室集》、《揅經室續集》、《曾子注釋》、《詩書古訓》、《儒林傳稿》、《四庫未收書提要》、《廣陵詩事》、《石渠隨筆》、《定香亭筆談》、《小滄浪筆談》等。〔註15〕

　　對阮元的思想產生深遠影響者，包括：孔子、孟子、曾子、何休、許慎和鄭玄等六人。而其中的孔子、曾子、鄭玄三人，阮元尤覺重要。

　　孔子《孝經》之義是這樣的：「孔子生春秋時，志在春秋，行在孝經，其稱至德要道之於天下也，不曰「治天下」，不曰「平天下」，但曰「順天下」，「順」之時義大矣哉，何後人置之不講也！孝經「順」字凡十見，「順」與「逆」相反，孝經之所以推孝弟以治天下者，順而已矣。故曰：『先王有至德要道以順天下，民用和睦，上下無怨。』又曰：『夫孝，天之經也，地之義也，民之行也。天地之經，而民是則之。則天之明，因地之利，以順天下。』又曰：『教民禮順，莫善於悌。』又曰：『非至德，其孰能順民如此其大者乎！』是以卿大夫士本孝悌忠敬以立身處世，故能保其祿位，守其宗廟，反是，則犯上作亂，身亡祀絕。」〔註16〕究其實，阮元已把道德哲學和政治哲學混為一談，強調了孝德在日常生活的重要。

　　曾子言何謂達道：「大戴禮弟子問于曾子曰：『夫士何如則可以為達矣？』曾子曰：『不能則學，疑則問，欲行則比賢，雖有險道，循行達矣。』又曰：『君子進則能達，豈貴其能達哉，貴其有功也。』繹孔、曾此言，知所謂達者，乃士大夫學問明通，思慮不爭，言色質直，循行于家國之間無險阻之處也。」〔註17〕

　　阮元推崇漢代經學家——鄭玄的原因是：「今皇帝惇崇儒術，表章經學，纂定三禮義疏，多采鄭說，是以海內學人，翕然依嚮，言性天道，無敢聘其

〔註14〕陳東輝：〈阮元編刻書籍考略〉，載東北師範大學古籍整理研究所編：《古籍整理研究學刊》（1997 年第 3 期），頁 5～8。

〔註15〕尚小明：《學人游幕與清代學術》（北京：社會科學文獻出版社，1999 年 10月），頁 127。

〔註16〕阮元：〈釋順〉，《揅經室集》，頁 26。

〔註17〕阮元：〈釋達〉，《揅經室集》，頁 30。

虛悟，禮度書文，靡不通其原本，庶幾孔壁簡策，得以訓言，儒生耳目，未傷瞽瞍，被公之教，斯爲至矣。」〔註18〕

　　學術淵源方面，阮元實與王念孫有一脈師承的關係，而王念孫又師承自皖派的開山祖師——戴震。其實，阮元遠宗顧炎武經世致用之學，近師戴震研經之法；阮元認爲經學必須切於人倫日用，而提出毛奇齡才是漢學眞正的奠基者。

　　學兼漢、宋之長，言克己復禮，主張克去一己之私，即講虛己、虛心、捨去私欲，吾道一以貫之；阮元說：「講學是非須實事，讀書愚智在虛心」，這就是阮元的義理之學。唸一唸以下的詩句：「靜坐豈能忘世慮，清吟方算是公餘。」〔註19〕、「得閒心氣如雲淡，向老年華似水流。」〔註20〕阮元的心性修養，和宋人亦難分軒輊。

　　阮元說：「聖人之道，無非實踐。」〔註21〕阮元又云：「孔子呼曾子告之曰：『吾道一以貫之。』此言孔子之道皆于行事見之，非徒以文學爲教也。」〔註22〕阮元著重的就是這種實學、實行；「必兩人相人偶而仁始見」的仁論；以及「但言節性，不言復性」的性命說。

　　張灝說得好：「經世觀念不僅代表一種入世精神，也代表一種淑世精神，它是二者的綜合。」〔註23〕阮元的經世思想及實學思想都滲透有這兩種精神，舉凡經濟、地理、經學、史學、方志、天文、曆算、數學、教育、武備、西洋技藝的各個範疇，阮元都會著意。

　　阮元汲取西學的經世動機是經世致用；又由中西則一的科學觀以之說明西學中源。阮元是中國最早的國人，介紹哥白尼的日心說。阮元在浙江的弟子：許宗彥、徐養原、洪頤煊、洪震煊、張鑒、周治平、羅士琳、范景福、陳春華、丁傳經、丁授經；凌廷堪的弟子程恩澤；學海堂後來的陳澧、鄒伯奇等，這些人都因阮元的提倡而研究或學習數學。天文曆算方面，焦循、李銳、凌廷堪、汪萊、談泰、阮元等人，都有超卓的研究成績。時務方面，阮

〔註18〕阮元：〈重修高密鄭公祠碑〉，《揅經室集》，頁732。
〔註19〕阮元：〈不浪舟小坐〉，《揅經室集》，頁1086。
〔註20〕阮元：〈癸未中秋天涼月佳續其句成一律〉，《揅經室集》，頁1086。
〔註21〕阮元：〈大學格物說〉，《揅經室集》，頁55。
〔註22〕阮元：〈論語一貫說〉，《揅經室集》，頁53。
〔註23〕張灝：〈宋明以來儒家經世思想試釋〉，載中央研究院近代史研究所編：《近世中國經世思想研討會論文集》（臺北：1984年4月），頁5。

元有卓越的吏治，他同時關注水利、漕運、修築江浙河塘、浚治西湖、修築江堤，以防水患，北運糧食，倡議改河運為海運，在在印證了阮元的內心，確實有一種淑世的情懷。

　　阮元主張：「理必出于禮也。古今所以治天下者禮也，五倫皆禮，故宜忠宜孝即理也。」〔註24〕阮元治禮之目的並非提出以禮代理，而是主張五倫皆禮。阮元對禮學及禮治，我們可從正風俗和求實效兩個角度來看：阮元強調《禮記》〈禮運〉篇，以之恢復西周貴族之禮；而受到父親阮承信的影響，阮元亦十分注重古禮。君子勤禮、要致敬、養神；在日常生活中通過「禮」的具體行動，以達到經世致用、穩定社會的效果。禮具體而可行，在清代的復禮思潮中，禮學是被賦予經世色彩，而與經世思想高度結合的。〔註25〕

　　阮元平日已著意研習禮學，由其替朋友撰寫的禮書序跋文中，可見一斑。看看阮元的說話：「大戴禮本與小戴並立，今存三十九篇；小戴自漢迄明，為此學者不下百家，而大戴除北周盧辯一家之外，絕無注者，況盧君注，止十五篇，為不全之書哉！元去歲曾將篇次異同，及與小戴，荀子等書相出入者，略為考校，近又為之補注。」〔註26〕

　　劉師培云：「任大椿、阮元、孔廣森，咸從戴震問禮。」〔註27〕（筆者案：此條資料，劉師培有誤。蓋阮芸臺與戴東原，一生未曾相遇。參本文第四章第一節阮元學術淵源考。）

　　阮元對清代學術的貢獻，筆者把它歸納如次：

一、阮元學術研究的貢獻：提倡文化，推廣學術。整理典籍，提倡刻書。
　　　　　　　　　　　　　　興學教士，獎掖人材。羽翼經學，調和漢宋。

二、阮元經史之學的研究：經學方面，推明古訓，實事求是。
　　　　　　　　　　　　　史學方面，吉金證史，推崇二通。

〔註24〕阮元：〈書東莞陳氏學蔀通辨後〉，《揅經室集》，頁1063。
〔註25〕可參考張麗珠：〈凌廷堪「以禮代理」的禮治理想暨乾嘉復禮思潮〉，對乾嘉復禮思潮的幾點觀察：一、尊荀與隆禮精神之強調；二、朱子習禮精神之繼承與禮治思想之實現；三、禮法相涵的禮學經世精神。載張氏著：《清代義理學新貌》（里仁書局，臺北，1999年5月），頁235～297。
〔註26〕阮元：〈答友人書〉，載劉師培：〈跋阮芸臺答友人書三通〉，劉師培《左盦題跋》，《劉申叔先生遺書》（寧武南氏校印版，1936年），頁10。
〔註27〕劉師培：《經學教科書》第一冊，第三十四課，近儒之禮學，載劉氏著：《劉申叔先生遺書》（寧武南氏校印版，1936年），頁25～26。

性道之學方面，弘揚孝道；主張節性；

提倡愼獨；倡讀《孝經》、《論語》。

考據學方面，淹貫群書，長於考證。

訓詁學方面，文字訓詁，其門徑也。

校勘學方面，校理注疏，綜核經義。

三、阮元金石歷算的研究：金石學方面，數指計之，有十事焉。

歷算學方面，中土算學，代不乏人。

四、阮元的方志學：山經地志，史家之書。《廣東通志》、《雲南通志稿》。

五、阮元的文學及藝術研究：書畫學方面，〈南北書派論〉、〈北碑南帖論〉。

文選學方面，幼爲選學，二師好焉。

駢文學方面，才圉陋質，心好麗文。

詩論方面，唐人正軌，衷於雅正。

文論方面，沈思翰藻，名之爲文。

六、阮元整理典籍的貢獻：目錄學方面，靈隱書藏，焦山書藏。

天一閣序，宛委別藏。

輯佚學方面，《文選樓叢書》、《四庫未收書目提要》。

七、阮元推動書院教育的作用：志於聖賢之經；專肄經史辭賦；

古訓實學相勵；學術以正人心。

八、阮元對後學的影響：推動文化事業；提倡經史實學；流披後世。

九、阮元對朝鮮學術的影響：朴齊家、金正喜、丁若鏞。

林昌彝論芸臺的詩作：「福慧雙修阮相公，文章當代望衡嵩。」（《海天琴思錄續錄》）〔註28〕筆者覺得用這一句來概括阮元的一生，也算是貼切不過的。

論文結束前，筆者談談撰述這篇論文的感受：

本文探討的重點包括阮元研究的回顧、阮元的生平和著述、阮元學術思想綜論、阮元對清代學術的貢獻各章。筆者深信，通過以上四章論文的闡述，我們對阮元這位學者，才會有一較通盤的認識和了解。

細讀《揅經室集》和《揅經室續集》，除了可以知悉阮元的爲人之外，因爲集中多收錄當時的人物傳記、墓誌銘這一類文字，故此，阮元這一部詩文集，其實也可當作史志碑乘之用。

〔註28〕錢仲聯主編：《清詩紀事》（十）乾隆朝卷（南京：江蘇古籍出版社，1989年4月），頁6682。

　　本文所列的附錄和參考書目，可作為學者研治清代學術思想史的入門參考。筆者七歷寒暑，在課餘之暇，仿似清人在學海『詁經』。惟限於學養、心力和時間，資料掛一漏萬，在所難免；滄海遺珠，不無感歎！

　　對阮元的學問、人品、道德、文章，筆者是深感佩服的。

　　清代學術史上的漢、宋之爭；考據、義理之別；尊德性抑或道問學；學術辯論，只有在自由的空氣之下，人們才會有「兼容並包」的精神，而不會作出無意義的爭辯。阮元確實不是「騎牆派」，他既重訓詁，亦研討義理；而成就道德，踐履躬行，以實學經世，才是阮元一生的終極理想。

我們懷念阮元，茲以學海堂一位學生——鄭菜的一首詩來紀念他：

　　　　英雄霸業久荒邱，儀鳳呼鶯總繆悠。

　　　　始信名山留一席，恰教文福占千秋。

　　　　雲林此日添新館，風度他年定補樓。

　　　　撫景知公情思遠，照人明月滿揚州。〔註29〕

最後，筆者引錄阮元一首詩作中的四句，用以結束全文：

　　　　縑楮收藏認宋元，可憐過眼皆雲煙。

　　　　不知一片蒼山石，畫夢還傳幾百年？〔註30〕

〔註29〕鄭菜：〈新建粵秀山學海堂詩〉，阮元《學海堂集》卷16。趙所生、薛正興編：
　　　　《中國歷代書院志》（江蘇教育出版社，1995年9月），頁280。
〔註30〕阮元：〈浮嵐暖翠天際烏雲兩面石畫屏〉，《揅經室續集》卷10，頁22。

第七章　附　錄

一、阮元生平大事年表

年	歲	生平大事	學術思想大事
乾隆 29（1764）	1	阮元生於揚州西門白瓦巷舊第之南宅，即海岱菴。	
乾隆 33（1768）	5	林太夫人始教阮元識字。	
乾隆 37（1772）	9	從喬書酉先生學。	
乾隆 39（1774）	11	阮元始學文。	
乾隆 43（1778）	15	始應童子試。	
乾隆 44（1779）	16	阮元在揚州。	
乾隆 45（1780）	17	受業於李道南，即寓其家；胡西棽導元從李晴山先生遊。	
乾隆 46（1781）	18	凌次仲與阮元訂交於揚州。	
乾隆 47（1782）	19	始究心於經學，得凌廷堪爲益友；於揚州識汪中。	
乾隆 48（1783）	20	阮承信命元娶婦江氏。	
乾隆 49（1784）	21	謝墉督學江蘇，歲試取入儀徵縣學第四名。	
乾隆 50（1785）	22	科試一等第一名。	

乾隆 51（1786）	23	舉鄉試，中式第八名，時典試者爲大興朱珪。11 月，抵京師竭邵晉涵，時有請問。	
乾隆 52（1787）	24	會試下第，留館京師。	所著《考工記車制圖解》成；爲惠半農撰〈惠半農先生禮說序〉。
乾隆 53（1788）	25	以所著《車制圖解》付梓。	爲孫梅撰〈四六叢話後序〉；爲任子田撰〈弁服釋例序〉。
乾隆 54（1789）	26	散館，入庶常讀書。會試中式第二十八名。四月，圓明園覆試，欽取一等第十名。殿試二甲第三名，賜進士出身。朝考欽取第九名。	爲王聘珍撰〈大戴禮記解詁序〉。
乾隆 55（1790）	27	職編修，遷寓外城揚州會館。	恭進〈宗經徵壽說〉迎冊。
乾隆 56（1791）	28	圓明園大考翰詹，高宗親改擢爲一等第一名。	修纂內府各書畫爲《石渠寶笈》；奉詔充石經校勘官，時先生分校，得《儀禮》。
乾隆 57（1792）	29	女荃因痘殤；江夫人病卒。	撰〈儀禮石經校勘記序〉。
乾隆 58（1793）	30	奉旨放山東學政。	撰《石渠隨筆》8 卷；爲桂馥撰〈晚學集序〉；爲焦循撰〈群經宮室圖序〉。
乾隆 59（1794）	31	由山東學政調浙江學政。	始修《山左金石志》；撰〈武虛谷徵君遺事記〉；爲孔廣森撰〈大戴禮記補注序〉。
乾隆 60（1795）	32	奉旨升授內閣學士兼禮部侍郎。	刻〈儀禮石經校勘記〉成；撰〈淮海英靈集序〉；撰〈重修高密鄭公祠碑〉。
嘉慶 1（1796）	33	阮承信爲阮元聘婦曲阜孔氏。	撰《小滄浪筆談》；爲日人山鼎井撰〈刻七經孟子考文並補遺序〉；爲陳鱣撰〈論語古訓序〉；爲段玉裁撰〈周禮漢讀考序〉；爲胡朏明撰〈易圖明辨序〉。
嘉慶 2（1797）	34	納妾謝氏。	始修《經籍纂詁》；始纂《疇人傳》；命范氏子弟編錄〈天一閣書目〉；爲李斗撰〈揚州畫舫錄序〉；撰〈山左金石志序〉。

嘉慶 3（1798）	35	升兵部右侍郎，轉禮部右侍郎。	撰〈小滄浪筆談序〉；修《淮海英靈集》成；注釋《曾子》十篇成；撰〈曾子十篇注釋序〉；撰《經籍纂詁》116 卷成；撰《輶軒錄》成，兩浙十一郡得詩三千餘家。 為顧炎武撰《肇域志跋》。
嘉慶 4（1799）	36	於京師重建揚州會館；奉旨充會試副總裁。	闈中閱卷之暇，作〈衡文瑣言〉；撰〈廣陵詩事序〉；刻《經籍纂詁》成；撰〈疇人傳序〉；為張惠言撰〈儀禮圖序〉；為焦循撰〈里堂學算記序〉。
嘉慶 5（1800）	37	奉上諭實授浙江巡撫。	撰〈定香亭筆談序〉；成立緝匪章程七則。
嘉慶 6（1801）	38	立詁經精舍於杭州西湖。	撰〈兩浙防護錄〉成；為錢大昕撰〈三統術衍序〉；撰〈兩浙輶軒錄序〉；手訂《詁經精舍文集》14 卷。
嘉慶 7（1802）	39	納妾唐氏。	撰〈浙江圖考〉成；撰〈焦山定陶鼎考〉；撰〈皇清碑版錄序〉；為程瑤田撰〈儀禮喪服足徵記序〉；刻《詁經精舍文集》；為李述來撰〈讀通鑑綱目條記序〉。
嘉慶 8（1803）	40	四十初度，避客於海塘；立安瀾書院於海寧。	
嘉慶 9（1804）	41	劉氏生子祜，以所居受祜堂乃聖祖仁皇帝御書扁，即以命名也；揚州修家廟成。	修〈海塘志〉成；撰《經郛》，手定體例分纂；撰〈積古齋鐘鼎彝器款識序〉；撰〈邗上集序〉；輯〈海運考〉2 卷成；為錢大昕撰〈十駕齋養新錄序〉；為朱珪撰〈知足齋詩集後序〉；為邵晉涵撰〈南江邵氏遺書序〉。
嘉慶 10（1805）	42	在杭州；丁父憂；夫人生子禧，後改名孔厚；於揚州建隋文選樓成。	屬元和何元錫修《兩浙金石志》，至是成；撰〈海運考跋〉。
嘉慶 11（1806）	43	居憂，以墓廬在雷塘，故日雷塘庵主。	重修《皇清碑版錄》；為焦循撰〈揚州北湖小志序〉；纂刊《十三經校勘記》243 卷成。

嘉慶 12（1807）	44	暫署河南巡撫。	撰〈瀛舟書記序〉；爲江永撰〈禮書綱目序〉；進《四庫未收書提要》。
嘉慶 13（1808）	45	復任浙江巡撫。	《娘繯仙館詩》5 卷成；爲張肇煜撰〈愚溪詩稿序〉；撰〈寧波范氏天一閣書目序〉；撰〈海塘攬要序〉；撰〈四元玉鑑細草序〉。
嘉慶 14（1809）	46	革職浙江巡撫，降調編修，在文穎館行走。	爲張惠言撰〈茗柯文編序〉；在杭州，立書藏靈隱，撰〈杭州靈隱書藏記〉。
嘉慶 15（1810）	47	奉旨充署日講起居注官；兼國史館總輯。	自編錄《十三經經郛》；輯國史〈儒林傳〉；撰〈儀禮喪服大功章傳注舛誤考〉。
嘉慶 16（1811）	48	奉旨補授詹事府少詹事；奉旨補授內閣學士兼禮部侍郎。	編《漢延熹西嶽華山碑考》4 卷成；又編《四庫未收書提要》174 種成。
嘉慶 17（1812）	49	調漕運總督，奉旨馳驛往山西查辦吉蘭泰鹽商控案，議吉蘭泰蒙古鹽務章程。	將纂辦粗畢之〈儒林傳〉稿本交付國史館，其〈文苑傳〉創稿未就。（〈擬儒林傳稿凡例〉）
嘉慶 18（1813）	50	山東臨清運河淺阻，奉旨趕往臨清辦理。	撰〈焦山書藏記〉。
嘉慶 19（1814）	51	調江西巡撫。	撰〈是程堂集序〉；校刻《十三經注疏》；修纂《全唐文》1000 卷成。
嘉慶 20（1815）	52		爲王伯申撰〈經義述聞序〉；撰〈江鄉籌運圖跋〉；撰〈江西校刻宋本十三經注疏書後〉。
嘉慶 21（1816）	53	調補河南巡撫；補授湖廣總督。	刻《宋本十三經注疏》416 卷成；撰〈江蘇詩徵序〉；爲焦循撰〈雕菰樓易學序〉；撰〈恭進十三經注疏校勘記摺子〉。
嘉慶 22（1817）	54	調補兩廣總督。	爲王伯申撰〈經傳釋詞序〉。
嘉慶 23（1818）	55	兼署廣東巡撫；至廣西省，駐獨秀書院。	奏纂《廣東通志》；爲江藩撰〈國朝漢學師承記序〉。
嘉慶 24（1819）	56	入京師祝嘏。	撰〈桂林隱山銘並序〉；撰〈洋程筆記序〉；撰〈圜天圖說序〉。

嘉慶 25（1820）	57	開學海堂，以經古之學課士子。 在三水建行台書院。	爲吳騫撰〈拜經日記序〉。
道光 1（1821）	58	兼署廣東學政印；暫行兼署粵海關監督事務。	刻《江蘇詩徵》183 卷成。
道光 2（1822）	59		《廣東通志》成；撰〈重修廣東通志序〉；爲馮登府撰〈石經補考序〉。
道光 3（1823）	60	至南寧府。	《揅經室集》40 卷刻成；撰〈揅經室集自序〉。
道光 4（1824）	61	捐銀飭建三水行臺書院，建學海堂成。	刻焦循《雕菰樓集》成；撰〈學海堂集序〉；《學海堂集》16 卷刻成；撰〈四書文話序〉；撰〈兩浙金石志序〉。
道光 5（1825）	62	出閱惠、潮等府營伍。	輯刻《皇清經解》1400 卷成。
道光 6（1826）	63	調補雲貴總督。	詩集《萬里集》1 卷成，錄寄揚州。
道光 7（1827）	64	回至雲南省城。	著〈塔性說〉成；爲馮柳東撰〈三家詩異文疏證序〉。
道光 8（1828）	65	至貴州省。	撰〈傳經圖記〉；撰〈書東莞陳氏學蔀通辨後〉。
道光 9（1829）	66	在京共 28 日，蒙恩召見十次。	粵東刻成《皇清經解》1400 卷，寄到滇南。
道光 11（1831）	68	署西建小臺成，名之曰碧雞臺。	
道光 12（1832）	69	著協辦大學士，仍留雲貴總督之任。	撰〈石畫記序〉；爲江藩撰〈經解入門序〉。
道光 13（1833）	70	奉諭充會試副總裁	《揅經室詩錄》5 卷問世；撰〈節性齋主人小像跋〉。
道光 14（1834）	71		著《石畫記》5 卷成；爲李斗撰〈揚州畫舫錄跋〉。
道光 15（1835）	72	阮元著充體仁閣大學士。	爲張成孫撰〈武進張氏諧聲譜序〉。
道光 16（1836）	73	充殿試讀卷官。	撰〈詩書古訓序〉；爲梁章鉅撰〈退庵隨筆序一〉。

道光 17（1837）	74	經筵奉旨派講《四書論》。	撰〈揚州水道記序〉；撰〈汪容甫先生手書跋〉。
道光 18（1838）	75	以足疾久不愈，致仕在家，支食半俸；晉太子太保銜。	林伯桐刊出《學海堂志》；《學海堂二集》22 卷刊行；為梁章鉅撰〈文選旁證序〉；撰〈闕里孔氏詩鈔序〉。
道光 19（1839）	76	築南萬柳堂成；龔自珍在揚州重見退休之大學士阮元。	為李斗撰〈揚州畫舫錄跋〉；撰〈揅經室續集序〉；自訂《揅經室續集》；撰〈算學啟蒙序〉；為麟慶撰〈鴻雪因緣圖記序〉。
道光 20（1840）	77	陳澧為學海堂學長，自是遂為學長數十年。	為羅士琳撰〈續疇人傳序〉；為柳興恩撰〈鎮江柳孝廉春秋穀梁傳學序〉；撰〈項羽都江考跋〉。
道光 21（1841）	78	陳澧初謁阮元於揚州。	撰〈羅兩峰畫方氏兄弟孝廉春風並轡圖跋〉；撰〈詩書古訓序〉；為梁章鉅撰〈退庵隨筆序一〉。
道光 22（1842）	79		為俞希魯撰〈至順鎮江志序〉；題〈夕陽樓〉詩句成，略識於後；《文選樓叢書》34 種，478 卷印行。
道光 23（1843）	80	阮元福壽第煅於火，文選樓所藏盡灰燼。	撰〈焦山周無專鼎序〉；撰〈嵇文恭家訓墨蹟跋〉；撰〈重刻舊唐書序〉。
道光 24（1844）	81	約儀徵兩儒學重游泮宮采芹，拜聖賢於欞星門下；陳澧謁阮元於揚州。	撰〈自題近稿詩〉。
道光 25（1845）	82		撰〈京師慈善寺西新立顧亭林先生祠堂記〉。
道光 26（1846）	83	晉加太傅銜，重赴鹿鳴筵宴。	為梁章鉅撰〈師友集序〉。
道光 27（1847）	84	晉封夫人劉恭人卒。	為阮先撰〈揚州北湖續志序〉。
道光 28（1848）	85		為蔣寶素撰〈醫略 十三篇序〉。
道光 29（1849）	86	十月十三日，公薨；諡號文達。	為王檢心撰〈道光重修儀徵縣志序〉。

二、阮元年譜補訂

體例說明：

一、《阮元年譜》原名《雷塘庵主弟子記》，有北京中華書局 1995 年出版社
　　黃愛平點校本。據黃愛平女士的點校說明，《阮譜》「對阮元的學術宗
　　旨、成就及其影響，譜中幾乎無所發明，實爲缺憾。」筆者於阮元之
　　相關史料，爬抉梳理，冀可補《阮譜》詳於事功、經濟而疏於學術活
　　動之不足。

二、《阮元年譜補訂》全稿徵用材料，主要爲阮元之著述、輯錄和編刻各類書
　　目；其中以《揅經室集》、《揅經室續集》、《續修四庫全書》以及有關之
　　清人文集、年譜爲多。

三、阮元自 24 歲於京師撰成〈考工記車制圖考〉，至 86 歲撰〈道光重修儀徵
　　縣志序〉止，一生撰述不輟，而學術活動頻仍，其所結交之名臣、師友、
　　弟子、幕僚，多屬有清中葉極享盛名之學人。筆者認爲，全面認識清楚
　　阮元一生（1764～1849）之學術活動，對清代中、晚期之學術思想，斯
　　可有一較全面之了解。

清帝年號	干支	公元	年歲	阮要事蹟及清代學術大事
乾隆 29 年	甲申	1764	1 歲	阮元（伯元）生。(《通義堂文集》卷 6）阮元家在揚州北湖九里岡，與焦循家相隔一湖。 阮元父親承信年三十一，正月二十日，阮元生於西門白瓦巷舊第之南宅，即海岱菴。 陳鱣（仲魚）12 歲。李富孫生，秦蕙田卒。
乾隆 30 年	乙酉	1765	2 歲	阮元在揚州。 洪頤煊生。
乾隆 31 年	丙戌	1766	3 歲	阮元在揚州。 王引之、顧千里、何元錫生。
乾隆 32 年	丁亥	1767	4 歲	阮元在揚州。 臧庸生、程廷祚卒。王念孫《丁亥詩鈔》一卷印成。
乾隆 33 年	戊子	1768	5 歲	林太夫人始教阮元識字。 許宗彥正月初一日生，1 歲。阮元撰《浙儒許君積卿傳》。 李銳、周中孚、張鑑生。

乾隆 34 年	己丑	1769	6 歲	阮元始就外傅。
乾隆 35 年	庚寅	1770	7 歲	阮元在揚州。 洪震煊生。
乾隆 36 年	辛卯	1771	8 歲	阮元在揚州。 陳壽祺生。 梁德繩十月初五日生，1 歲。阮元撰《梁恭人傳》。
乾隆 37 年	壬辰	1772	9 歲	阮元九歲，從喬書西先生學。 方東樹生。王念孫入都會試不第，始與劉端臨定交。
乾隆 38 年	癸巳	1773	10 歲	乾隆三十八年，高宗純皇帝詔開四庫館採訪天下遺書。歙縣學生鮑君廷博集其家所藏書六百　餘種，命其子仁和縣監生士恭由浙江進呈。
乾隆 39 年	甲午	1774	11 歲	阮元始學文。
乾隆 40 年	乙未	1775	12 歲	阮元在揚州。 包世臣、凌曙、俞正燮、梁章鉅生。
乾隆 41 年	丙申	1776	13 歲	阮元在揚州移居花園巷。 劉逢祿、宋翔鳳、臧禮堂生。
乾隆 42 年	丁酉	1777	14 歲	阮元在揚州。 戴震、余蕭客卒。凌廷堪撰《東原先生事略狀》。 錢坫《車制考》1 卷 篆秋草堂刊本面世。（《續修四庫全書》經部・禮類 85）
乾隆 43 年	戊戌	1778	15 歲	阮元始應童子試。 林伯桐、唐鑑生。
乾隆 44 年	己亥	1779	16 歲	阮元在揚州。 盧文弨移主西湖書院。
乾隆 45 年	庚子	1780	17 歲	阮元幼學《易》，心疑先、後天諸圖之說。庚子，得毛西河先生全集中《河圖洛書原舛篇》讀之，豁然得其源委。友人歙凌次仲廷堪謂元曰：『子知西河之辯《易》，未見吳興胡朏明先生《易圖明辨》，尤詳備也。』 阮元年十七，從李晴山先生學；胡西琴導元從李晴山先生遊。 焦循《阮湘圃先生別傳》：「循未弱冠時，極為婦翁阮虞堯太學所愛，時時呼至齋閣為文章。芸臺中丞時方應童子試，每來鄉，亦以文為會。」 馮柳東（登府）生。

乾隆 46 年	辛丑	1781	18 歲	阮元再應童子試。
				凌次仲與阮元訂交於揚州，問學相長，各期束身修行，少有所表見於世，以無忝所生。
				凌廷堪《校禮堂文集》卷 23《與阮元伯閣學論畫舫錄書》：「僕與閣下自辛丑年識面，甲辰定交，皆在揚州，事非偶然，彼時少年氣盛，自謂不啻大鵬之遇希有之鳥也。妄擬李太白之於司馬子微，爲《後大鵬遇希有鳥賦》一篇紀其事。」
				凌廷堪《校禮堂文集》卷 22《上洗馬翁覃溪書》：「又有儀徵阮君字梁伯者，年踰弱冠，尚未采芹，其學問識解俱臻極詣，不獨廷堪瞠乎其後，即方之容甫、鄭堂，亦未易軒輊也。素知愛才若饑渴，謹以奉聞。」
乾隆 47 年	壬寅	1782	19 歲	阮元於乾隆四十七八年間，識汪中於揚州，常與凌仲子先生諸人同泛舟平山。
				《四庫全書》告成，特命如內廷四閣所藏，繕寫全冊，建三閣於江、浙兩省。(《四庫全書總目》阮元附記)
				焦循弱冠，與阮文達齊名，文達少焦循一歲，少同遊，長同學。焦循爲文達族姊夫。
				安徽凌廷堪在揚州識阮元，作賦以大鵬自喻，而以希有鳥輕許元。(《揅經室二集》四)
乾隆 48 年	癸卯	1783	20 歲	季多，阮承信命元娶婦江氏。
				10 月，任大椿撰《深衣釋例序》。
乾隆 49 年	甲辰	1784	21 歲	阮元入學，補附生。
				凌廷堪遊揚州，見阮元，以學問相益，凌廷堪乃擬李白《大鵬見稀有鳥賦》以見意。
乾隆 50 年	乙巳	1785	22 歲	謝東墅師督學江蘇，識拔學人得容甫（汪中）先生，極賞重之；先生學與文在彼時交游間相知者，不過劉端臨先生等數人（阮元在內）。
				阮元撰《蔣士銓傳》(1725～1785)
				阮元撰《高郵孝臣李先生傳》；李惇(1734～1785)卒，年 51，著《群經識小》。
乾隆 51 年	丙午	1786	23 歲	阮元補廩生。江南鄉試中式舉人，會試未第，阮元留京師。
				歲丙午，阮元初入京師，時前輩講學者，有高郵王懷祖，興化任子田，暨邵二雲先生而三，阮元咸隨事請問，捧手有所授焉。

				秋，朱石君（珪）師典試江南，合經策以精博求士。於是李許齋（平湖）以第四人中式，阮元以第八人中式，相見于春明，性情學術，契若兄弟也。
乾隆 52 年	丁未	1787	24 歲	春，凌廷堪客揚州，夏至南昌。《校禮堂文集》卷 22《與阮伯元孝廉書》：「今年五月到南昌，七月將有大梁之役，奔走道塗，學殖荒落，辱以著書相勉，愧汗無地。」 凌廷堪 31 歲，撰《禮經釋例》初稿成。 阮元業師李道南卒於家。 阮元在京師廠肆購得惠半農先生《禮說》14 卷，反覆讀之，服其精博無比；並撰《惠半農先生禮說序》。 阮元撰《茆輯十種古逸書序》。 阮元寓京師，撰《考工記車制圖解》2 卷，撰成即刊之。 陳鱣 35 歲，客京師，撰《說文解字正義》，邵二雲、王懷祖、孫淵如、任子田等均在都中。
乾隆 53 年	戊申	1788	25 歲	阮元在京師見任大椿，相問難爲尤多；阮元撰《任子田侍御弁服釋例序》。 儀徵阮元在北京刻所著《考工記車制圖解》。 （《雷塘庵主弟子記》） 阮元爲業師孫梅撰《四六叢話後序》。
乾隆 54 年	己酉	1789	26 歲	阮元中式進士，改翰林院庶吉士。是年，散館一等第一名，授編修。 凌廷堪《校禮堂詩集》卷 6 有《聞阮伯元館選之信》詩。 阮元從北平翁覃溪先生得識王聘珍，阮元撰《王實齋大戴禮記解詁序》。 阮元與貴仲符同中進士榜；阮元《安事齋詩錄序》：「仲符與元同爲秀才時即相友，以文學齊名；丙午同爲朱文正師所舉。」 阮元與錢楷同中進士榜；阮元《安徽巡撫裴山錢公傳》：「元與公未第時即相友善，復以同榜成進士，登堂拜母，知母教及宦跡甚詳，于公歿後屬姻家，故爲傳焉。」 2 月，阮葵生卒，阮元撰《刑部侍郎痦山阮公傳》：「公性孝友，篤於宗族，尤好獎掖後進，與錢辛楣、程魚門諸君交，京邸設『消寒』『吟秋』兩

				會爲詩酒社。晚乃訂其詩文爲《七錄齋集》二十四卷、《茶餘客話》三十卷、《阮氏筆訓族譜》若干卷。」 伊秉綬（1754〜1815）以己酉進士，刑部郎知揚州府事。 餘姚盧學士文弨主常州書院，臧拜經（庸）往受經學。 凌次仲以己酉、庚戌兩榜成進士。
乾隆 55 年	庚戌	1790	27 歲	阮元與葉雲素先生繼雯相識于京師，蓋同出朱文正、王文端二公門下也。 阮元見曲阜桂未谷（馥）於京師。
乾隆 56 年	辛亥	1791	28 歲	阮元乞歸省，掌院大學士阿文成公不允所請。 2 月，恭遇大考，閱卷大臣置阮元文一等第二名，高宗純皇帝親覽，嘉獎曰：『此卷詩文皆佳』擢置一等第一名，補少詹事，命在南書房行走。 段玉裁 57 歲，阮元奉詔校勘石經儀禮，來函商問疑難之處。阮元校得《儀禮》17 篇。 冬，翁覃溪刊《通志堂經解目錄》。 段玉裁爲《廣雅疏證》作序。
乾隆 57 年	壬子	1792	29 歲	6 月 13 日，阮元撰《儀禮石經校勘記序》。 初秋，同孫淵如星衍、言皋雲朝標兩同年遊萬泉寺，阮元詩云：『野性消磨天趣少，吟懷荒落夕陽知。晚來倚馬茶亭外，一段高情讀斷碑。』 孫淵如年伯爲阮元題篆扁曰『小琅嬛仙館』。 冬，阮元婦江氏卒於京邸。幼女荃亦殤。 龔自珍生。
乾隆 58 年	癸丑	1793	30 歲	阮元修《石渠寶笈》、撰《石渠隨筆》8 卷。 6 月，阮元蒙簡放山東學政。阮元迎業師喬書西，冬 11 月，相見於曲阜。 臧拜經在蘇州從嘉定錢少詹大昕、青浦王侍郎昶、金壇段縣令玉裁講學術。 癸丑，阮元奉命視學山東，詣熱河行在，阮元與次仲同爲王韓城、朱大興兩公所得士，時次仲寓韓城公直廬，元往別焉。 5 月，阮元爲焦循撰《群經宮室圖序》。 阮元見桂未谷於歷下。阮元爲桂馥撰《晚學集序》。 阮元撰《乾隆癸丑仲冬上丁祭曲阜孔廟文》。段玉裁成《周禮漢讀考》。

乾隆 59 年	甲寅	1794	31 歲	春，阮元為孔廣森撰《大戴禮記補注序》。 阮元〈武虛谷徵君遺事記〉：「余於乾隆甲寅，乙卯間在山東獲交于偃師武君虛谷，時武君方落職，居歷下越十餘年。」 是年，阮元由山東學政調浙江學政。 阮元始修《山左金石志》。 阮元作《山左學署八詠》、《小滄浪亭》、《同人登岱至對松山日暮而返》等詩。 孫星衍《問字堂集》成書。阮元《問問字堂集贈言》云：「接讀《問字堂集》，精博之至，此集將來積累既多，實本朝不可廢大家也。以元鄙見，兄所作駢麗文並當刊入，勿使後人謂賈、許無文章，庾、徐無實學也。所有相商之處，分列於後，乞采擇之。」 王昶《青浦詩傳》乾隆 59 年刊本刊行。
乾隆 60 年	乙卯	1795	32 歲	阮元陞內閣學士兼禮部侍郎，調任浙江學政。阮元父以江氏無子，以族孫常生為元子。 阮元時初任兗沂曹道，尚未至山東，作《東孫淵如同年》詩：『萬朵荷花五名士，一時齊望使君來』五人謂馬秋藥、桂未谷、武虛谷、顏衡齋、朱朗齋。 春，阮元識孫蓮水于歷下，同為蓬萊觀海之遊。阮元又作《題江寧孫蓮水韶漢上舊遊詩》。 4 月，謝墉卒，12 月，阮元督學浙江，撰《吏部左侍郎謝公墓誌銘》云：「公再督學，元始應童子試，公獎勵極力，居公第讀書數年。是以江、淮南北懷經握槧者，靡不服公之學，願得若公其人者再蒞為幸。公所著《安雅堂文集》十二卷、《安雅堂詩集》十卷、《東墅少作》及存稿《四書義》二卷，典麗獨絕，尤深文律。《六書正說》四卷，發明三代造字本義。」 歲乙卯，阮元督學山東，招焦循遊，遂自東昌至登州，有《山左詩鈔》一卷。 江都焦循館阮元山東學使署中，值修《山左金石志》，得見嘉祥縣所進〈祝英臺墓碣拓〉（《劇說》二） 阮元喜晤焦循於東昌，作《寄懷里中諸友》詩：『光嶽樓前見里堂，執襟一一問江鄉。十年舊雨兼新雨，幾處青楊問白楊？元、白州鄰曾共卜，庾、周肥瘦各勝常。累君同作風塵客，敢詠冰心

				寄洛陽。』 6月，盧文弨自撰《儀禮注疏詳校》序。 7月，阮元撰《歷山銘》。 秋8月，阮元撰《重修高密鄭公祠碑》。 阮元撰《浙江刻四庫書提要恭跋》：「學政臣阮元，本奉命直文淵閣事，又籍隸揚州，揚州大觀堂所建閣曰文匯，在鎮江金山曰文宗，每見江、淮人士瞻閱二閣，感恩被教，忻幸難名。茲復奉命視學兩浙，得仰瞻文瀾閣於杭州之西湖，而是書適刊成，士林廣播，家有一編，由此得以津逮全書，廣所未見，文治涵濡，歡騰海內，豈有既歟。」 冬，阮元督學浙江，章學誠有《與阮學使求遺書》。 冬，阮元撰《重修表忠觀記》。 凌廷堪爲盧文弨撰《儀禮注疏詳校序》。（《抱經堂藏板》） 焦循爲阮元《儀禮石經校勘記》撰後序。 儀徵阮元著《儀禮石經校勘記》四卷。（《販書偶記》）
嘉慶元年	丙辰	1796	33歲	儀徵阮元自山東學使調浙，著《小滄浪筆談》四卷。（《雷塘庵主弟子記》） 江都焦廷琥隨焦循館阮元浙署中，習算學。（《晚清簃詩匯》） 上元日，阮元爲陳鱣撰《論語古訓序》。學使阮元手摹漢隸「孝廉」二字以顏其居，並書「士鄉堂」額以贈。 阮承信爲阮元聘婦于曲阜孔氏。5月，于歸杭州。 阮元視學至吳興，始求得讀胡渭《易圖明辨》，並撰《胡朏明先生易圖明辨序》。 嘉慶歲丙辰，阮元督學於浙，復招焦循遊浙東，有《浙江詩鈔》一卷。 阮元爲臧鏞堂父繼宏撰《武進臧布衣傳》。 嘉慶元年，阮元奉命視學兩浙，以經學詩古文試士于平湖，得朱生爲弻，根柢深厚，不爲俗學，亟賞拔之。 段玉裁62歲，5月，阮元爲段玉裁撰《周禮漢讀

				考序》。 丙辰、丁巳間，仁和宋氏咸熙，潛修力學，助予纂集經詁，在精舍中爲前一輩學者。 丙辰重九，阮元邀孔廣林、陳廷慶、徐惕菴、何夢華、陳廣文登靈隱石筍峰，阮元和古華（陳廷慶）九言詩韻。 儀徵阮元在嘉興修曝書亭。（《揅經室四集》二） 阮元詩《修暴書亭成題之》贈朱彝尊云：『久與坨南訂舊盟，江湖蹤跡髮星星。六旬歸築三間屋，萬卷修成一部經。』 阮元詩《題錢可廬明經大昭蕉窗注雅圖》云：『錢君磊磊古丈夫，治經亦復箋蟲魚。解字九千分部居，字字剖出光明珠。』 阮元撰《刻七經孟子考文並補遺序》。 阮元初入翰林，即蒙王蘭泉少司寇邀聚蒲褐山房。嘉慶初，阮元撫浙時，司寇予告歸田；阮元延主西湖敷文書院，以三泖漁莊第七題屬題。
嘉慶 2 年	丁巳	1797	34 歲	儀徵阮元再至寧波范氏天一閣觀所藏書，議輯《天一閣書目》。（《雷塘庵主弟子記》） 春，阮元爲李艾塘（斗）撰《揚州畫舫錄序》於富春舟次。 阮元督浙江學政，武進臧庸、臧禮堂在杭州，助阮元輯《經籍纂詁》。（《揅經室二集》六） 正月二十二日，阮元遴拔浙士之能經者三十餘人，爲輯《經籍纂詁》。 嘉慶二年，移治兩浙，蘇潭以詩示元，阮元撰《謝蘇潭詠史詩序》。 6 月，阮元撰日人山井鼎《七經孟子考文並補遺序》。洪頤煊〈七經孟子考文補遺跋〉： 「嘉慶丁巳夏，阮雲臺夫子視學兩浙，以日本元板治紙本，再雕于琅嬛仙館，以一本贈頤煊，頤煊 始得卒讀。」 8 月，阮元撰《蘭亭秋禊詩序》。 洪頤煊《筠軒文鈔》〈重建曝書亭記〉：「曝書亭者，秀水朱竹垞先生之所建也。—— 嘉慶丁巳秋，阮雲臺夫子視學至禾中，捐俸重建，于是賢士大夫交相歌詠，傳爲盛事，一時曝

				書亭之名復新。」 多 10 月，阮元撰《山左金石志序》。 阮元作《栝蒼山雨歌示諸生端木國瑚等》詩、《題王蘭泉司寇昶三泖漁莊第七圖》詩、《題凌次仲教授廷堪校禮圖次石君師詩韻》詩。 阮元重刊日本學者山井鼎《七經孟子考文補遺》200 卷。（見《文選樓叢書》） 泰興季爾康（廉夫）至海上，為阮元收集資料，俾纂《淮海英靈集》。（《扶海樓詩集》七）
嘉慶 3 年	戊午	1798	35 歲	正月十日，阮元為顧炎武撰〈肇域志序〉於揅經室。 春，阮元撰《小滄浪筆談序》于浙江學署定香亭中。 朱為弼撰《上阮芸臺師書》。（《蕉聲館文集》卷 4） 《經籍纂詁》成，臧拜經至廣東南海縣校刊于板，而臧玉林（拜經之高祖）《經義雜記》諸書亦以是時刊成之。 阮元手訂《經籍纂詁凡例》。 秋 7 月，阮元為朱竹垞、鄭寒村撰《二老重逢圖跋》。 8 月，阮元陞兵部右侍郎，轉禮部右侍郎。 秋 8 月，阮元撰《淮海英靈集序》；儀徵阮元輯《淮海英靈集》二十二卷成。（《雷塘庵主弟子記》） 9 月 3 日，武進臧鏞堂撰《經籍纂詁後序》於浙學使院之撰詁齋。 阮元作《秋日任滿還朝同人餞於西湖竹閣，賦詩誌別》詩。 阮元作詩分贈吳鑑人、鮑廷博、朱朗齋、何夢華、何春渚、朱青湖、周治平、端木國瑚。 阮元作《題江子屏藩書窠圖卷》詩：『江君未弱冠，讀書已萬卷。百家無不收，豈徒集墳典。款識列尊彝，石墨堆碑版。我年幼於君，獲與君友善。談經析鄭注，問字及許篆。』 阮元撰《曾子十篇注釋序》于浙江使院、《泰山志序》。 孫星衍《岱南閣集》成書。

嘉慶 4 年	己未	1799	36 歲	正月，阮元仍在南書房行走，旋補經筵講官，調補戶部左侍郎，兼署禮部、兵部侍郎，總裁會試。 阮元撰《重修揚州會館碑銘》於京師宣武門外。 阮元入京，與程恩澤居相近，尚以暇相講習。 6 月，阮元撰《廣陵詩事序》于京邸之白圭詩館。 陳壽祺幼被父（鶴書、東麓）教，文藻博麗，規畫揚、馬，通達經傳，精究小學。康熙己未、乾隆初年皆有鴻博科，儒術為盛，嘉慶己未雖非制科，然如張惠言、王引之、壽祺等，擬之前人，似無讓也。顧壽祺之學，皆出于其父之教。 阮元作《約同里諸子為經籍纂詁》詩（見王昶《湖海詩傳》） 錢大昕 72 歲，錢大昕為阮元撰《經籍纂詁序》。 儀徵阮元刻所纂《經籍纂詁》116 卷。 嘉慶己未，復以巡撫來浙中，以防海事時往來其間，然碌碌道途，不遑遊覽，所謂一行作吏，此事遂廢矣。今夏，山中各寺僧以松江陳通判詔所錄《方外志》求序於余；阮元撰《重訂天台山方外志要序》。 秋日，借邸于京師衍聖公賜第，阮元撰《落日餘霞研銘》。 10 月，《疇人傳》46 卷刊行，阮元撰《疇人傳序》。儀徵阮元編《疇人傳》46 卷，此年有成稿。元和李銳到杭州助阮元編《疇人傳》。（《疇人傳凡例》） 冬，阮元為焦循撰《里堂學算記序》。 冬，阮元與孫蓮水同為武林之遊。 阮元撰《張皋文儀禮圖序》、《嘉慶四年己未科會試錄後序》。 孫星衍丁母憂歸，浙撫阮元聘主詁經精舍。星衍課諸生以經史疑義及小學、天部、地理、算學、詞章、不十年，舍中士皆以撰述名家。 凌廷堪 42 歲，《禮經釋例》成書，凡 13 卷，22 萬 2000 餘言。有文選樓及學海堂本。 凌廷堪撰《禮經釋例序》於寧國府學署之杞菊軒中。 許宗彥 32 歲，成進士。阮元《浙儒許君積卿傳》：「嘉慶己未成進士，授兵部車駕司主事。是科得人最盛。朱文正公曰經學則有張惠言等，小學則有王引之等，詞章則有吳鼒等，兼之者宗彥乎？——，元與君同舉於鄉，己未會試元副朱文正公，為君座主。」

嘉慶 5 年	庚申	1800	37 歲	正月，阮元實授浙江巡撫。
				2 月，錢大昕 73 歲，遊西湖，與中丞阮公，皋使秦公、暨梁山舟曜北、陳曼生諸先生唱詠，流連旬日而去。
				阮元爲錢大昕撰《三統術衍序》云：「嘉慶庚申，先生（錢大昕）門人元和李尚之銳寓元幕中，行篋攜有是書，因得假而讀之，尋繹數過，凡昔所積疑扞格難通者，一旦渙若冰釋。」
				阮元撰《重修會稽大禹陵廟碑》、《立緝匪章程七則》、《王考琢庵太府君行狀》。
				歲庚申，阮元撫浙，招焦循復遊浙。
				阮元撫浙，招焦循課予弟及子。
				長至日，阮元撰《定香亭筆談序》。儀徵阮元刻所輯《定香亭筆談》四卷。（《販書偶記》）
				阮元在浙，常見鮑廷博，從君訪問古籍。阮元撰《知不足齋鮑君傳》云：「凡某書美惡所在，意旨所在，見于某代某家目錄，經幾家收藏，幾次鈔刊，眞僞若何，校誤若何，無不矢口而出，問難不竭。古人云，讀書破萬卷，君所讀破者，奚翅數萬卷哉！」
				阮元巡撫浙江，新闢詁經精舍于西湖，復延臧拜經至精舍補訂《經籍纂詁》，校勘《十三經注疏》。《經籍纂詁》106 卷刊行。
				以上《雷塘庵主弟子記》卷 1：張鑑撰
嘉慶 6 年	辛酉	1801	38 歲	正月，顧千里在杭州，與臧在東等共謁阮元。
				4 月，阮元撫浙，建詁經精舍於西湖之濱，選督學時所知文行兼長之士讀書其中，與孫星衍及王少司寇昶迭主講，命題課業，問以經史疑義，旁及小學、天部、地里、算法、詞章，各聽搜討書傳，條對以觀其器識，諸生執經問字者盈門。未及十年，而舍中士登巍科入館閣及撰述成一家言者不可勝數。許宗彥撰《詁經精舍文集序》。
				《隱屏山人陳編修傳》：「卒酉散館（陳壽祺）授翰林編修，請歸省親；會（阮）元巡撫浙江，延主講杭州敷文書院，兼課詁經精舍生徒；元修《海塘志》；且纂群經古義爲《經郛》，壽祺皆定其義例焉。」
				段玉裁 67 歲，5 月，段玉裁到杭州，12 日，阮元招玉裁同孫淵如、程易疇，雅集於詁經精舍之

				第一樓，淵如有詩記之。 阮元為孫志祖撰《孫頤谷侍御史傳》。 11 月初九徐熊飛母卒，阮元撰《武康徐母周孺人傳》：「予督浙學三年，于湖州府貢優行生一人曰徐熊飛。熊飛少孤寒，力學，事母孝，文筆斐然。越三年，予撫浙，聘熊飛為平湖書院院長。熊飛母死，泣以行略聞，為傳之曰」 阮元為徐熊飛撰《徐雪廬白鵠山房集序》。 朱為弼大母高太孺人嬰疾卒于家，阮元撰《朱母高太孺人傳》。 阮元督學兩浙，按試紹興府，說經之士雖不乏人，而格于庸近者不少。陸生成棟，家藏《西河全集》刻版，請序于余，因發其誼于卷末，俾浙士知鄉先生之書，有以通神智而開蒙塞。阮元撰《毛西河檢討全集後序》。 12 月，阮元訪顧千里於杭州詁經精舍，有詩記之。 冬至日，阮元為錢大昕撰〈三統術衍序〉。 阮元撰《兩浙輶軒錄序》、阮元刊行《兩浙防護陵寢祠墓錄》。 儀徵阮元刻所編《廣陵詩事》十卷。(〈廣陵詩事序〉) 儀徵阮元所修《嘉興府志》刊成。(《中國地方志綜錄》)
嘉慶 7 年	壬戌	1802	39 歲	嘉慶年間，阮元在杭州購得《四元玉鑑》舊抄本一部，由何元錫將其付梓。 歲壬戌，阮元復招焦循遊浙江，往杭州。 夏 5 月，孫蓮水歸秣陵，訂《春雨樓詩》，阮元撰《孫蓮水春雨樓詩序》，為書數語于卷首。 夏，程瑤田來杭州，出所著〈儀禮喪服足徵記〉7 卷見示，阮元撰〈儀禮喪服足徵記序〉。 季秋月，阮元撰《焦山定陶鼎考》。儀徵阮元以所獲西漢定陶鼎送藏焦山。《焦山志》四 臘日，阮元撰《積古齋記》。 阮元撰《浙江圖考》于杭州使院。 阮元撰《皇清碑版錄》、刊行《小滄浪筆談》、《詁經精舍文集》。

嘉慶 8 年	癸亥	1803	40 歲	正月，朱爲弼爲阮元撰《阮中丞師四十壽序》；阮元作《爲朱椒堂爲弼題朱氏月潭八景圖冊八首》詩。
				阮元業師胡西琴卒于家，阮元撰《胡西琴先生墓誌銘》。
				阮元邀黃文暘及其妻淨因道人來西湖，扁舟涉江，登虎阜，汛鸚鵡湖，皆有詩。余于署中開別館居之，每二老出遊，竹輿小舫，秋衫白髮，蕭灑于湖光山色間，余內子孔亦以詩與道人相倡和。
				阮元奉命巡撫浙江，朱珪師嘗以詩寄示，爰請於師，得授全集，將刊之於板，師復命元選訂之。元乃與及門陳編修壽祺等共商刪存，以癸亥年以前編爲二十四卷。阮元撰《知足齋詩集後序》
				阮元刻朱珪《知足齋集》。
				秋，阮元撰《晚鐘山房記》、《杭州紫陽書院觀瀾樓記》、《古龢鐘銘》。
				王昶《湖海詩傳》三泖漁莊藏本刊行。
				張惠言《周易虞氏義》9 卷刊行。
嘉慶 9 年	甲子	1804	41 歲	春，阮元爲朱珪撰〈知足齋詩集後序〉。
				平湖朱爲弼侍郎，爲阮文達高弟，弟子居官用儒術，略師文達，而公餘不廢翰墨，兼工繪事；金石學尤爲深造絕詣，文達之《積古齋鐘鼎款識》，半成於侍郎之手，海內所共知。
				儀徵阮元刻所編《積古齋鍾鼎彝器款識》十卷，阮元撰序。《雷塘庵主弟子記》
				阮元爲邵晉涵撰《南江邵氏遺書序》云：「元既心折於先生之學行，又喜獲交於令子秉華，能輯先生之書，俾元受而讀之，得聞先生未罄之緒論也。謹記數言，以諗同學者。」
				阮元《寧波范氏天一閣書目序》：「余於嘉慶八、九年間命范氏後人登閣分廚寫編之，成目錄一十卷。」
				甲子，乙丑間，劉大觀僑居揚州，勒所得詩爲一卷，曰《邗上集》，阮元撰《邗上集序》。
				小雪日，揚州後學阮元爲錢大昕撰《十駕齋養新錄序》。
				阮元作《題陳曼生種榆仙館圖》詩、《題秋平黃

				居士文暘淨因張道人因埽垢山房聯吟圖》詩、《朱爲弼蒐輯續鐘鼎款識因作論鐘鼎文絕句十六首題之》詩、《題朱椒堂西泠話別圖》詩。 阮元撰《揚州阮氏家廟碑銘》;《揚州隋文選樓記》。 阮元輯《海運考》2卷、手定《經郛》條例、撰《雙歧秀麥圖跋》。 段玉裁與王念孫書:「數年以文章通財之友,唯籍阮公一人。」 嘉慶敕諭阮元 刊進 鐵保《熙朝雅頌集》106卷,頒行天下。
嘉慶 10 年	乙丑	1805	42 歲	春,阮元撰《海運考跋》、修《兩浙金石志》成。 夏5月,阮常生爲錢大昕《恆言錄》撰序。 7月,阮元丁父憂去浙撫任。 阮元撰《劉端臨先生墓表》;阮元說:「元與先生友學最深,且爲姻家,乃紀其學行,揭于阡。」 焦循除喪後,小有足疾,遂托疾居黃珏橋村舍,閉戶著書。葺其老屋曰「半九書塾」,復構一樓曰「雕菰樓」,有湖光山色之勝,讀書著書恆在樓,足不入城者十餘年矣。 王念孫62歲,阮元來書論刻二十一部古韻事。 段玉裁71歲,與阮芸臺書論湘圃府君行狀中謬誤。 阮元撰《湘圃府君顯妣一品夫人林夫人行狀》、《嘉慶九年重濬杭城水利記》。 凌廷堪49歲,太夫人王氏九秩華誕,阮元撰《凌母王大孺人壽詩序》。 張惠言《儀禮圖》6卷刊行。 儀徵阮元作〈嘉慶九年重濬杭州水利記〉。 《揅經室三集》四
嘉慶 11 年	丙寅	1806	43 歲	3月,臧在東來揚州,寓阮文達家,焦循顧焉。 阮元爲焦里堂撰《揚州北湖小志序》。阮元說:「元但通籍儀徵而已,實揚州郡城北湖人也。元家在北湖九龍崗,族姊夫焦里堂孝廉家在黃珏橋,相隔一湖,幼同學,往來湖中者屢矣!嘉慶丙寅、丁卯間,奉諱家居,亦常至北湖,孝廉出《北湖小志》稿示余,余讀而題之。孝廉學識精博,著作等身,此書數卷,足觀史才。」 6月,王昶卒,阮元撰《誥授光祿大夫刑部右侍

				郎述庵王公神道碑》云：「己卯、庚辰、壬午順天鄉試，辛巳、癸未會試，五爲同考官，壬子主順天鄉試，皆以經術取士，士之出門下爲小門生及從遊受業者二千餘人。又嘗主婁東、敷文兩書院。欽定《通鑑輯覽》、《同文志》、《大清一統志》、《續三通》等書，奉敕與纂修事。──公之爲學也，無所不通。早年以詩列吳中七子，名傳海外。──公所著書，《春融堂詩文》兩集，宏博淵雅，有關于經史文獻，《金石萃編》、《青浦詩傳》、《湖海詩傳》、《琴畫樓詞》、《續詞綜》等書皆刊成，餘若《天下書院志》《征緬紀聞》《屬車雜志》《朝聞錄》等書四十餘種，尚待次第校刊之。」 夏，阮元葺忠愍祠於焦山，以家藏舊鈔宋元兩鎮江志及楊忠愍手蹟置祠中，紀之以詩，張鑑作《題楊忠愍手蹟卷》詩。 丙寅，丁卯間，阮元與翠屏洲王柳村相遇于揚州，讀所著詩，驚異之心爲之下。 顧千里41歲，阮元跋《增補六臣注文選》，錄顧千里校語。 阮元纂刻《十三經注疏校勘記》243卷；注釋嘉慶帝《味餘書屋隨筆》部分章節。 阮元撰《秋雨庵埋骸碑記》，在雷塘墓廬，撰《甘泉山獲石記》。 11月，朱珪卒，年76。
				以上《雷塘庵主弟子記》卷2：張鑑撰
嘉慶12年	丁卯	1807	44歲	2月，阮元爲阮亨撰《瀛舟書記序》：「十二年，息影于雷塘墓廬，偶檢數年來辦兵事之書記稿本，流連翻閱，其間調度兵船、獎飭鎮將、製造船砲、籌劃糧餉諸舊事一一如在目前，且其間有可憂者、可喜者、可憤者、可哭者，有與提督蒼公保、李公長庚商籌者亦一一如在目前。回憶當時，每發一函，出一令，皆再三謀慮而爲之。有自起草者，有幕友起草者，有幕友起草而自爲改訂者，筆墨之蹟，如蠅如繩，以之覆瓦，殊爲可惜，因破十數日工，刪其繁，存其要，授寫書人，錄爲六卷，存之家塾，俾將來覽者知我苦心而已。」自誇述在浙江攻剿蔡牽事。（《揅經室二集》八） 12月，朱珪薨，阮元撰《太傅體仁閣大學士大興朱文正公神道碑》云：「公文集、詩集三十餘卷。元請刻公詩，公命元選爲二十四卷。上命以刻本

				進，賜題七言律詩四首于卷首。
				元不才，爲公門生，受知二十餘年矣。——公有恆言，並舉二事：曰不嗜殺，曰不言利。公之講史，長編資治。公之執經，十章衍義。」
				孟冬月，阮元爲江永撰《禮書綱目序》。
				汪輝祖卒，阮元撰《循吏汪輝祖傳》。
				沈業富卒，阮元撰《翰林編修河東鹽運使司沈公既堂墓志銘》：「子一在廷，癸卯舉人，內閣中書。女一，適工部郎中裴正文。孫二，勤增，太學生員，次勤埴。元昔以女荃字之，余女殤，勤埴亦未冠卒。公與先大夫友善，且爲姻家，故公子屬元爲銘。」
				張鑑父親默齋卒，阮元撰《默齋張君誄》：「詁經精舍生烏程張鑑，通經博覽，善詩古文，佐予書記者有年矣。嘉慶十一年丁父憂。十二年秋，述其父之言行以示予。予謂立言爲三不朽之一，戩蔑一言，可知其賢，今張君之言善，是宜傳而爲之誄也。」
				臧拜經復應阮元招至杭州，讀書于北關署中。
				淨因道人以微病卒，阮元撰《淨因道人傳》。
				阮元撰《揚州隋文選樓銘》、《曲江亭記》、《重修郝太僕祠記》、《二郎廟蔬圃獲石記》
				阮元撰《修隋煬帝陵記》、《重修旌忠廟記》、《杭州重摹天一閣北宋石鼓文跋》、《南宋淳熙貴池尤氏本文選序》、《送楊忠愍公墨蹟歸焦山記》。
				阮元作《六合縣冶山祇洹寺考》詩。
				阮元爲王聘珍《大戴禮記解詁》撰序於掌經室。
				王伯申服闋入都，仍充日講起居官，與阮文達購十三經百餘部分置各學，教士子以根柢爲務。
				儀徵阮元到北京，進《四庫全書未收書》六十種，旋復得命官浙。
嘉慶13年	戊辰	1808	45歲	3月，阮元復任浙江巡撫。
				初，阮元以新著《論語論仁論》示淩廷堪；淩廷堪撰《與阮中丞論克己書》。
				秋，阮元任浙江巡撫，淩廷堪免喪來遊杭州，出所著各書相示。
				夏閏月，阮元爲張肇煐《愚溪詩稿》撰序。（《文選樓叢書》）
				8月，阮元命子常生從淩廷堪學。（江藩《漢學師承記》淩廷堪傳：『弟子中最著者儀徵阮君常生字壽昌，一字小芸，從君受士禮，校刊《禮經釋

				例》13 卷。小芸好學深思，不以才地矜物，恂恂君子也。』）凌廷堪晤王實齋於浙西。 阮元撰《寧波范氏天一閣書目序》：「十三年，以督水師復來，寧紹台道陳君廷杰言及之，陳君請觀其目，遂屬府學汪教授本校`其書目、金石目，並刻之。刻既成，請序焉。」 儀徵阮元刻《天一閣書目》四卷。《揅經室二集》七《娘嬛仙館詩》5 卷，阮元手定紅格底稿本，起自嘉慶 5 年，迄於嘉慶 13 年，存詩 140 餘首。 阮元撰《海塘攬要序》。 段玉裁爲阮元作《十三經注疏校勘記序》。 清廷開設唐文館，由董誥領銜，阮元，徐松等予其事。
嘉慶 14 年	己巳	1809	46 歲	春，凌廷堪 53 歲，3 月，復至杭州，執教阮元署，舊友新知，頗有友朋之樂。 阮元與朱鶴年以同鄉相友善，己巳後數年，曾與山人遍遊都下諸伽藍。 阮元《野雲山人傳》：「生平所作圖甚多，每見同時諸名家集中，翁覃溪、任子田、法梧門、吳穀人、馬秋藥、張船山、顧南雅諸公皆素交也。朝鮮人喜山人畫，且重其人品，有懸山人之像而拜之者。」 夏，阮元爲張惠言《茗柯文編》撰序。 凌廷堪歸歙，病卒，阮元撰《次仲凌君傳》：「君謂禮儀委曲繁重，不得其經緯途徑，雖上哲亦苦其難；苟得之，中材可勉赴焉。經緯途徑之謂何？例而已矣。——君又著《燕樂考源》《元遺山年譜》《校禮堂集》；其尤卓然可傳者，則有《復禮》三篇，唐、宋以來儒者所未有也。」 阮元爲凌廷堪刊刻《禮經釋例》一書，置《復禮》三篇於書首。 7 月，阮常生撰《禮經釋例序》。 9 月，阮元因學政劉鳳誥舞弊案牽連去職。 儀徵阮元因浙科場案革職，復入京，被命在文穎館任事《雷塘庵主弟子記》 阮元作《題何夢華上舍訪書圖》詩。 阮元撰《杭州靈隱書藏記》、《摹刻漢延熹華嶽廟碑跋》。 張惠言《茗柯文編》5 卷印行。 以上《雷塘庵主弟子記》卷 3：阮常生撰

嘉慶 15 年	庚午	1810	47 歲	阮元爲陳壽祺父鶴書撰《誥封奉直大夫翰林院編修陳君墓志銘》云:「壽祺爲元門生,在都聞訃,星奔歸葬,來請銘其墓。」 阮元作《門生屠琴鴇以翰林改宰儀徵翁覃溪先生倡詠餞送遂亦以詩贈行》、 《題陳伽陵先生填詞圖卷》詩。 阮元自編《十三經經郛》、輯錄《國史 儒林傳》、寫定《疇人傳》。 夏 6 月,阮元撰《儀禮喪服大功章傳注舛誤考》、《漢延熹華嶽廟碑整拓本軸子二跋》。
嘉慶 16 年	辛未	1811	48 歲	葉雲素子東卿以尺牘詩文卷屬序之,阮元撰《葉氏廬墓詩文卷序》。 臧繼宏命其子鏞堂、禮堂從餘姚盧召弓學士遊,勗以經術,不期以科名,遂通九經三史,尤明小學。乃命啓其篋校錄之曰:『四世相傳之業,勿自我而墜,足慰先人于地下矣。』 臧拜經卒。阮元《臧拜經別傳》云:「元初因寶應劉端臨台拱獲交拜經,十年之間,于我乎館者爲多。卒之後,元寫其所著書爲副本,以原本還其家,敘玉林先生入《儒林傳》中,而以拜經附焉。顧儒林爲國史,文體宜簡,乃復述其所未盡者爲別傳,以告後之學人,且致其哀恤云爾。」 孫志祖之子貽昆在京師,乞元表君(孫志祖)墓。元之先自元末明初系出江西,爲同姓,遂載筆焉。 宋咸熙入都,以所著《惜陰日記》相質,阮元撰《惜陰日記序》。 阮元有《送慶庵和尚往峨眉山記》。 阮元作《與法梧門前輩式善同遊西山先過八里莊慈壽寺》詩。 阮元編《漢延熹西嶽華山碑考》4 卷、《四庫未收書目提要》。《經郛》成,未付刻。 阮元在京師,撰《蝶夢園記》、《連理玉樹堂壽詩序》。 段玉裁爲臧庸撰《拜經樓日記序》。 儀徵阮元在京編《四庫未收書百種提要》成。 《雷塘庵主弟子記》
嘉慶 17 年	壬申	1812	49 歲	嘉慶辛未、壬申間,嚴厚民從余在京師,阮元爲嚴杰撰《錢塘嚴氏京邸祖墓圖記》。 阮元作《寄題焦里堂姊夫:半九書塾八詠,兼示琥甥》詩。

				3月21日，阮元作《夜宿萬柳堂贈覺性開士和翁覃溪先生韻》詩、《仿鑄漢建初銅呎歌和翁覃溪先生》詩。 5月7日，汪喜孫撰《國朝漢學師承記跋》。 8月，漕運總督阮元撰《擬儒林傳稿凡例》，前在翰林院侍講任內撰稿。 阮元奉命總督淮、揚，駐淮安府；阮元撰《淮安大河阮氏世系記》。 凌廷堪《校禮堂文集》36卷初刻於1812年。
嘉慶18年	癸酉	1813	50歲	正月，許宗彥爲阮元撰《阮雲臺師五十壽詩》4首。 春，阮元與王柳村相會于揚子江上，同訂《江蘇詩徵》，已四千餘家，王柳村復出《柳村詩選》屬序之，阮元撰《王柳村種竹軒詩序》。 春，焦循爲阮元作隸書楹帖：『二酉名山經子史集，三代法物鐘鼎尊彝』，以記掌經室收藏金石書籍之盛。 春，阮元轉漕於揚子江口，焦山詩僧借庵巨趙翠屏洲詩人王君柳村豫來瓜洲舟次，論詩之暇， 及藏書事，遂議於焦山亦立書藏，阮元撰《焦山書藏記》。 阮元爲法式善撰《存素堂詩續集序》云：「時帆先生詩《前集》，元爲之刊於杭州，收入《靈隱書藏》。《後集》未校刻而先生卒，先生子中書桂馨以稿寄江西屬訂而桂馨又卒。回憶二十餘年交誼，傷悼不已。念先生具良史才，主持詩派，衷于雅正，足爲後學之式。」 儀徵阮元刻所著《漢延熹西嶽華山碑考》4卷。《販書偶記》 阮元督四千餘船，運琛四百萬石于江、淮間，因作《江鄉籌運圖跋》。 段玉裁爲汪中撰《述學序》，是年八十一，卒於蘇州。
嘉慶19年	甲戌	1814	51歲	阮元爲屠孟昭（悼）撰《是程堂集序》云：「余早識孟昭之才與學，于吳山讀書之時。余雖抗顏，然今邑民也，知其循改，親切不誣。茲序其集，在于甲戌。」 阮元爲劉文正、劉文清撰《諸城劉氏族譜序》。 阮元作《與王柳村處士同立焦山書藏詩以紀事》《賀翁覃溪先生重赴甲戌科恩榮宴》詩。

				儀徵阮元官江西，以鎮壓會黨邀寵，加官銜。《雷塘庵主弟子記》 儀徵阮元此際在臨川重修明湯顯祖玉茗堂。《選巷叢譚》二
				以上《雷塘庵主弟子記》卷4：阮常生撰
嘉慶19年	甲戌	1814	51歲	阮元于嘉慶十九年夏速郵過北湖，里中見焦循，問《易》法，焦循匆匆于終食間舉三十證語元，元即有聞道之喜。
嘉慶20年	乙亥	1815	52歲	正月，王念孫（時年72）爲汪中撰《述學序》；《述學》有阮太傅敍錄本。 阮元爲王伯申撰《經傳釋詞序》、《經義述聞序》。 阮元作《伊墨卿太守秉綬由閩赴都過南昌賦別》詩、《讀吳錫麒有正味齋續集即用見寄原韻和寄》詩。 阮元撰《江西校刻宋本十三經注疏書後》。 秋8月，吳興徐熊飛撰《雕菰集序》。
嘉慶21年	丙子	1816	53歲	夏4月，阮元爲焦循撰《江都焦氏雕菰樓易學序》。 5月4日，阮元公子常生自江西節院歸，攜《江都文學阮代公先生把卷圖》，訪焦循於雕菰樓。焦循敬展卷，焚香北面，再拜瞻仰，爲作題記。 8月，阮元在江西刊《十三經注疏》。（殆因段玉裁與顧千里之爭，《校勘記》難以定，延冗至今。）阮元撰《重刻宋版十三經注疏總目錄》于南昌學堂。 8月，胡稷《重刊宋本十三經注疏後記》：「嘉慶二十有一年秋八月，南昌學堂重刊宋本十三經注疏，成卷四百十六並附校勘記，爲書萬一千八百一十葉，距始事於二十年仲春，歷時十有九月。」阮元撰《江蘇詩徵序》、《江西改建貢院號舍碑記》、《恭進十三經注疏校勘記摺子》。
嘉慶22年	丁丑	1817	54歲	阮元任兩廣總督。 阮元爲李賡芸撰《福建布政使良吏李君傳》：「嘉慶三年多，九卿中有密薦君者，特旨問巡撫阮元，元以賡芸爲浙省第一賢員，守潔才優，覆奏。」 阮元爲王伯申撰《經義述聞序》於荊州云：「昔余初入京師，嘗問字於懷祖先生，先生頗有所授。」 夏4月，英和撰《江都焦氏雕菰樓易學序》。

				秋9月，阮元閱兵至湖南東路衡、永各營，撰《置湖南九谿衛祠田記》。 阮元作《武昌節署東箭亭記》詩。 儀徵阮元調湖廣，復調粵，遊南嶽，作〈唐懷素綠天庵〉詩。（《揅經室四集》10）
嘉慶23年	戊寅	1818	55歲	正月，孫星衍卒於江寧，阮元撰《山東糧道淵如孫君傳》：「元與君丙午同出朱文正公之門，學問相長，交最密，知君性誠正，無偽言偽行，立身行事皆以儒術，廉而不刻，和而介，屢以謁謁者不獲乎大府。于其卒也，海內學者皆悼慕之。」 6月，阮元爲弟仲嘉《洋程筆記》2卷撰《洋程筆記序》。 7月，焦循撰《禮記補疏敘》於半九書塾之仲軒。 9月，阮元來任兩廣總督，陳澧九歲。 10月，阮元爲錢中丞撰《綠天書舍存草序》于羚羊峽舟中。 除夕，于桂林行館，阮元爲江藩撰《國朝漢學師承記序》。 12月，許宗彥卒於杭州，阮元爲許宗彥撰《浙儒許君積卿傳》；阮元說：「元與君丙午同舉于鄉，己未會試，元副朱文正公，爲君座主，又以子女爲姻家，學術行誼，相契最深，故爲傳焉。」 李尙之卒，阮元撰《李尙之傳》云：「元昔在浙，延君至西湖，校《禮記正義》，予所輯《疇人傳》亦與君共商榷，君之力爲多。」 阮元作《桂林除夕憶雷塘庵僧心平》詩。 阮元奏纂《廣東通志》。
嘉慶24年	己卯	1819	56歲	阮元作《八念》、《賦得喜雨課兒擬作》、《偕仲嘉宿雷塘庵樓》詩。 阮元駐於桂林，撰《桂林隱山銘並序》。 許宗彥《鑑止水齋詩文集》二十卷刻於杭州。 阮元爲撰《經傳釋詞》序於贛州，焦循成《孟子正義》。 儀徵阮元作〈嶺南荔枝詞〉（《揅經室四集》十二）
嘉慶25年	庚辰	1820	57歲	阮元爲臧西成撰〈拜經日記序〉。 夏，焦循足疾甚，且病瘁，以七月二十七日卒，距生於乾隆癸未二月三日得年五十有八。 《易通釋》既成，復提其要爲《圖略》八卷，凡圖五篇，原八篇，發明旁通、相錯、時行之義，

				論十篇，破舊說之非。復成《章句》十二卷，總稱《雕菰樓易學三書》，共四十卷。
				焦循又著《易餘籥錄》《易話》《注易日記》《易廣記》《孟子正義》三十卷；《六經補疏》《禹貢鄭注釋》《毛詩地理釋》《論語通釋》《群經宮室圖》《毛詩鳥獸草木蟲魚釋》《陸璣疏考證》《書義叢鈔》；焦循思深悟銳，尤精於天學算術。——又善屬文；於治經之外，如詩詞、醫學、形家九流之書，無不通貫。——焦循復理採舊聞，搜訪遺籍，成《北湖小志》六卷、分撰《揚州府志》撰《揚州足徵錄》《邗記》六卷；命子琥編寫成《里堂道聽錄》五十卷，作《讀書三十二贊》。又著《貞女論》《愚孝論》；文集手自訂曰《雕菰集》24 卷
				《詞》3 卷、《詩話》1 卷。阮元評焦循曰：「焦君與元年相若，且元族姊夫也，弱冠與元齊名，自元服官後，君學乃精深博大，遠邁于元矣。今君雖殂而學不朽，知之深，綜其學之大指而爲之傳，且名之爲通儒，詺之史館之傳儒林者曰：『斯一大家，曷可遺也』」
				春，阮元女婿張熙年十八，其父命隨其師嚴（厚民）來粵東，贄余署中，且讀書，受余教。
				阮元作《桂林陳相國元孫繼昌中庚辰狀元且爲解會三元廣西蓮盦方伯有詩紀盛和韻一首》：『文運原因天運開，一枝眞自桂林來。盛朝得士三元瑞，賢相傳家五世才。史奏慶雲合名字，人占佳氣說樓臺。若從師友論魁鼎，門下門生已六回。』近科狀元吳中、洪瑩、蔣立鏞、吳其濬、陳沆及陳繼昌皆阮元門生門下之門生。
道光元年	辛巳	1821	58 歲	張熙肝風病發甚劇，道光元年正月十二日卒。是時安年二十，初有娠，哭幾死。
				阮元撰《女婿張熙女安合葬墓碣》：「熙五品頂帶。安宜人。于其合葬也，命常生書刻於石。」《江蘇詩徵》183 卷刊行。
				阮元撰《新建南海縣桑園圍石工碑記》。
				阮亨《瀛舟筆談》12 卷刊行。
				4 月，阮元致書陳壽祺云：「生近來將胸中數十年欲言者，寫成〈性命古訓〉一卷，大抵欲闢李習之復性之書，而以書召誥節性爲主，少暇當再鈔寄。」

道光 2 年	壬午	1822	59 歲	阮元撰《南昌府同知璧堂徐君傳》。
				阮元作《過合肥見陸廣文出示文集談杭州舊遊》、《及門陳雲伯爲江都令尹邀遊焦山作詩即和雲伯韻，時同遊者王柳村，僧借庵，令尹之子裴之、柳村之子屋‧余弟亨》詩。
				閏 3 月，阮元撰《重修廣東通志序》；《阮元廣東通志》成書。
				甘泉江藩爲阮元纂《廣東通志》334 卷。
				《中國地方志綜錄》
				夏 6 月，阮元撰《改建廣東鄉試闈舍碑記》。
				《四庫未收書目提要》5 卷問世，阮福謹記《四庫未收書提要》。（《揅經室外集》）
				達三撰《國朝宋學淵源記序》於粵東權署。
				12 月望日，阮元爲馮登府《石經補考》撰序於廣東節署。
				儀徵阮元在粵督任，疏請禁鴉片，馭洋商，密奏則主張對洋商暫妥協。《各國通商始末記》
				儀徵阮元主免稅縱洋米入口，此際作〈西洋米船初到紀事〉詩。《清詩鐸》二
道光 3 年	癸未	1823	60 歲	正月，朱爲弼爲阮元撰《阮宮保師六十壽序》。
				正月，龔自珍 32 歲，應程同文（阮元門生）之請，在上海撰《阮尚書年譜第一序》。
				9 月，阮元《平樂府重建至聖廟碑記》。
				阮元作《摹刻詣晉齊華山碑全字跋》詩。
				阮元作《道光癸未狀元爲廣東吳川林召棠報至粵越華粵秀兩書院院長同稱喜復用三元詩韻一首》：『文運三元西粵開，幾年連向粵東來。七千里外頻聞喜，八十年中間出才。
				嶺海番禺承舊第，吳川水月起高臺。諸君說我多桃李，五管春風見六回。』
				近科瓊山探花張岳崧、南海探花羅文俊、歸善會元呂龍光、廣西三元陳繼昌及今吳川狀元林召棠皆阮元門生所取之士。
				阮元爲及門陳雲伯文述宰江都，多惠政，作《題頤道堂詩集卷首》詩。
				阮元撰《揅經室集自序》、《揅經室集》5 集刻成。
				以上《雷塘庵主弟子記》卷 5：阮福續編

道光4年	甲申	1824	61歲	夏5月，阮元撰〈兩浙金石志序〉於嶺南節院之定靜堂。 儀徵阮元刻所纂《兩浙金石志》總十九卷。《販書偶記》 阮元於粵秀山峀廣州城北撰《學海堂集序》。甲申冬日，阮元撰《四書文話序》。 陳澧《皇清敕授儒林郎內閣中書銜瓊州府學教授加一級譚君墓志銘》：「嶺南自古多詩人而少文人，阮文達公開學海堂，雅才好博之士蔚然並起，而南海譚君瑩最善駢體文，才名大震。君之字曰兆仁，別字玉生，少時宴集粵秀山寺，為文懸壁上，阮公見而奇之。時方考縣試，公告縣令，曰縣希才人，宜得之，令問姓名，公不答，已而得君，所為賦以告公，公曰得之矣，取第一人入縣學。」 冬10月，阮亨撰《雕菰樓集序》於珠湖草堂。 焦循《雕菰集》24卷刻成。（《文選樓叢書》本） 安徽方東樹館阮元廣州署中，此年著成《漢學商兌》4卷。《儀衛軒年譜》
道光5年	乙酉	1825	62歲	阮元撰《重建肇慶總督行臺並續題名碑記》。 冬，阮元為林蘭汀之外甥，林蘭汀子怡曾屬元表墓，阮元撰《例贈儒林郎候選州同知蘭汀林公墓表》。 方東樹54歲，授經阮文達幕中，兼閱學海堂課文，著書《書林揚觶》2卷。 阮元作《題嚴厚民杰書福樓圖》詩。 阮元撰《堯典四時東作南偽西成朔易解》、《學海堂初集序》。 阮元輯刻《皇清經解》、刊行《學海堂初集》16卷。
道光6年	丙戌	1826	63歲	阮元撰《英清峽鑿路造橋記》、《平樂府重建至聖廟碑記》。 阮元作《得復初齋全集邕州舟中讀之，即寄野雲山人》詩云：『我初聞蘇齋（翁方綱），是聞凌氏說（凌氏仲子學於蘇齋）。及我入翰林，公秉學使節。』凌廷堪《校禮堂詩集》14卷於1826年問世。 夏，阮元移節雲貴總督。陳澧17歲。 阮元頒發學海堂章程。始設學長，學長為吳蘭修（石華）、趙均（平垣）、林伯桐（月亭）、曾釗（勉士）、徐榮（鐵孫）、熊景星（笛江）、馬福

				安（止齋）、吳應逵（雁山）。（《學海堂志》） 阮元作《劉彬華、何南鈺、謝蘭生、胡海森、張業南、李黼平諸書院院長暨學海堂學博生徒皆有圖詠送別題答一律》詩云：『幾年嶺表慮先深，得暇才遊儒士林。講學是非須實事，讀書愚智在虛心。汲投淵海古修緶，氣盛衣冠朋合簪。此後懷人各何所，半看圖詠半登臨。』仲冬月，南昌府學教授盱江朱華臨撰《重校宋本十三經注疏跋》。 阮元作《別醫者范素菴濬》、《雲南督署宜園十詠》詩。
道光 7 年	丁亥	1827	64 歲	阮元爲馮柳東撰《三家詩異文疏證序》；阮元說：「柳東以名翰林出爲縣令不三月，以親老解組歸而教授伯厚之鄉，得其流風餘緒，益肆力于學，可不謂好學守道者。」 龔自珍 36 歲，在京師爲阮元撰《齊侯中罍二壺釋文》。 阮元作《住大理閱兵三日看點蒼山》詩。阮元撰《塔性說》。
道光 8 年	戊子	1828	65 歲	春，粵中學人寄《學蔀通辨》來滇請序，阮元撰《學蔀通辨序》及《書東莞陳氏學蔀通辨後》 10 月 21 日，阮元撰〈傳經圖記〉。 阮元作《同李文園學使棠階遊太華山憩太華寺》詩。阮福《小娘嬛叢記》刊行。 儀徵阮元在京，爲劉喜海跋長恆本《華山碑》。《西嶽華山碑續考》二
道光 9 年	己丑	1829	66 歲	春，金子青子以詩集寄滇南，阮元撰《金子青學蓮詩集序》云：「元，竹西人也，弱冠後惟持服三年居竹西，計子青詩之在竹西者前後數十年，湖山登眺，交遊贈答，讀其詩，憶其地，懷其人，豈能無故鄉舊友之感哉！韻語一函，長江萬里，年如逝水，思切停雲，聊寄數言，聊慰此情云爾。」 阮元作《伊中丞過東園蔬飯見示一律即和原韻》詩。 《皇清經解》1400 卷刻成；9 月，夏修恕撰《皇清經解序》。 粵東三子之一張維屏，任學海堂學長。（餘二人爲譚敬昭、黃培芳） 阮福《孝經義疏補》9 卷刊行。 以上《雷塘庵主弟子記》卷 6：阮福續編

道光 10 年	庚寅	1830	67 歲	阮元作《正月二十日偕劉、王二叟竹林茶隱》詩。（劉廷植、王樂山（崧）） 張維屏《國朝詩人徵略初編》刊行。 林伯桐《供冀小言》刊行。（《學海堂叢刻》第 1 函） 江藩卒（1761～1830），《國朝漢學師承記》卷 1：「藩縐髮讀書，授經於吳郡通儒余古農，同宗艮庭二先生，明象數制度之原，聲音訓詁之學，乃知經術一壞於東西晉之清談，再壞於南北宋之道學，元明以來，此道益晦。至本朝，三惠之學盛於吳中，江永戴震諸君繼起於歙，從此漢學昌明，千載沈霾一朝復旦」。
道光 11 年	辛卯	1831	68 歲	阮元在滇撰《碧雞臺記》、《題碧雞臺》詩。 方東樹《漢學商兌》、《書林揚觶》首刊。 張澍撰《上阮芸臺制府師書》。（《養素堂文集》） 王念孫《讀書雜誌》刻成。
道光 12 年	壬辰	1832	69 歲	孟春，阮元撰《節性齋主人小像跋》。 儀徵阮元在滇督任，著《石畫記》，陸續得十四卷。 《石畫記自序》 阮元撰《石畫記序》于滇南節署石畫軒。（《學海堂叢刻》第 1 函）） 阮元於雲貴總督任內晉為協辦大學士；9 月，阮元為江藩撰〈經解入門序言〉。 王念孫卒，年八十九，阮元撰《墓誌銘》。
道光 13 年	癸巳	1833	70 歲	正月，朱為弼為阮元撰《阮相國師七十壽序》。 阮元為王念孫撰《王石臞先生墓誌銘》；銘曰：『先生之貌，如石之臞；先生經濟，優于河渠；河患未已，乃阻厥謨；天逸先生，使著其書；先生學行，漢之醇儒，忠怒直誠，不飾不誣；古聲古訓，確證精疏；學深許鄭，音邁劉徐；萬卷皆破，一言不虛；續傳儒林，先生首歟！今歲在辰，歸葬于吳，佳城既築，積善慶餘。』阮元《揅經室詩錄》5 卷問世。
道光 14 年	甲午	1834	71 歲	阮元為陳壽祺撰《隱屏山人陳編修傳》；阮元說：「元選其《五經異義疏證》《左海經辨》及文集中之說經者入《皇清經解》。壽祺雅慕武夷山水，

				紫陽精舍，晚年自號隱屏山人，作《隱屏山人傳》。」 阮元於滇池宜園爲李艾塘（斗）撰《揚州畫舫錄跋》。 陳澧選入學海堂書院任教。 王引之卒，汪喜孫撰《行狀》，龔自珍撰《墓誌銘》。
道光 15 年	乙未	1835	72 歲	儀徵阮元調京，所修《雲南通志稿》二百十六卷刊行。 《販書偶記》 春，阮元撰《重修滇省諸葛武侯廟記》。 阮元爲張惠言之子成孫撰《武進張氏諧聲譜序》；阮元說：「成孫聰穎辛勤，能傳父學，踵成編修之書曰《諧聲譜》以示余，余讀而歎之，歎其識力之超卓精細也。」 乙未秋，吳榮光爲阮元撰《石畫記序》云：「吾師儀徵相國官總督時，公餘之暇，取石之方圓長橫而裁成之，每幅拈出古畫家筆法，而證以古詩人之詩，惟妙惟肖。凡得若干幅，間系韻語，成《石畫記》5 卷。」 乙未多，阮元爲貴仲符撰《安事齋詩錄序》云：「甲午秋，公子正元寄遺稿至滇，屬元選訂之；歲寒，窗紙鐙火青熒，拭老眼讀之，凄然於青衿舊侶之久逝也；爲錄存大半，釐爲四卷，寄揚州付二弟梅叔梓之校之。」 阮元爲羅士琳撰《四元玉鑑細草九式序》：「嘉慶間，予得元大德朱世傑《四元玉鑑》三卷，進呈聖鑒。蒙　賜收入秘書，予以副鈔本屬何君夢華付之；李君尚之略演其法，李君遽卒。吾鄉羅君茗香（士琳）乃取此書各段演全細草，又於四草外演爲九式一卷，以盡發朱氏四元之意，精思神解，貫徹古今矣！」 譚瑩撰《南海縣志》44 卷（1835 年版）。
道光 16 年	丙申	1836	73 歲	夏 6 月，阮元爲梁章鉅《退庵隨筆》撰序。 青浦王少司寇述庵先生（王昶），經術文章照耀江左，平生著述甚富，其《湖海文傳》一書，凡七十五卷，道光丙申丁酉間，儀徵阮文達公，自滇中郵資佐刻，風行海內三十餘年矣。 阮元撰《詩書古訓序》於集賢院直廬。龔自珍 45 歲，代阮元撰《盧公神道碑銘》。

道光17年	丁酉	1837	74歲	6月，阮元撰《詩有馥其馨馥誤椒記》。
				阮元爲盧坤撰《兵部尚書敏肅盧公神道碑》：「阮元爲敏肅已未座師，乞銘神道之碑並序之。」
				阮元爲程恩澤撰《戶部右侍郎管錢法堂春海程公神道碑銘》；銘曰：『公之爲人，和而不同；崖岸內峻，德氣外沖，兩世內廷，在位靖共，聲名品學，宏之惟公。公學之大啓于凌氏約禮博文，實事求是，研究經義及于子史；即以其學，望之于士。嗚呼天命，限公不祿，帝諭飾終。賞延世篤，遺書未定，集之可讀；我銘豐碑，樹之宰木。』
				7月，程恩澤病卒，阮元撰《誥授榮祿大夫戶部右侍郎兼管錢法堂事務春海程公墓志銘》。
				9月，阮元爲儀徵劉孟瞻明經（文淇）撰《揚州水道記序》。
				儀徵劉文淇寄書阮元，論古地志。《青溪舊屋文集》
				阮元撰《汪容甫先生手書跋》說：「又曾得見先生校《大戴記》初稿，入京後遂不相見。
				及元赴浙江督學時，先生已卒；乃於嘉慶初得先生《述學》稿，合孔撝約先生、錢溉亭先生三人書，刻於杭州。道光初，又合先生各著作彙刻入《皇清經解》內矣！」
				阮元評論汪中之子喜孫學行：「元老入京師，孟慈亦常相見；孟慈之學，大得父教，而其不諧于俗，亦略有父風。但余許之曰孝，何也？凡容甫先生所著書內片言隻字，余與孟慈言，孟慈無不析及精微，心知其意。又于先生（汪中）手蹟斷箋敝紙，無不寶而尊之，若此子弟之佳有如此者乎！」
				陳澧28歲，館於張維屏家，其子祥晉（賓嵎）從學。
				譚瑩撰《南海縣志》26卷（1837年版）。
				許瀚謁阮元。
道光18年	戊戌	1838	75歲	阮元恩賜半俸，自大學士致仕還，加太子太保，歸老揚州。
				《雷塘庵主弟子記》
				阮元爲孔繡峰撰《闕里孔氏詩鈔序》：「繡峰先生爲至聖七十二代孫，勤學善詩，在大宗近今二百餘年輯錄詩九十餘人，足以見溫柔敦厚之風，藹然聚于一門，其間如東塘撝約諸先生，有經史文章著述者，別已專行，此不過采錄數篇而已，末

				錄閨秀十餘人。元爲七十三代門婿，亡室《舊經樓詩》亦得采焉！以是爲幸。道光十八年春，繡峰先生以稿本見示，將付梓人，屬序其事，亦祖庭之掌故也。」 2 月，阮元撰《齊陳氏詔樂罍銘釋》、《齊侯罍拓篆卷跋》。 7 月，錢泳刻成《履園叢話》。 多，阮元撰《移建安淮寺碑》。《學海堂二集》22 卷刊行。林伯桐刊出《學海堂志》。 方東樹《漢學商兌》刊印。
				以上《雷塘庵主弟子記》卷 7：阮孔厚續編
道光 18 年	戊戌	1838	75 歲	春 3 月：阮元爲梁章鉅《文選旁證》撰序；說：「梁茞林中丞，乃博采唐宋元明以來各家之說，計書一千三百餘種，旁稽博引，考證折衷，若有獨見，復下己意，精心銳力，捨易爲難，著《文選旁證》一書四十六卷，沈博美富，又爲此書之淵海矣！」 5 月，何紹基撰《送宮保儀徵相國師予告歸里序》。（《東洲草堂文鈔》） 阮元以足疾辭，退休回籍。阮元致書張維屏云：「蘭甫到揚，寄來《經字異同》收到，此書尙須訂補。尊著《國朝詩人徵略》，此書甚好，必傳。如有續刻，便中寄一部來。」（見張維屏《花甲閒談》）譚瑩被舉爲學海堂堂監。
道光 19 年	己亥	1839	76 歲	龔自珍 48 歲，6 月，在揚州重見退休之大學士阮元。龔自珍《己亥雜詩》109 首： 『四海流傳百軸刊，皤皤國老尙神完。談經忘卻三公貴，只作先秦伏勝看。』 （重見予告大學士阮公于揚州）。 羅士琳編訂《算學啓蒙》，經阮元作序刊行。阮元撰《四元玉鑑序》。 8 月，張鑑《多青館甲集》自序：「鑑少愧師資，長荒學宦，窮日故紙，差無狗馬之好，年紀滋多，已編刊七十餘卷雜著不與也。」 多至日，阮元爲李斗再撰《揚州畫舫錄跋》。 阮元爲門下晚學生黃右原（孝廉）撰《高密遺書序》。 阮元自稱節性齋老人，撰《掌經室續集自序》；阮福撰《詩書古訓跋》。 張維屏撰《花甲閒談序》。

道光 20 年	庚子	1840	77 歲	夏 4 月，阮元爲羅士琳《續疇人傳》撰序；阮元說：「元少壯本昧於天算，惟聞李氏尙之、焦氏里堂，言天算，尙之往來杭署，搜列各書，與元商撰成《疇人傳》，今老病告歸田里，更爲昏耄，又喜得羅氏茗香論古天算有如此，羅氏補續疇人，各爲列傳，用補前傳所未收者。」
				阮元爲柳興恩撰《鎭江柳孝廉春秋穀梁傳學序》說：「道光二十年夏，柳氏興恩挾其書渡江來，始得讀之，知其專從善于經入手，而善經則以屬辭比事爲據，事與辭則以春秋日月等各例定之，發憤沈思，久乃卒業，余甚惜見之之晚也，亟望禮堂寫定，授之梓人，補學海之闕文，與海內學者共之，是余老年之一快也。興恩爲余門生之門生，貧而好學，鎭江實學敦行之士也。」
				《文選樓叢書》，清嘉慶阮元輯刊，道光阮亨彙印；阮元堂弟阮亨另撰《瀛舟筆談》12 卷。
				10 月，陳澧 31 歲，補爲學海堂學長，自是遂爲學長數十年。陳澧與張維屏同遊南海西樵山。梁廷枏主持學海堂書院，並任廣東澄海縣教諭。
道光 21 年	辛丑	1841	78 歲	4 月，阮元撰《元大德雷塘龍王廟碑記》。
				12 月，阮元撰《雷塘壽壙孔夫人先葬記》。
				阮元撰《羅兩峰畫方氏兄弟孝廉春風並轡圖跋》。
				吳榮光《石雲山人集》刊行。
道光 22 年	壬寅	1842	79 歲	2 月，阮元弟子胡敬撰《詁經精舍文續集序》。
				夏至日，阮元爲元，俞希魯撰《校刻宋元鎭江府志序》。
				4 月，阮元爲王家幹撰《文學峙亭王君墓表》。
				壬寅立秋日，譚瑩撰《送兩廣制府阮芸臺師移節雲貴州》。
				仲秋，阮元弟子劉韻珂撰《詁經精舍文續集序》。
				阮元爲茆魯山（明經）撰《高郵茆氏輯十種古書序》。
				阮元題《夕陽樓》詩句成，略識于後。
				張維屏《國朝詩人徵略二編》刊行。
				梁章鉅撰《歸田瑣記》。

道光 23 年	癸卯	1843	80 歲	正月望後三日，阮元撰〈焦山周無專鼎序〉；阮元撰《嵇文恭公家訓墨蹟跋》 阮元撰《嚴忍公子餐方貽傳》：「錢塘嚴杰，通經術，余詁經精舍翹材生也。為忍公先生之八世孫、子餐先生之七世孫、方貽先生之六世姪孫。生以其家狀請為傳，遂合傳之曰──」 4 月 13 日，阮元於文選樓為張廷濟撰《眉壽圖說》。 阮元撰《重刻舊唐書序》。
道光 24 年	甲辰	1844	81 歲	3 月 10 日，阮元約儀徵兩儒學（謝東墅師、林椒生），重游泮宮采芹，拜聖賢于欞星門墀下，並序跋，作詩一首。 陳澧 35 歲，5 月，陳澧謁阮元於揚州。承贈以新刻《揅經室再續集》，有《鎮江柳氏穀梁大義述序》，陳澧乃知海內有為此學者，為之喜慰。並請阮元書『憶江南館』橫額（上款蘭甫請書，下款頤性老人）。陳澧又嘗號江南倦客以寄思念之意。 阮元作《自題近稿》詩云：『多年耐暑復耐寒，三十蒙恩亦耐官。今日夕陽樓上望，遲遲耐倚此闌干。』 小序云：「老桑東小樓一間，西向可望遠林。二僕舁椅登之，余題此名。」 梁章鉅自撰《退庵自訂年譜》。
道光 25 年	乙巳	1845	82 歲	阮元撰〈京師慈善寺西新立顧亭林先生祠堂記〉。
道光 26 年	丙午	1846	83 歲	阮元重宴鹿鳴，晉太傅。 阮元為梁章鉅《師友集》撰序；梁章鉅《浪跡叢談》有雲臺師唱和詩。
道光 27 年	丁未	1847	84 歲	阮元為從兄阮慎齋（先）撰《揚州北湖續志序》；梁章鉅《浪跡叢談　續談　三談》有與雲臺師詩。
道光 28 年	戊申	1848	85 歲	阮元為蔣寶素撰〈醫略　十三篇序〉。
道光 29 年	己酉	1849	86 歲	孟春，阮元為王檢心撰《道光重修儀徵縣志序》。（1852 年，劉文淇修成《儀徵縣志》50 卷） 11 月 27 日，阮元卒，諡文達。 羅士琳主持刻印《雷塘庵主弟子記》前七卷。 阮元先後刊行海內名宿著述，如錢辛楣《三統術衍》《地球圖說》；謝東墅《食物百詠》；張皋文

				《虞氏易》《儀禮圖》；汪容甫《述學》；錢溉亭《述古錄》；劉端臨《遺書》；凌仲子《禮經釋例》；焦里堂《雕菰樓集》；鍾菽崖《考古錄》，孔廣森《儀鄭堂集》；胡西琴《詩集》；張解元《貴吏部詩集》；僧誦茗《蔗查集》；李四香《算書》，足數十家。
				阮元總合所著，有《揅經室全集》45 卷及續集11 卷，又《三家詩補遺》3 卷。
				以上《雷塘庵主弟子記》卷 8：柳興恩續編
道光 30 年	庚戌	1850		《雷塘庵主弟子記》第八卷於阮元去世後刊出。3 月，汪廷儒爲王實齋撰《大戴禮記解詁序》。

三、阮元佚著輯錄

目　錄

篇　名	文獻或論文出處	說明
1、〈陳鱣《論語古訓》序〉	阮亨《瀛舟筆談》卷 7	已錄
2、〈(范茂才)《春秋上律表》序〉	阮亨《瀛舟筆談》卷 7	已錄
3、〈(席世臣)《宋遼金元別史》序〉	阮亨《瀛舟筆談》卷 7	已錄
4、〈《吳江郭文學（郭元灝）墓表〉	阮亨《瀛舟筆談》卷 7	已錄
5、〈(江永)《禮書綱目》序〉	《叢書集成續編》第 8 冊經部	已錄
6、〈(馮登府)《石經補考》序〉	《續修四庫全書》經部　冊 184	已錄
7、〈武虛谷（武億）徵君遺事記〉	武億《授堂遺書》	已錄
8、〈(張肇煐)《愚溪詩稿》序〉	阮元《文選樓叢書》	已錄
9、〈(張惠言)《茗柯文編》序〉	張惠言《茗柯文編》	已錄
10、〈(程瑤田)《儀禮喪服足徵記》序〉	程瑤田《通藝錄》	已錄
11、〈(梁章鉅《師友集》序〉	梁章鉅《浪跡叢談》	已錄
12、〈(梁章鉅)《退庵隨筆》序〉	梁章鉅《退庵隨筆》	已錄
13、〈(錢大昕)《十駕齋養新錄》序〉	《嘉定錢大昕全集》第 7 冊	已錄
14、〈(錢大昕)《三統術衍》序〉	《嘉定錢大昕全集》第 8 冊	已錄
15、〈疇人傳序〉	《疇人傳彙編》	已錄
16、〈致陳壽祺〉	陳壽祺《左海文集》卷 1	已錄
17、〈致陳壽祺〉	陳壽祺《左海文集》〈隱屏山人陳編修傳〉	已錄
18、〈道光重修儀徵縣志序〉	《道光重修儀徵縣志》中國地方志集成・江蘇府縣志輯	已錄
19、〈揚州北湖萬柳堂記〉	阮先《揚州北湖續志》卷 3——陳恆和《揚州叢刻》	已錄
20、〈九窗九詠並序〉	阮先《揚州北湖續志》卷 3	已錄
21、〈焦山周無專鼎序〉	阮元《文選樓叢書》	已錄
22、〈三十二西湖 在赤岸湖西北〉	阮先《揚州北湖續志》卷 3	已錄
23、〈胡西琴先生墓誌銘〉	王昶《湖海文傳》卷 57	已錄
24、〈傳經圖記〉	《國粹學報》1 年 3 號，1905 年 4 月	已錄

25、〈京師慈善寺西新立顧亭林先生祠堂記〉	《國粹學報》1 年 6 號，1905 年 7 月	已錄
26、〈答友人書數則〉	《國粹學報》3 年 4 號，1907 年 5 月	已錄
27、柳詒徵〈清儒學案摘鈔〉阮元部分	錢穆《中國學術思想史論叢》（八）	已錄
28、〈(江藩)《經解入門》序言〉	江藩《經解入門》	已錄
29、〈(臧庸)《拜經日記》序〉	臧庸、臧琳《拜經堂叢書》	已錄
30、〈揚州北湖續志序〉	阮先《揚州北湖續志》卷 3——陳恆和《揚州叢刻》	已錄
31、〈致焦循〉	焦循《焦氏叢書》	已錄
32、〈致張維屏書〉	張維屏《花甲閒談》	已錄
33、〈致劉端臨書 三通〉	劉文興〈劉端臨先生年譜〉——《國學季刊》3 卷 2 號	已錄
34、〈(桂未谷)《晚學集》序 〉	阮元《小滄浪筆談》	已錄
35、〈(蔣友仁)《地球圖說》序〉	阮元《文選樓叢書》	已錄
36、〈八專瓦吟館刻燭集序〉	阮元《文選樓叢書》	已錄
37、〈道咸同光四朝奏議〉2 通	《道咸同光四朝奏議》（臺灣國立故宮博物院《清代史料叢書》）	未錄
38、〈中國歷代奏議大典〉3 通	丁守和編《中國歷代奏議大典》	未錄
39、〈阮元奏議〉20 通	《國朝名臣奏議》（《北大圖書館善本叢書》）	未錄
40、〈(朱世傑)《算學啓蒙》序〉	朱世傑《算學啓蒙》	已錄
41、〈鴻雪因緣圖記序〉	麟慶《鴻雪因緣圖記》第 1 集	已錄
42、〈鬼谷子跋尾〉	陶宏景《鬼谷子注》3 卷	已錄
43、〈秦郵帖跋〉	師亮采《秦郵帖》4 卷	已錄
44、〈毛詩稽古編序〉	陳啓源《毛詩稽古編》30 卷	已錄
45、〈孟亭居士文稿序〉	馮浩《孟亭居士文稿》5 卷	待訪
46、〈洛陽存古錄序〉	馬恕《洛陽存古錄》（又名《龍門造像目》）	待訪
47、〈清阮元游浯溪讀唐中興頌詩〉	《阮元游浯溪讀唐中興頌詩》拓本	待訪
48、〈漢熹平府君碑殘石跋〉	《熹平府君碑殘石》題跋	待訪
49、〈漢甘泉山元鳳刻石殘字獲石記〉	《甘泉山元鳳刻石殘字》	待訪

50、〈讀通鑑綱目條記序〉	李述來《讀通鑑綱目條記》20 卷（《續修四庫全書》史部　編年類 342）	已錄
51、〈醫略序〉	蔣寶素《蔣氏醫略》1	已錄
52、〈魏延昌地形志序〉	張穆撰《魏延昌地形志》20 卷，何秋濤編	待訪
53、〈劉宋寧州刺史功都縣侯爨龍顏碑題記〉	《北京圖書館藏中國歷代石刻拓本匯編》第 2 冊，第 133～134 面	待訪
54、〈莊方耕宗伯經說序　〉	莊存與《味經齋遺書》卷首	待訪
55、〈易之象解〉	《學海堂集》卷 1	未錄
56、〈御製《續纂秘壁珠林、石渠寶笈》序〉	王杰《秘殿珠林石渠寶笈續編》	已錄
57、〈《圜天圖說》序〉	《藏外道書》第 24 冊	已錄
58、〈《測圓海鏡》序〉	靖玉樹編勘《中國歷代算學集成》上冊	未錄

1、〈（陳鱣）《論語古訓》序〉：

「海寧陳君鱣撰《論語古訓》十卷，于集解所載之外，搜而輯之，且據
石經皇侃義疏，山井鼎物觀諸本訂其偽缺而附注于下；元在京師獲見稿本，
今來浙而是書付刻初成；元幼習是經，往牡蓄疑于心而莫能釋，及取包鄭諸
君之注而考之，頗喜然盡解，姑舉史事以明古訓之善。書云孝乎惟孝友于兄
弟，包讀孝于惟孝句，漢石經及白虎通義等書所引並同，乃知乎為于字之訛，
自訛為乎，乃讀乎字句則孝乎，既為不詞而以孝加于兄弟，文亦不類，繪事
後素；鄭曰先布眾色，然後以素分其間以成文，此與考工記繪畫之事後素功
合，若謂素上施采，則古人繪事施諸衣服旌旗，不若以素為質射不主皮為力
不同科；馬曰為力，為力從此與射對言，若解作釋禮文，則射不主皮出于鄉
射禮記，記乃孔子之徒所述；孔子何得為之釋歟，何有於我。鄭曰人無是行
于我我獨有之，此與聖仁章合，未有在彼自任曰可謂云爾，此忽謝不敢居，
不將矛盾乎。過位鄭曰謂入門古比面君揖之位，曲禮疏引以為鄉位之證，孔
注復其謂云來時所過位，則知此位乃中廷臣立之位，若君立處謂之宁，不謂
之位也；如此之類，禪益甚多，學者知有古訓，進而求之，可以得經文之精
微，識聖人之旨趣，所以益身心而正性命者，非淺小矣。陳君精于六書，嘗
著《說文解字正以》又以說文九千言以聲為經，偏旁為緯，輯成一書，有功
學者益甚。元樂其古訓之既版行，尤望其以說文付梓，庶幾為聲音訓詁之學
者，事半而功倍也。」

——阮亨《瀛舟筆談》卷7

2、〈（范茂才）《春秋上律表》序〉：

「巡撫兩浙，於西湖建詁經精舍，祀許叔重，鄭康成兩先生，選諸生肄
業其中，諸生能習推步之學者不乏人，范生景福其一也。歲癸亥，生以所步
春秋朔閏日食表及說，請正於余，而乞為之名。竊謂孔子作春秋，備天地人
三統之學，故子思子贊其事曰：上律天時，下襲水土，本欽若以紀四時，即
祖述之旨也。尊建子而書春，王則憲章之義也，或記司術之過，或明伐鼓之
非，左氏引而申之躍如也，其後劉歆姜岌之徒，造訂諸術，必上驗於春秋，
杜征南為左氏學，亦因宋仲子十家之法，考訂春秋朔閏，故不通春秋，不足
以知術；不知術，不足以通春秋；不知術，不通春秋，不足以紹聖人，祖述
憲章之志用，是命之曰《春秋上律表》，所以嘉范生之能治春秋也。且范生之
書，其善有四焉。天文律算之學，至本朝而大備，天下學者，或疑其深微奧

秘而不敢學習；范生習之，不十年，而能發明如是，學者庶觀而效焉，而知是學之本易明善之，一也。治經者，患拘執而不能通，劉氏規過孔穎達詞而闢之，規者不必俱非闢者，亦難悉當；杜氏於襄二十七年，頓置兩閏，生宜言其非，而莊二十五年六月辛未，爲七月之朔，則稱杜氏爲不可易，揆之於義，是非不詭，庶幾不泥古，不違古，爲說經之通善之二也。疇人子弟，諳其技不能知其義，依法布算不愆於史，其中進退離合之故，莫之或知，故不能變化以推古經生之言曰，置閏可移，食限不能移，又謂欲定閏，必推中氣，又謂斟酌置閏以合干支，尤當斟酌置閏以合食限，於是用平朔，不用定朔，用恆氣不用定氣，食限不用均數，本諳時憲，參之長律，可謂好學深思，心知其意，善之三也。奉時憲上考之法以明春秋司術之得失，以決三傳之異同，以韓杜氏之是非，以課三統大衍，授時以來，上推之疏密，俾學者知聖人作春秋，爲本朝時憲之嚆矢，而本朝之制時憲，實爲聖人春秋之脈絡，善之四也。具此四善，可知生用力之勤，研究之細，其治經也，無學究拘執之習，其治術也，非星翁術數之求，由此而進焉，固未可量其所說矣！余樂道其書之概而爲之敘。」

——阮亨《瀛舟筆談》卷 7

3、〈（席世臣）《宋遼金元別史》序〉：

「常熟席君世臣，彙刊宋王偁《東都事略》一百三十卷，明錢士升《南宋書》六十八卷，宋葉隆禮《契丹國志》二十七卷，宋宇文懋昭《大金國志》四十卷及國朝邵遠平《元史類編》四十二卷，顏曰《宋遼金元別史》，問序于余，余竊惟古之爲史者，每祖孫父子，世學相承，不限以歲時而成於一人之手，故體例謹嚴，本末具見，如王氏父賞紹興中爲實錄，修撰偁承其家學，彙輯九朝；邵氏祖經邦於嘉靖間著宏簡錄，遠平錄，成祖志，取裁更精，固非若明修元史，春設局而秋告成也。東都事略序事約而持論平，爲別史中最善者，南宋人無識，不滿其書，不足較論；錢氏之史，許重熙爲贊，刪薙舊本，即未能文省事增，然刪去姦臣判臣之目，直書其事跡，其義未嘗不著也；不分儒林道學之名，掃門戶之陋，其見未嘗不公也；契丹志忽而內宋，忽而內遼，於例舛謬，正與大金國志同科，然當遼家載籍未盡散時，采錄成篇，究屬可據，有較正史爲詳者，懋昭之書，亦以志名，而雜用紀傳編年之體，其制度輿服，京府州軍，皆可與史志相參，中有不合，則經元人增竄耳；邵氏於正文外，間采群書夾註，自言仿大唐六典，杜氏通典例，余謂與裴松之

三國志注亦同，其筆削惟謹，剪裁得實，較原史勝之，五書皆別史之最佳，而世罕傳者，今得席君彙刊之，有補史家，誠非淺鮮，讀宋遼金元四朝正史者，其尚參考于斯歟！席君元丙午同年友也，家多藏書，復屬元錄浙江文淵閣諸秘籍，擇經史子集之佳者，將以次第付梓，洵有裨于儒林之觀覽也。」

——阮亨《瀛舟筆談》卷 7

4、〈吳江郭文學（郭元灝）墓表〉：

「君諱元灝，字清源，一字海粟居士，先世籍浙之秀水，前中葉始遷江南之吳江，蘆墟，其村名也。君幼穎異，喜讀書，先是君父以家累，故不得卒業以為恨；嘗戒君曰若第讀書無問家人生產，學之成，不若責也，家贏絀不若責君，以是益專心舉子業，年二十二，補博士弟子員，能為詩，古文詞，旁及百氏之學，師事同里陸中丞燿中丞之之官也，諸故人往謁者或不滿，所欲退為怨誹，君歲時問訊，言不及他人，以是重君之介也。方中丞以郎中出守濟南，君以讀書所得可施于政者，寓書以獻中丞，嘉內之人，以是多中丞之能受善而知君乏學有本原，惜其不見用于世也。同里郁君，文高才，負氣好陵轢人，然獨心折君，亦時時規切之，師友之間行誼敦篤，可想見其為人。君屢試不售，諸兄弟又受室分異，家益落，里居授徒，以養束脩，所入不足，供日旨則遠館旁邑，念父母老不能朝夕持恆，鬱鬱不自得，善鼓琴，調弦雅歌，往往有激楚之音，曰吾以忘憂，假日而憂從中來，豈心有弗平者乎。遭母喪，哀毀過甚致疾，以乾隆五十一年七月七日卒，年五十有三，卒之日，父猶在堂，疾革知不起，謂家人曰，我死，以墨經斂，無美材以暴我，養之不終也，吁可以哀其志矣；配俳氏，繼室翁氏，子二人，鏖，鳳，女二人，孫三人，桐漆楠，以嘉慶二年十一月卜葬于嘉善之澄湖港。子鏖，積學能文，以行略來乞表，其墓爰紀以銘曰：城接檇李，水通具區，江山平遠，伊人所廬，梅花水村，楓葉古崖，彈琴讀書，高風雲斷，佳城鬱鬱，魏塘之濱，潛德未耀，曰俟後人。」

——阮亨《瀛舟筆記》卷 7

5、〈（江永）《禮書綱目》序〉：

「禮書於六籍為尤繁難治，故朱子在經筵有乞修三禮之劄而未果行，晚年乃親定《儀禮經傳通解》一書，大旨以古十七篇為主，而取禮記及諸經子史書所載有及於禮者，皆附於其下，草創雖定，而未暇刪改，故以喪祭二禮

屬勉齋黃氏爲之，勉齋續編，一準朱子遺說，然尚有未定，復以其書授信齋楊氏而後粗有端緒，蓋三禮之難成也如是，然其中尚有品節度數待後人之補綴者，復數百年於茲矣！婺源老儒江愼修先生有憂之，乃取紫陽遺書提其綱領而別立門目，補其缺者固多，弼其遺者亦復不少，增損櫽括以成此編；向已錄入《四庫全書》，然其卷帙繁重，人間轉鈔希少。顧世所傳刻先生著作如《群經補義》；《鄉黨圖考》之類，皆吉光片羽，非其絕詣；先生生平所著略見於劉君海峰所撰傳，而此編又舉世所願讀，而不可得見者，是可慨也。

先生歿後，高第弟子如金修撰輔之，程孝廉易田，屢謀剞劂而中輟，最後得婺源俞君鳴玉，荊玉毘季樂任其事，遂鳩工開雕，既而其孫錦波以易田孝廉與之友善，書來屬序，余因思其學既爲絕學，而其書又爲古今所不可少之書，非獨嘉惠來茲，亦以卒朱子未竟之功，其事可不謂偉歟。夫儀禮爲古今所難讀之書，昔嘉興馮氏嘗刻秀水盛君庸三《儀禮集編》，余既序而行之矣，今復得是編，益歎我國家運際昌明經學之盛，莫之比並，明人於此經無一字者而鉅製若斯之多，學者苟因兩家之說，以沿而上之，其斷至於三代之制度不難矣！嘉慶十有二年孟多月揚州後學阮元序。」

　　　　　　　　　　　　　　——《叢書集成續編》第八冊　經部

6、〈（馮登府）《石經補考》序〉：

「古今之言石經者，自宋洪景伯，黃伯思倡其端，本朝如顧氏炎武、萬氏斯同、朱氏彝尊、杭氏世駿、翁氏方綱、王氏昶並有著述，其論說詳矣！而於古今文異同之辨俱略焉。惠氏棟《九經古義》，間有證釋，亦約舉數事而已。嘉興馮雲伯翰林，究心媚古，精於叔重之學，其所著《論語異文》、《三家詩異文》等書，向爲孫淵如通奉推服，茲復檢漢魏唐蜀兩宋及　國朝石經，詳加校勘，間採予撰《十三經校勘記》，晰其古今通借之原，著《補考》十二卷，洵能補所未備，爲世之言石經者不可少之書，其功在微學不少矣！昔余充石經館纂修，欲參考同異，勒成一書而未果，雲伯可謂先得我心矣！壬午冬，書將刊成，介余弟亨郵寄嶺南節署，余故重嘉之而樂爲之序。道光二年十二月望日揚州阮元書於廣東節署。」

　　　　　　　　　　　　　——《續修四庫全書》經部　冊184

7、〈武虛谷（武億）徵君遺事記〉：

「余於乾隆甲寅乙卯間，在山東獲交於偃師武君虛谷，時武君方落職，

居歷下越十餘年,其孤子穆淳,以副正兩榜舉人皆出余門生門下。辰春,余權撫河南,穆淳來謁,且以武君之事乞言以表之。余按武君治博山,民愛之如父母,縛杖宰相差役被劾罷官,力學著書,見諸實事,吾師朱文正公為之墓志,法時帆學士,孫淵如觀察並為之傳,足以傳矣!惟余憶武君有二事焉,為穆淳記之。博山縣故產五色琉璃,器省司將徵為土產貢。武君抗之上官曰,汝具以來,吾悉償汝,值武君曰予非較值也。此器故不入貢,今上官以值來後之,上官必有不以值索之者,非累民即虧庫,京朝官見此,悉索之,將何以應?余不敢倡此弊政,卒亦以此忤上官。武君以金石文字補經史遺誤甚多。余在山左,集碑本於小滄浪亭,延武君校之,武君鉤考精博,繫以跋語,余所修《山左金石志》中,考證出君手者三之一,并記之,不敢沒君善也。」

——武億《授堂遺書》

8、〈(張肇煥)《愚溪詩稿》序〉:

「乾隆丙午秋,天子命大興朱公典試江南,時江南北學問之士,如陽湖孫淵如、山陽汪瑟庵、嘉定李許齋、金匱徐闇齋、武進張皋文、歙鮑覺生、全椒吳山尊、桐城馬魯陳皆中式,元亦名列第八,而其衷然居首者,則無為州張君愚溪也。愚溪時方盛年,學博而才高,文章雄厚,文正公既擊節,不置諸君者,亦以其所造諸下之,愚溪公車再上,不遇,乃投牒吏部,謁選校官而去。既而文正公沒,愚溪亦老,其遂出語汗漫無詮次,元甚疑之。戊辰,余再撫浙,愚溪果已先卒,元求其遺詩,僅有存者,讀而悲焉,乃勒為一卷,梓以行世。愚溪詩初學少陵,而出入晉魏,其樂府則兼取西涯,晚乃變而至眉山,格少遜者,亦其境然也。愚溪未竟其所學,文正公每惜之,況同舉之人哉!嘉慶十三年夏閏月年愚弟阮元序。」

——阮亨《文選樓叢書》

9、〈(張惠言)《茗柯文編》序〉:

「武進張皋文編修,以經術為古文,於是求天地陰陽消息於易虞氏,求古先聖王禮樂制度於禮鄭氏,豈託於古以自尊其文歟?又豈迂回其學而好為難歟?聖人之道在六經,而易究其原,禮窮其變,知扶陽抑陰之旨,然後交際之必辨其類,議論之必防其流失也。知經上下,定民志之旨,然後措施必求其實,有裨於治,許與必衷於彝典也。下及騷選,其支流也。近時易學推惠氏棟,禮學推江氏永,而二家之文無傳。蓋義之附於經者,內也;義之徵

於文者，外也。由內及外，而發揮天人之際，推闡制數之精，其所蘊更宏，其所就更大。惜乎，編修之不究其用而遽沒也。編修所著書，元爲刊其〈周易虞氏義〉、〈虞氏消息〉、〈儀禮圖〉，今其友李生甫、張雲藻又爲刊其編年文集四卷，而屬序於元，因闡編修之素所持論，俾後之學爲文者決擇焉。若其文之不遁於虛無，不溺於華藻，不傷於支離，則又知言者所共喻也。嘉慶十四年夏，阮元序。」

——張惠言《茗柯文編》

10、〈(程瑤田)《儀禮喪服足徵記》序〉：

「歙通儒程易疇孝廉方正之《通藝錄》所論說宗法、溝洫、古器、九穀、草木諸篇，精確不刊，海內深於學術者宗之久矣！嘉慶七年夏，先生來杭州，出所著《喪服足徵記》七卷見示。元按儀禮此篇自子夏爲傳，鄭康成氏間以爲失誤，後之儒者，或疑鄭注之非，率皆憑執空論，無有顯證，終不以明卜氏之傳意，孝廉一以玩索經文爲本，辨疑似於豪芒間，聖人制禮精義一旦昭著，所以裨益經學，啓迪後人非淺鮮也，試揭其精者略述之。緦麻章末云，長殤中殤降一等，下殤降二等，齊衰之殤中從上，大功之殤中從下，鄭氏以爲傳文，注云：是婦人爲夫之族，著殤服法，盛世佐疑之云，不專指婦人，後人散傳文於經文下，此數語無所屬，故綴於末，然未嘗會全經之文核之也。又小功殤服傳問云：中殤何以不見也，大功之殤中從上，小功之殤中從下，鄭注云：大功小功皆謂服其成人，郝敬疑之云：大功小功謂殤服，鄭注固執作解，然亦未嘗會全經之文核之也，先生則考成人齊衰見於殤服者十四人，並長中大功下小功成人大功見於殤服者十一人，並長小功下緦麻而成人小功，親無中下殤服，是以成人之言之所謂齊衰之殤中從上，大功之殤中從下者，以殤服言之，則所謂大功之殤中從上，小功之殤中從下也，因斷長中降一等四語爲經文，於是經傳雜陳之中，條理一貫，而緦麻章庶孫之中殤亦無容改中爲下矣！不杖期章唯子不報，傳曰女子子適人者，爲其父母期，故言不報也；注云：男子同不報耳，傳唯據女子，似失之。盛世佐疑之云：男子爲父不報期不在報中明矣，女子適人與其餘十人服期同，疑亦在報中，故辨之，鄭譏傳失，未達斯義，然未嘗以經文核之也。先生則考上經姑姊妹女子子適人無主者，姑姊妹報而不言女子，子不報此經言姑姊妹女子，子無主者，惟子不報而不言姑姊妹，報因斷其爲互見互省之例，又此章經，公妾及大夫之妾爲其父母傳云，妾不得體君，得爲其父母遂也，注云然則女君有以尊降

其父母者歟，此傳似誤。郝敬疑之云謂妾之父母，君同凡人，妾自為重服以自遂，以君之貴，尚不厭妾，父母之服所以為重，傳安得誤，然未嘗以經文核之也。先生則考妾為其子傳云：妾不得體君為其子得遂也，於是知妾之於父母，當以妾之於子例，而鄭氏以女君為例，擬不於倫也。大功章大夫之妾為君之庶子，女子子嫁者，未嫁者為世父母，叔父母，姑姊妹，舊讀以大夫之妾為建首下二為字貫之，鄭氏謂女子子別起貫下斥傳文為不辭，朱子嘗疑之以為舊讀正得傳義，嗣是依舊讀，疑鄭注者甚眾，然均未以經文核之，而鄭注與舊說尚兩可也。先生則考女子在室為世，父母叔父母服期出降，旁親當服大功，今嫁大夫，當降服小功，又考定女子嫁者，例不降正，親必降旁親，於是經迎章句與傳文不相混淆矣。至於高祖之不制服，小功未之可以娶婦，從父昆弟之孫不服緦麻，素食非白，食弟之妻稱婦，精言善解，窮極隱微，明聖人制禮，賢人傳禮之心，於千百後，非好學深思心知其意何以能之。夫玩索經之全文以求經之義，不為傳注所拘牽，此儒者之所以通也。若云有背鄭旨，不考卜氏之本書，此西晉南宋門戶之錮習，我朝學者，持論公而擇善確不肯出此，揚州阮元敘。」

——程瑤田《通藝錄》

11、〈（梁章鉅）《師友集》序〉：

「丙午歲除前，梁茝鄰大中丞送到師友集，讀之竟日不倦。古人云，老見異書猶眼明，夫以日接紅紙細書之函，老目更昏，對此安得不頓明也？歷數六十年間舉世交游，有一人能詩能筆，議論又皆公允如此者乎？勝於良史，勝於佳集，此他日必傳之作也，因喜而綴言於簡端。道光二十六年頤性老人阮元識。」

——梁章鉅《浪跡叢談》

12、〈（梁章鉅）《退庵隨筆序》〉：

「隨筆一書，較桂林相國五種，有其過之，真名臣言論也，執事以心得之學，筆之於書，可坐而言起而行，於世道人心，所裨不淺，時賢著作如此，可貴耳！前贈《樞垣紀略》，掌故所繫，是樞廷不可少之書，至今翻讀不倦，今復得此編，耳目又為之一新，所論皆平允通達之至。兄之拙著，亦有與尊說暗合者，中間並無刺謬，可傳之書也。其參酌先儒語錄，議論正大和平，實有益於身心性命之學。願執事蒞治後，即以廣示吏民，兄讀

之起敬起畏，想他人讀之亦然，成就多少好官，成就多少好人，此豈尋常著作之比哉！謹當日置座右，以爲晚節之助云。道光十六年夏六月，愚兄阮元識。」

——梁章鉅《退庵隨筆》

13、〈(錢大昕)《十駕齋養新錄》序〉：

「學術盛衰，當于百年前後論升降矣。元初學者，不能學唐宋儒者之難，惟以空言高論，易立名者爲事；其流至于明初《五經大全》易極矣。中葉以後，學者漸務于難，然能者尚少。我朝開國，鴻儒碩學，接踵而出，乃遠過乎千百年以前。乾隆中，學者更習而精之，可謂難矣，可謂盛矣。國初以來，諸儒或言道德，或言經術，或言史學，或言天學，或言地理，或言文字音韻，或言金石詩文，專精者固多，兼擅者尚少，惟嘉定錢辛楣先生能兼其成。由今言之，蓋有九難。先生講學上書房，歸里甚早，人倫師表，履蹈粹然，此人所難能一也。先生深于道德性情之理，持論必執其中，實事必求其是，此人所難能二也。先生潛孽經學，傳注疏義，無不洞徹原委，此人所難能三也。先生於正史雜史，無不討尋，訂千年未正之訛，此人所難能四也。先生精通天算，三統上下，無不推而明之，此人所難能五也。先生校正地志，于\天下古今沿革分合，無不考而明之，此人所難能六也。先生于六書音韻，觀其會通，得古人聲音文字之本，此人所難能七也。先生于金石，無不編錄，于官制史事，考核尤精，此人所難能八也。先生詩古文詞，及其早歲，久已主盟壇坫，冠冕館閣，此人所難能九也。合此九難，求之百載，歸于嘉定，孰不云然！元嘗服膺《曾子》十篇矣，曾子曰：『難者弗避，易者弗從。』故聖賢所能，必爲至難。若立一說，標一旨，即名爲大儒，恐古聖賢不若是之易也。先生所著書，若《廿二史考異》、《通鑒注辨正》、《元史藝文志》、《三統術衍》、《金石跋尾》、《潛研堂文集》，久爲海內學者所讀矣。別有《十駕齋養新錄》廿卷，乃隨筆扎記經史諸義之書，學者必欲得而讀之，乞刻于版。凡此所著，皆精確中正之論，即瑣言剩義，非貫通原本者不能，譬之折杖一枝，非鄧林之大不能有也。噫嘻難矣！元于先生之學，未能少測崖岸，僅就所自見者，于百年前後，約舉九難之義，爲後之史官傳大儒者略述之。嘉慶九年歲次甲子小雪日，揚州後學阮元謹序。」

——《嘉定錢大昕全集》第七冊

14、〈（錢大昕）《三統術衍》序〉：

「推步術見於廿四史志者，以漢書劉歆三統術爲最古。其用八十一爲日法，千五百三十九分之三百八十五爲斗分，并與太初術同。蓋歆即因落下閎，鄧平之法而增修者也。其法以統術推氣朔月食，以紀術步五星，以歲術求歲星，太歲，綱舉目張，規模大備。世經一篇，考驗庖犧以來有涉步算之事，天步術七十餘家之權輿也。顧注漢書者，孟康、李奇之倫，既言之不詳；劉敞、林文炳之等，又妄下雌黃，愈多踦駁。嘗嘆宏通淹雅之儒，未必兼取算事，讀史至此，往往束而不觀。間有一二專門名家，則又囿于當時之法，識見淺陋，輒謂古法粗疏，莫肯尋究。于是三統之術，承誤襲僞，無能是正，存而亡者，千餘年矣。嘉定少詹事錢先生罔羅百氏，學爲儒宗；所著廿二史考異，皆實事求是，於天文、輿地、官制、氏族數大端，說之尤極精核。蓋先生天算之學所得甚深，實能兼中西之長，通古今之奧，故上自三統，四分，下迄授時，大統諸家之術，并深究本原，各有論說。既撮舉要義，纂入考異諸卷中，而於三統術，復廣采諸家，兼申己義，撰《三統術衍》三卷。憫古法之陵夷，示來學之楷則，其意要於人人通曉，故不憚反覆引伸，以暢其旨，此立言不得已之苦心也。嘉慶庚申，先生門人元和李尚之銳寓元幕中，行筴攜有是書，因得假而讀之。尋繹數過，凡昔所積疑，扞格難通者，一旦渙若冰釋。如中月相求術，不知六扐當爲七扐，則約分之數不合金水晨夕數；不知東九西七子母之故，則差分之義不明；五步段目不知脫誤衍字，則不能句讀；八十一章章首日名，不知從橫行列之次，則不可循覽；其它傳本錯謬，術文簡奧，莫不隨條刊正，逐事闡明，三統大義，蓋至是無遺蘊矣。至於歸邪於終之說，千載聚訟，先生則以經證經，謂古閏月不盡在歲末，如秦「後九月」之法，百四十四年超辰之術，東漢人已失其傳，先生則據歆本文，決知太初改元，太歲當在丙子，而非丁丑，此尤千古卓識，獨抒心得，其有功于經史甚大，又豈徒闡揚術數而已哉！由是極請于先生，壽諸梨棘，以廣其傳。刻既竣，先生寓書殷勤，屬元爲之序。元不敏，少日治經之暇，頗亦留情算術，比年以來，供職中外，此事日荒。況先生之書義蘊宏深，尤非末學所能窺測，特就所曉知，粗舉綱要，述于卷端，爲天下後世讀是書者，導以先路，則元之厚幸也夫！嘉慶六年冬至日，儀徵後學阮元謹序。」

——《嘉定錢大昕全集》第八冊

15、〈疇人傳序〉：

「昔者黃帝迎日推策而步術興焉，自時厥後，堯命羲和，舜在璿璣三代迭王正朔，遞改蓋效法乾象，布宣庶績，帝王之要道也。是故周公制禮，設馮相之官，孔子作春秋，譏司術之過，先古聖人，咸重其事，兩漢通才大儒，若劉向父子，張衡鄭元之徒，纂續微言，鉤稽典籍，類皆甄明象數，洞曉天官，或作法以敘三光，或立論以明五紀，術數窮天地，制作侔造化，儒者之學，斯爲大矣。世風遞降，末學支離，九九之術，俗儒鄙不之講，而履觀臺領司天者，皆株守舊聞，罔知法意，演撰算造之家，徒換易子母，弗憑圭表爲合，驗天失之彌遠，步算之道，由是日衰，臺官之選，因而愈輕，六藝道湮，良可嗟歎。甚或高言內學，妄占星氣，執圖緯之小言，測淵微之懸象，老人之星，江南常見，而太史以多壽貢諛，發斂之節，終古不差，而倖臣以日長獻瑞，若此之等，率多錯謬。又或稱意空談，流爲虛誕，河圖洛書之數，傳者非眞，元會運世之篇，言之無據，此皆數學之端，藝術之楊墨也。元早歲研經，略涉算事，中西異同，今古沿改，三統四分之術，小輪橢圓之法，雖嘗博稽載籍，博問通人，心鈍事棼，義終昧焉。竊思二千年來，術經七十改，作者非一人，其建率改憲，雖疏密殊途，而各有特識，法數具存，皆足以爲將來典要，爰掇拾史書，薈萃群籍，甄而錄之，以爲列傳，自黃帝以至於今，凡二百四十三人，附西洋三十七人，大凡二百八十人，離爲四十六卷，名曰《疇人傳》，綜算氏之大名，紀步天之正軌，質之藝林，以詒來學，俾知術數之妙，窮幽極微，足以綱紀群倫，經緯天地，乃儒流實事求是之學，非方技苟且干祿之具，有志乎通天地人者，幸詳而覽焉。嘉慶四年十月。」

——《疇人傳彙編》上

16、〈致陳壽祺（道光元年）〉：

「夏初，接到手翰，具稔堂上康健，年兄近祉安和爲慰，林下愛日正長，恬然於經史文藝之中，心安理得，此乃眞道學，非末流空講象山之派所知也。生近來將胸中數十年欲言者，寫成〈性命古訓〉一卷，大抵欲闡李習之復性之書，而以書召誥節性爲主，少暇當再鈔寄。又〈論仁論〉二卷奉政，此內廬山一段，乃千古學術關鍵，不足爲外人道也。尊作詩文五帙，恐失其稿，今交閩副將桓格親爲奉還，其中文體詩格皆沈著結實，無一豪浮虛之習，洵爲近今大家不第，閩省所罕見也。生之〈十三經注疏校勘記〉，昔刻於廣東，而今反少印本；十八年在江西，江西人請刻〈宋本十三經〉，盧浙之弟宣旬採記

於每卷之後刻之，所採未全然切要，各條亦無不具矣，此書板在江西學宮，他日買得交閩便奉寄。生在此一切尚安靜，閩粵交界洋面，疊次獲夥盜，近亦靖矣，但時時須急辦，蓋少縱即逝者也；潮州門匪，近亦緝辦數百人，十得八九，以後此風可以少斂。碧山到此甚好，惟初下車過於用心，未免勞切劻，近患痢，頗委頓。粵中學術，故不及閩，近日生於書院中立學海堂，加以經史雜課，亦略有三五佳士矣！肅此奉復不具。四月晦日，生阮元頓首。」

——陳壽祺《左海文集》卷 1

17、〈致陳橋樅（壽祺）〉：

「六月初，由郵封得接訃音，驚悉尊大人遽作古人，為之慟憶，既而思一生如此，殊為不錯。使昔年入京，即致通顯，若與草木同腐，亦屬枉然。今身後論定，孰得孰失乎，本當作墓誌，因誌乃常事，惟傳始可傳。愚近年一切文筆皆不撰，惟上年作〈王懷祖先生文〉，今又作尊大人文耳。肅此奉候，孝履不既。」

——陳壽祺《左海文集》

18、〈道光重修儀徵縣志序〉：

「史家之志地理，昉於漢書，其志首列禹貢全篇，次列周禮職方氏，然後述漢時疆域，蓋舊典與新編前後相聯，而彼此各不相混，乃古人修志之良法，是故益部耆舊傳及豫章舊志，俱有續撰之作，此分為二部而顯示區分者也。襄沔記及劍南須知均係裒集以成，此合為一書而明注出處者也。上溯漢晉，下迄宋元，舊式具存，昭然可考，明代事不師古修志者多炫異居功，或蹈襲前人，而攘善掠美，或弁髦載籍而輕改妄刪，由是新志甫成，舊志遂廢，而古法不復講矣！我 朝稽古右文，度越前代，四庫全書地理類，都會郡縣之屬，首載吳郡圖經續記，又載寶慶會稽續志，至正金陵新志，皆取其分析詳審，斷限謹嚴，故特為錄存，俾修志者知所取法也。嘉慶丁卯，余讀禮家居邑侯顏公議修〈儀徵縣志〉，余舉昔賢修志之例以告，勸其但續新志，而舊志不必更張，顏公深以為然，遂續成續志十卷，次年刊刻告竣，余已服闕補官不及，為作序文。道光戊戌蒙恩，予告歸里，同邑諸君，復議重修縣志，當事未暇舉行；丁未孟春，司馬王公來宰儀徵，政通人和，循聲懋著，下車之始，即詢及縣志，知已四十餘年未修，慨然以身任之，且議將新舊各志，一律重修，戊申仲夏商之於余，余告以欲得新志之善，必須存留舊志，當於各門之中，皆列申志於前，次列胡志，次列馬志，次列陸志，次列李志，次列

顏志，然後再列新增，凡舊志有異同，則詳注以推其得失，新增之事蹟，則據實以著其本原，其舊志缺漏舛訛，有他書可以訂正者，別立校補一類，庶乎事半功倍，詳略合宜。王公及纂修諸君，頗韙余說，開局未及期月，編次已有端倪。己酉孟春，王公屬余爲序。余按周禮小史掌邦國之志，是地志之源，出於史官。夫修史之法，有續舊史而各自爲編者，其例始於范氏後漢書，陳氏三國志，循其法者，晉宋齊梁諸史是也；有聚舊史而總輯爲帙者，其例始於梁武帝通史，高氏小史；傳於今者，鄭氏通志，紀傳是也，益部耆舊傳及豫章舊志，規模近於漢書，而顏公所修縣志仿焉。襄沔記及劍南須知，規模近於通史，而王公所修縣志仿焉；兩志之體裁皆合於史法，而王公留心舊志，極力搜羅，其表章古人，嘉惠後學，功業爲更鉅矣！昔陸澄集地理志一百六十家，任昉又增廣八十四家，至唐初修經籍志，存者僅四分之一，餘皆賴陸氏任氏之書以傳，是書之單行者雖亡，而彙纂者仍在，則其文猶可考也。儀徵志乘，修於宋南渡以後者，有紹熙嘉定兩志，今皆散失不存；修於明中葉以前者，有永樂、正德、嘉靖三志，今皆尋訪不獲，良以未經薈萃，遂致湮沒無傳耳。若夫舊志之存於今者，申志、胡志、馬志、李志、久已無版，即陸志、顏志之版，亦漸覺殘損不完，更歷數十年，恐亦如紹熙諸志之佚矣！所幸新修之志，包括舊志於其間，學者讀此一編，即可見諸志之崖略，其有裨於掌故，豈不偉哉！後此修志者，能奉此志爲典型，但續新增而無改舊貫，匪特易於集事，不至費大難籌，抑且新舊相承，並垂不朽，此則余所厚望也夫。道光二十九年歲次己酉孟春邑人阮元謹序。」

——王檢心《道光重修儀徵縣志》

19、〈揚州北湖萬柳堂記〉：（萬柳堂在公道橋東北八里，即珠湖草堂）

「京師萬柳堂者，元平章廉文正，趙文敏宴集之地，朱氏〈日下舊聞〉載之，康熙時爲馮益都相國之亦園，鴻博名流多集於此，今改拈花寺。嘉慶十五年，余與朱野雲處士常游此地，補裁花柳頗致延眷；道光十八年，予告出都，僧請書扁，爲書元萬柳堂四字，此京城東南隅之萬柳堂也。余家揚州郡城北四十里僧道橋，橋東八里赤岸湖有珠湖草堂，乃先祖釣遊之地。嘉慶初，先考復購田莊，余曾在此刈麥捕魚，致可樂也；乃自此後二三十年，皆沒於洪湖下泄之水樓莊，多半傾圮，幸鸎巢故在，歸田次年，從弟愼齋謂昔年水大，深八九尺，近年水小，尚四五尺，宜築圍隄，北渚二叔亦以爲然，於是擇田之低者五百畝隄之而棄其太低者，又慮與露筋祠召伯埭相對，湖寬

二十里，宜多裁柳，以禦夏秋之水波，取江洲細柳二萬枝遍插之，兼伐湖岸柳斡插之，且舊莊本有老柳數百株，隄內外每一佃漁亦各有老柳數十株，乃於莊門前署曰萬柳堂，可以課稼觀漁，返於先疇，遠於塵俗。數年後，客有登露筋西望者，可見此間柳色也，今因詠萬柳堂，分為八詠，一曰珠湖草堂，二曰萬柳堂，三曰柳堂荷雨，四曰太平漁鄉，五曰秋田歸獲，六曰黃鳥隅，七曰三十六陂亭，八曰定香亭，此揚州北湖之萬柳堂也。」

——阮先《揚州北湖續志》卷 3

20、〈九窗九詠並序〉：

「嘉慶年間，元搆二樓，一在雷塘墓廬，一在道橋家祠之右，焦里堂姊丈，昔題塘樓曰阮公樓，橋樓乃北渚二叔親視結搆，樓方四丈餘，四面共九窗，二叔與星垣侄擬分景：一東南曰曉帆古渡，二南東曰隔江山色，三南西曰湖角歸漁，四西南曰墓田慕望，五西中曰松楸疊翠，六西北曰花莊觀穫，七北西曰夕陽歸市，八北東曰桑榆別業，九東北曰齋心廟貌，桑榆楊柳，六十八株霜後紅葉滿窗，與朝陽落照相掩映，樹外圍牆數十丈，牆外即家中蔬圃，圃外漸近湖，有漁渡船矣！雨後清霽，及見隔江山色，即謂之湖光山色樓，補湖莊之舊樓亦可。湖光山色樓，本在赤岸湖，先將軍草堂久毀于水，阮公樓本在雷塘，今此九窗樓即題曰湖光山色阮公樓七字，扁兼之矣。」

——阮先《揚州北湖續志》卷 3

21、〈焦山周無專鼎序〉：

「焦山周無專鼎，雖不學者亦知為真古鼎也，然不能定為何代鼎，鼎銘之考釋者，世亦無微不搜矣！獨于惟九月既望甲戌七字，明明有隙可尋，而人莫能知之久矣。余與朱氏椒堂雖以為非周文王即宣王，終莫能定之。甘泉羅氏茗香，久精推步，于此茫茫天算一隙中，獨深求之，以四分周術，又證以漢三統術，參核異同，進退推勘，得文王自受命元年丙寅迄九年甲戌，皆不得，甲戌既望之九月，獨宣王十六年，己丑既望，得甲戌為九月之十七日，豪無所差，令人拍案稱快，是周無專，南仲渺渺，隔數千年而顯然識者，于我大清道光二十二年間，亦甚奇矣！元于《積古款識》成又三十年，今年八十而忽得知之，亦甚幸矣。羅氏或恐不確，著書一篇，質之世之明天算之學者，世間如茗香者曾有幾人，吾為此懼涉數十年後，蝕望或有參差，欽求如茗香者，能得幾人哉！癸卯正月望後三日癸亥，阮元謹記，時年政八十。」

——阮亨《文選樓叢書》

22、〈三十二西湖 在赤岸湖西北〉：

「王焯〈西湖志〉天下名西湖者三十一處不止，杭穎萬柳堂西，有湖一曲十餘頃，名西湖咀，咀上有燕趙等莊；慎齋（阮先）之妹夫王介眉田宅即在此；焦里堂姊夫〈北湖小志〉圖載：燕莊西湖咀，雖咀字欠雅，但北鄉民所共稱，況煙波清遠，水木明瑟，勝于惠桂，不得不謂之三十二西湖也。焦氏雕菰樓去此十餘里，老姊健在，年八十餘，陳雲伯言顏魯公麻姑仙壇，記王方平與麻姑本姊弟，皆仙者。漫將杭穎說歐蘇，萬柳堂西又一圖。天下西湖三十一，此應三十二西湖。焦家樓已老雕菰，本是王方平有髮。東畔我為大雷岸，西鄰爾是小西湖。」

——阮先《揚州北湖續志》卷 3

23、〈胡西琴先生墓志銘〉：

「元自七、八歲時，即以韻語受知於西琴胡先生，先生授元以文選，導元從李靖山先生遊；先生與元外祖林梅谿先生為執友，吾母以先生為父執，嘗拜見焉。先生敬吾母以為儒，家通書史，知大義，能教元以文，禮也，聘吾母之姪妃曾為其子之婦，元督學浙江，先生至杭州，及撫浙，再至焉，每恐年垂老，不得再見。嘉慶八年，先生年八十有五，元將以六月入覲，過揚州，冀得見先生，乃先生先以五月十七日卒於家，曷其慟哉！元歸返揚州，祭先生，為將葬也，乃為墓銘且誌之曰：先生姓胡氏，諱廷森，字衡之，號西琴，先世唐宣歙節度使常侍學之後十五世，當元時祖大中籍饒州官休寧，遂遷焉。高祖學龍，遷江都，父濤齡，國學生。先生身長體腴，事父孝，年逾三十，猶引過受杖，侍母疾雪夜長跽呼天，疾為痊。幼讀書，試未弟，乃以文學佐大吏幕府之奏章，通達治體，所繕奏皆稱旨。兩江總督薩公載等交騁延致之。先生兼精刑律，年五十，無子，或曰掌刑者艱於嗣，先生曰吾儒生欲活人無尺寸，權正欲佐人，予刑中求嗣也，故其治刑也，以仁輔義，有合於歐公求生不得之旨，所全實多，卒舉丈夫子，遂杜門卻騁謝外交，與里中秦序堂，沈既堂諸先生為湖山遊，杖履吟詠，有香山之風。元初任巡撫時，先生至杭，為擘畫一切，元以政事切問之，悉其情逾月，兵刑漕賦事略定，先生曰可矣，乃返揚州。嘉慶元年，恩詔舉孝廉方正一人，里中搢紳，皆以先生應，具牘達之官矣，而胥懋之先生曰搢紳，勿與史胥言，言則不廉不正矣！以是卒，未達大府。先生工詩，善於言情，其佳處極似放翁，著西琴詩草一卷，授職州吏目，配李安人，子德生，職州同知，側室劉安人出，冬十

一月，葬揚州西門外老人橋之右。銘曰：先生之行，在孝與慈，先生之學，
在詩與書；先生之才，經濟匡時；戄悔恬退，世莫之知，知之深者，非元伊
誰，丸丸宰木，岡道具室，爰伐樂石，載此銘詞。」

——王昶《湖海文傳》卷 57

24、〈傳經圖記〉：

「有陋儒之學，有通儒之學。何謂陋儒之學？守一先生之言不能變通，
其下則惟習詞章，攻八比之是務，此陋儒之學也。何謂通儒之學？篤信好古，
實事求是，匯通前聖微言大義而涉其藩籬，此通儒之學也。元當弱冠後，即
樂與當代經師游，若戴君東原、孔君巽軒、孫君淵如，皆與元爲忘年交，與
元教學相長，因得略窺古經師家法，今諸君墓有宿草矣！回想昔日談經之樂，
不禁動黃爐之感。吾鄉有汪君容甫者，年長於元，壽止五十，聞汪君壯年，
從朱竹君侍郎、畢秋帆制軍游，於海內經師，咸與之上下；其議論所著，有
《述學》內外篇，如釋三九、釋明堂數篇，皆匯萃古訓，疏通證明，而其所
最精者，則在周官經、左氏傳，嘗作《春秋左氏釋疑》《周禮徵》文二篇，以
證二經之非僞，蓋以方望溪諸公妄疑經典，故作此以釋其疑，全書雖失傳，
然讀此可見其一班，殆所謂通儒之學者矣！今哲嗣孟慈農部，繪傳經圖以表
彰其先德，而索題於元，元老矣，不能從事簡冊，壯年所讀之書，半歸遺忘，
惟早年所聞諸先生之緒論，則至今猶能記憶，惜吾未及從容甫請益也，因書
之以示孟慈。道光八年十月廿一日頤性老人阮元記。」（原案：芸臺先生著作
共十餘種，皆已刊行，惟此篇及《周易陰陽義》二篇，未刊入《揅經室集》
中，因錄之於此，記者識。）

——《國粹學報》第一年第三號（第三期）1905 年 4 月

25、〈京師慈善寺西新立顧亭林先生祠堂記〉：

「余昔跋顧亭林先生《肇域志》，言世之推亭林者，以爲經濟勝於經史，
《四庫書提要》論亭林之學，經史爲長，然則徒以經濟贊頌者，非篤論也。
夫經世之務，必由於學。《崑山縣志》稱先生生平精力絕人，自少至老，無一
刻去書。《提要》稱國朝學有根柢者，以炎武爲最。二書所載，皆推本於學。
其自著《與友人論學書》云：所謂聖人之道者，曰博學於文，曰行己有恥，
自一身以至於天下國家，皆學之事也；自子臣弟友以至于出入往來，辭受取
與之間，皆有恥之事也；士而不先言恥，則爲無本之人；非好古多聞，則爲

空虛之學。以此觀之，先生之經濟，皆學術爲之。道州何太史紹基，慕先生之學，以先生在京都，曾寓慈仁寺，乃于道光二十四年，集資建祠堂於寺西偏隙地，架屋三楹，奉祀先生，落成時平定。張君穆製祭文甚美，且據車徐兩家所撰年譜，增益付刻，甚博甚精。頃以書來，請予爲作祠記。先是崑山縣紳士，于道光二十三年，請以先生入祀崑山鄉賢祠，經禮部奉準，奉旨入祀，今于流寓之地，設位致饗，此亦本古人祠不盡在墓所之例。余願論先生之經濟者，一皆推原于博學有恥二端，則欲論經濟，舍經史末由也。書此以詒後之謁是祠者。後學阮元謹記。」（原案：芸臺先生此文，作于道光二十四年後，時《揅經室集》已刻成，未及增入，今檢出先生原稿，因極錄之，以補《揅經室集》之缺，記者識。）

——《國粹學報》第一年第六號（第 6 期）1905 年 7 月

26、〈答友人書〉數則：

「大戴禮本與小戴並立，今存者三十九篇，小戴自漢迄明，爲此學者不下百家，而大戴除北周盧辯一家之外，絕無注者，況盧君注止十五篇爲不全之書哉！元去歲曾將篇次異同及與小戴荀子等書相出入耆略爲考校，近又爲之補注，其主言哀公問勸學篇數篇，皆已脫稿，大約此書明春可成也。」

「孟子疏因回到京後，見邵二雲先生有此作，已將脫稿，是以元爲之輟筆。前足下書言弟以邾婁急聲爲鄒，不若直言邾婁反，此說非是。反切自孫炎始，有漢人注經，惟曰讀爲讀若而已，且緩急聲乃反切之祖也。公羊注言齊魯間緩急聲，不一而足也。」

「再者將來編次，此書悉以造，此訓詁之人時代爲先後，如此則凡一字一詁，皆有以考其始自何人，從源至流，某人用某人之說，某人承某人之誤數千載，盤結如指掌，不亦快哉！故編次亦甚要緊也。總俟鈔纂，成時再爲詳議（中略）蓋今時天下學術，以江南爲最。江南凡分三處，一安徽，二揚鎮，三蘇常。徽州有金榜、程瑤田二三子，不致墜東原先生之緒；蘇常一帶，則惟錢辛楣先生極精，並餘王鳴盛、江艮庭，皆拘墟不通，江鄭堂後起，亦染株守之習，而將來若一變，則迴出諸君之上，其餘若孫星衍、洪亮吉、錢坫塘，氣魄皆可，不能大成；鎮江揚州，號爲極盛，若江都汪容甫之博聞強記，高郵王懷祖之公正通達，寶應劉端臨之潔淨精核，興化任子田之細密詳贍，金壇段若膺之精銳明暢，皆非外間所可及也。大約王爲首、段次之、劉次之、汪次之、任次之，此後則吾輩尚可追步塵躅也。王之埽人，甚于容甫，

彼常言當世士之所不埽者，程劉段汪金阮六人耳，餘皆白眼視之，元亦自幸，
尚不爲通人所棄也。元自出門以來，于前輩獲見，程劉王任錢數君；于同輩
獲見，江藩、孫星衍、朱錫庚、李賡芸、淩廷堪數君，皆捧手有所受焉，餘
不必計也。交游之事，亦不可少，但于各人身分底裏，皆須見到，否則目咪
黑白矣。」（原案：以上三書，係阮氏早年手札，敝紙數頁，存于先人舊籩，
茲特檢而出之，惟不詳寄與何人，第三則言編書甚詳，亦不詳所編何書，大
柢《經籍纂詁》一書也，末評論近儒數家之學，皆有特識，記者識。）

——《國粹學報》第三年第四號（第 29 期）1907 年 5 月

27、阮芸臺曰：

「論語言五常之事詳矣，惟論仁者凡五十有八章。仁字見於論語者凡百
有五爲尤詳。」

「元謂詮解仁字，不必煩稱遠引，但舉《曾子》制言篇：『人之相與也，
譬如舟車然，相濟達也。人非人不濟，馬非馬不走，水非水不流』，及《中庸》
『仁者，人也』，鄭康成註：『讀如「相人偶」之「人」』數語足以明之矣。凡
行必於身所行者驗之而始見，亦必有二人而仁乃見。如一人閉戶齋居，瞑目
靜坐，雖有德理在心，終不得指爲聖門所謂之仁矣。」

——柳詒徵：《清儒學案摘鈔》（見錢穆《中國學術思想史論叢》（八））

28、江藩《經解入門》序言：

「往者，余嘗語顧君千里曰：『治經不難，通經亦不難；雖然，道則高矣！
美矣！不得其門而入，而欲登堂奧之府，窺室家之好，則束髮抱經，有皓首
不究其旨者矣。即幸而得焉，而單詞隻義，百投而一中，出主入奴，始合而
終歧，又往往流於異端曲學，而不自知，豈不悲哉。以吾子之才之學，其能
提挈綱領，指究得失，約其文，詳其旨，作爲一書，以爲經訓之陳塗，吾道
之津逮乎？』千里諾之而未有作也。居無何，甘泉江君子屏出其所著《經解
入門》以示余，余讀之，瞿然而起曰：是固吾疇曩所望於千里者，而今得之
子，信乎海內博雅君子，能以文章爲來世誦法，舍此二三學友無屬也。而元
之不揣其愚，思有撰述，以益後學，亦差幸胸臆之私，抑得此爲不孤耳。子
屏得師承於研溪惠先生，博聞強記，於學無所不通，而研貫群經，根本兩漢，
尤其所長。元少時，與君同里同學，接其議論者，垂三十年。曩余居廣州節
院時，元嘗刻其所纂《國朝漢學師承記》八卷，昭代經學之淵源，與近儒之

微言大義，賴以不墜；今又得此，子屛之於學，其眞可謂語大而不外，語少而不遺，俾學者淺深求之，而各得其致者矣。是書之大旨，約分三端：首言群經之源流，與經學之師傳，端其本也；次言讀經之法，與解經之體，審其業也；終言說經之弊，與末學之失，防其惑也；學者得此而讀之，循其途，踐其跡，避其所短，求其所長，則可以不誤於趨向；優而游之，擴而充之，則可以躋許鄭之堂，抗孔陸之席。子屛不自侈其業，以是爲初學計也；顧豈僅爲初學計哉，吾顧後之學者，執此而終身焉可耳。道光十二年歲次壬辰九月協辦大學士兩廣總督阮元序。」

——江藩《經解入門》

29、〈拜經日記序〉：

「臧君西成以通儒玉林先生之後而出於盧抱經學士之門，著有《拜經日記》一十二卷，歲在辛未，君以疾卒於京師，聞者莫不嘆惋。是時天下方治古經學，君以布衣短褐，躬行學古，得與錢莘楣少詹、王懷祖觀察、段茂堂大令遊，大江南北，學者稱之。以余所見於西成者，其所採輯著述甚富，《日記》一書，爲說經之士所欲先睹者也。臧君發揮經義，推見至隱，直使讀者置身兩漢，親見諸家之說者，余錄存篋中，亦十載於斯矣。今歲庚辰，其子相來粵，出其家傳之本相投，以授諸梓，其他著述，則有待於來者矣，爰書其始末而爲之序。讀是書者，可見其家學之淵源，師友之受授，且以求君之學與行也。阮元序。」

——臧庸、臧琳《拜經堂叢書》

30、《揚州北湖續志》序：

「《揚州續北湖小志》，從弟愼齋先手輯也。憶昔焦里堂孝廉著有《前北湖小志》，所載一方人物事蹟、節孝風俗，刊行於世，迨四十年矣。余自己亥歸田後，即屬愼齋弟續是書，同其兄敬齋克，弟實齋充搜羅，更得六卷，粲然大備，復延甘泉王望湖參訂，儀徵畢韞齋校錄，閱五年而成，茲擬付梓，氏請正於余，夫余耄矣，又睹是書之刻，幸繼里堂載筆之有人，實爲快事，故樂爲之序。道光二十七年丁未中秋後四日，頤性老人阮元識。」

——陳恆和《揚州叢刻》

31、〈致焦循〉：

「里堂老姊丈啓，月來公事少閒之時，讀大著《易學大略》，實爲石破天

驚。昔顧亭林自負古音以爲天之未喪斯文，必有聖人復起，洵不易斯言矣！昨張古愚太守持去，讀之亦極詫極嘆也。惟望早爲勒成，鄉塾中如有寫手，乞代鈔一部，所有紙筆錢若干，在慕三兄處支取，此屬。弟前年在京，曾作《太極說》一篇，今以呈政，乞爲改正。近江西省中，有翻刻宋十行本注疏之議，未知能成否也。愚弟阮元頓首。」

「前接手書，並梁公舊屋立祠事，本欲即爲修復，緣常生回家，已諭，其至橋奉謁並致一切，此舉兼數善焉。先賢想必皆歡喜，寒族亦有主入，其中先大父亦與其列，曷勝感幸。頃八兄回湖，正將解纜，得仲嘉寄到賜書，並易學二本，偶一抽閱，已見豐解，諸義及韓詩外傳之確據，喜甚。所有敘文久欲命筆，緣此書局面正大，未敢輕率爲之。謹候夏開，務開再擬稿本寄呈，仍須大筆大加改正，方可用也。坎爲心，弟向有《釋心》一篇，今已刻出，並雜釋數篇，成一帙奉寄，其中串貫假借之義，大約尙能與易學中不相悖也。弟阮元頓首。」

——焦循《焦氏叢書》

32、〈致張維屏〉：

「陳（蘭甫）到揚，寄來《經字異同》，收到此書，尙須訂補。尊著《國朝詩人徵略》，此書甚好；必傳。如有續刻，便中寄一部來。尙有諸家別集及近人所撰應續入者甚多，路遠無由奉寄耳！月亭諸公，同此道候。生病左足，艱於行動，衰老日甚，蘭甫親見者也。草此數行，順候近祺，不具南山年兄足下。生阮元頓首

——《花甲閒談》

33、〈致劉端臨〉：

「憶在京師，暫唔道顏，足慰渴慕。嗣因文旌遽返江南，未得備聆雅教，至今歉然！吾鄉言學者尙多，求其精確而公明者，惟先生與懷祖先生，足爲師法也。元膺才末學，過蒙聖恩超用，私心輒爲惶恐。近又奉 束力 校勘《石經》。以元之孤陋庸愚，曷克勝任！今已分得《儀禮》一經，此《經唐石經》經文謬誤，似尙不少。如《士相見禮》言忠信慈祥，以《大戴盧注》校之，多忠信二字。《喪服傳》冠繩纓，條屬右縫，以《釋文》校之，多右縫二字。此外似尙不少。元識鈍學淺，不能有所校正，且係官事，具有程限，亦未能緩緩研求。素諗先生於《禮經》之學，尤爲深邃，其於經文訛誤，訂正必多，

字畫偏旁，不少更正；務祈賜一詳札，備言之。將來此札可存大集中，使後世知某經某字，由用某人說而正訂之也。再元校勘此經，亦有底稿，如用某人說，皆自注於下，不敢掠美，斯亦博訪通人之義也。今特遣小价渡江，候取賜書。想必備示無隱，無辜元數千里就問有道之意也。至段若膺先生，金輔之先生，元亦各具書問之。如若膺先生現在鎮江，即同此致問，即示覆音。此次《石經》之事，聖意極為鄭重；其碑制，工程，刻法一切，元等酌定，尚可施行。但此係官事，終不比吾等自為校書者可比，未免人各有見。今邵侍講晉涵分校三傳，汪司成廷珍分校《周禮》，《論語》，《孝經》，其餘經皆金少宰士松，沈少宰初，瑚司成圖禮，那侍講彥成分校。其體未知若何？元惟盡其在己，悉心校理本經而已。元在後學之列，因與令弟同譜，故稱謂妄附，尚希宥之，以見相親之至意。

「今弟來浙，展誦瑤緘，備承綺飾，浣薇三復，銘蒙實深。丹徒人文素盛，得先生春風化雨，涵育薰陶，俾一衿之俊，彬彬可觀，詩人所謂'譽髦斯士'者，先生之謂矣。承示大作《吉月朝服解》，辨注之誤，抉經之心，簡明的當，曷勝心洽！先生著述甚富，尚望早為付梓，以惠學者。《經籍纂詁》一書，雖已刻成，尚有錯誤脫略之處，今奉上稿本一部，勿示外人。現已延臧在東兄，另為《補遺》若干卷，再為續梓。《山左金石志》，容俟刷印報命耳。」

「曩按賜函，過蒙獎飾，私心愧歉，何可勝言！近維履候勝常，著作日富，京江秋夜，真當有貫月長虹，以應經神也。弟近況托庇如常，現在校士嘉湖二郡。前曾徵刻《淮海英靈集》之啓。今晤程中之兄，知寶應文獻，兄處已收羅迨遍，詩稿皆在高齋，不勝欣慰之至。他日書成日，當特著大名，以誌盛心。將來或京口有人來浙，或弟處有人過京口，可將各集付下為望。再者，容夫《述學》已刻。又其詩及文，弟處皆無片紙隻字，近有人向其家索取者，靳惜異常，此事非兄不可。再彼有《知新錄》草稿，其中皆同時人詩，及其自作，兄曾見之否？又秋史詩竟一首不得，于九太守詩亦不可得，兄處如有，乞靈以付下為囑。外附呈近刻文數篇，伏乞指謬。」

——劉文興「劉端臨先生年譜」（《國學季刊》3卷2號）

34、《（桂未谷）《晚學集》序》：

「嘗謂為才人易，為學人難；為心性之學人易，為考據之學人難；為浩博之考據易，為精核之考據難。元自出交當世學人，類皆始擷華秀，既窮枝葉，終尋根柢者也。曲阜桂進士未谷，學人也。乾隆庚戌年見之於京師，癸

丑年遂常見之於歷下；叩其所學者，則固芟華秀採枝葉，以至根柢者也。顧
自謂所學者晚，未能治全經，成一家之說，然求之於經史、金石、聲音、文
字諸大端，皆博觀而精核之時，出其所見於古人，後有可傳者，于是日出其
草稿舊紙，以應元之求，久之積成卷帙，因自名之曰《晚學集》。嗚呼，士人
所學，苟一日得見根柢，何晚之有？況未谷為此學垂二十年，尤盡心于許叔
重之書，較之手披萬卷不能識一字之聲義，與夫悟良知而矜才調者，其孰早
孰晚，當必有辨矣！」

——阮元《小滄浪筆談》

35、〈（蔣友仁）《地球圖說》序〉：

「西洋人言天地之理最精，其實莫非三代以來古法所舊有，後之學者，
喜其新而宗之，疑其奇而闢之，皆非也。言而員地員者顯著於大戴記，曾子
天員篇，元曩見編修杭世駿作；梅文鼎傳言其有曾子天員篇注，向其裔人求
之，實無此稿，但有一二條見天學疑問中。元之注釋曾子十篇也，於天員篇
未嘗不用泰西之說，曾子曰上首謂之員，下首謂之方，如誠天員而地方，則
是四角之不揜也，參嘗聞之；夫子曰天道曰員，地道曰方，據此則天員地員
之說，孔子曾子已明言之，非西域所創也。周髀算經曰日運行處極北，北方
日中，南方夜半，日在極東，東方日中，西方夜半；日在極南，南方日中；
北方夜半，日在極西；西方日中，東方夜半；據此則天員地員之說，周公商
高已明言之，非西域所創也。嘉定少詹事錢大昕以乾隆年間，奉旨所譯西法
地球圖說一書見示，且屬付梓；元讀其書，校熊三拔表度說等書更為明晰詳
備。按地球即地員；元時西域札馬魯丁造西域儀象，有所謂苦來亦阿兒子者，
漢言地理志也，其製以木為圓球，畫木與地，今之地球即其遺法。西人之說，
以地體渾圓在天之中，若令地球不在天中，則在地之景必不能隨日周轉，且
遲速不等矣！今春秋二分日輪六時在地，平上為晝，六時在地平下為夜，非
在正中；而何地體本圓，故一日十二辰，更迭五見，如正向日之處得午時，
其正背日之處得子時處；其東三十度得未時處；其西三十度得巳時，相去二
百五十里而差一度；又七千五百里而差一時；若以地為方體，則惟對日之下
者其時正處左，處右者必長短不均矣！西域此說，即曾子地圓之意，亦即周
髀日行之意，非創解也。梅徵君天學疑問曰西人言水地合一圓球而四面居人，
其地度經緯正對者，兩處之人，以足版相抵而立，其說可從歟！曰以渾天之
理徵之，則地之正圓無疑也；是故南行二百五十里則南星多見一度，而北極

低一度，北行二百五十里則北極高一度；南星少見一度者，若地非正圓，何以能然；所疑者地既渾圓，則人居地上不能平立也；然吾以近事徵之：江南北極高三十二度，浙江高三十度，相去二度，則其所戴之天頂即差二度，各以所居之方為正，則遙看異地，皆成斜立，又況京師極高四十度；瓊海極高二十度；若自京師而觀瓊海，其人立處皆當傾趺，而今不然，豈非有戴皆天足履皆地，初無傾側不憂環立歟！然則南行而過赤道之表，北游而至戴極之下，亦若是矣！元又謂水地所以能居天中者，天行至健，有大氣以包舉之，試以豆置豬膀胱中，氣滿其內，則豆虛騰而居其中，以繩絡碗置水盈，碗旋轉而急舞之，碗側覆而水不溢，置木球於水盎中，攪水急旋，則球必居正中。盈泰山極頂，天寒風烈，氣塞耳鳴，況高遠千百倍於泰山者，其健氣急旋；地居其中，人皆正立，無分上下，又何疑哉！此所譯地球圖說侈言外國風土，或不可據；至其言天地七政，恆星之行度則皆沿習古法，所謂疇人子弟散在四夷者也。少詹事原書有說無圖，爰屬詹事高弟子李銳畫圖為說以補之；凡坤輿全圖二，太陽併游曜諸圖一十九，共二十一圖；是說也，乃周公，商高，孔子，曾子之舊說也，學者不必喜其新而宗之，亦不必疑其奇而闢之可也。」

——阮元《文選樓叢書》

36、〈八甎吟館刻燭集序〉：

「元積得漢晉凡專瓦，貯之小室，題曰八專瓦吟館，諸友于三浣之暇，吟詠於此，但只刻燭一二寸，匆匆不似賦日五色者矣！名之曰刻燭集，猶草稿也。其間覃溪先生暨蔣蔣山，陳雲伯三詩乃曩日之作，屬于今詩內者，編為三卷，後有作者，當再續之，阮元識。」

——阮元《文選樓叢書》

40、〈（朱世傑）《算學啟蒙》序〉：

「祖頤序四元玉鑑，稱朱氏嘗游廣陵，學者雲集，編集算學啟蒙，趙元鎮先後付梓，謂二書相為表裏。元昔撫浙時，獲得玉鑑舊鈔本，擬演細草未果；甘泉羅君茗香得其寫本，補全細草刊布，而以未見啟蒙為憾；近年羅君又從都中人于琉璃廠書肆中得朝鮮重刊本，計三卷，因思論語皇侃疏七經；孟子考文傳自日本，皆收錄入四庫全書，中國刊行已久，今得此書，亦可依例刊行。案此書總二十門，凡二百五十九問，其名術義例洵多，與玉鑑相表裏；羅君為之互斠，其證得七；玉鑑首列和較冪積諸圖，始于天元，終于四

元，義主精邃，所得甚深。考大德癸卯莫若序計後此書四年，此書首列乘除布算諸例，始于超徑等接之術，終于天元如積開方，由淺近以至通變，循序而進，其理易見，名之曰啓蒙，實則爲玉鑑立術之根，此一證也。玉鑑原本十行，行十九字，今有氏一格術曰又氏二格，與此書同式，此二證也。玉鑑斗斛之斗別用 豆斗，此假借字，本漢書平帝紀及管子乘馬篇，尚雜見于唐以前之孫子，五曹張邱建諸算經；其鈞石之石，說文本作 禾石 ，玉鑑作碩碩，與石古雖互通，然假碩爲鈞石之石，則僅見于毛詩；甫田疏引漢書食貨志，而算書刊見，又若玉鑑田完 田之田完，雖見于李籍九章音義，而字書所無，此書并同，此三證也。玉鑑雖亦三卷，而門則爲二十四，問則爲二百八十八，較多于此書四門二十九問，然以四字分類，其體裁彼此無異，且如商功修築，方程正負之屬，則又二書互見，此四證也。玉鑑如意混和弟一問，據數知一秤爲十五斤，適合此書之斤秤起率，此五證也。玉鑑鎖套吞容弟九問方五斜七八角田左右逢元弟六，弟十三，弟二十諸問，有小平小長，皆向無其術，此書卷首，明乘除段即載平除長爲小長，長除平爲小平之例，其田晦形段弟十五問，復載方五斜七八角，曰求積通術，此六證也。他如玉鑑或問歌象弟四，問與此書盈不足術弟七問，又玉鑑果垛疊藏弟十四問，與此書堆積還源爲十四問；又玉鑑方程正負弟四問，與此書方程正負弟五問，其問題約略相同，此七證也。是此書眞朱氏原書佚而復出，可喜之至矣！同郡中學人請鳩工，以朝鮮原刻本縮版影印，并其末所載楊輝海島算法一番亦爲附列，間有魚豕，悉仍其舊，但各標△于誤字旁，別記刊誤于卷末，示不誣也。羅君又以爲此書七證之外，兼有四奇：昔盛德璋太僕儀撰嘉靖維揚志及此書，原序結尾署維揚學算趙城元鎮，維揚二字相同，或疑元至正二十二年壬寅始改揚州爲維揚府，在此書大德三年後，其時不應有淮揚之稱，且惟與維字又各異不刊；宋寶祐志已據禹貢淮海惟揚州作惟揚矣！見嘉靖志注。至惟揚皆助語辭，古本通用，韻會謂毛詩助辭多用維，書及論語則用惟，是趙爲吾鄉人無疑。當元大德時，曾爲朱氏刻梓二書，今吾鄉揚州從事于斯者正復雲集，遺澤未湮，二書又先後爲再鄉人所校霽刊行，其奇者一也；趙序謂將見拔茅連茹，以備清朝之選；在大德時不過尋常頌語，而竟爲我天朝預兆，其奇者二也；此書成于大德己亥七月既望，乃歷今五百四十年，計都中寄此書到揚州，年月日悉符，其奇者三也；元于嘉慶之初，得玉鑑，今于道光十九年，予告歸惟揚，又見啓蒙，且目見羅君等算斠刊刻，樂觀厥成，其奇者四也。至於

庫務解稅，折變互差一門，有中統至元時市廛日用及市舶司之稅價，尤足以資元初交易之考證焉。大清道光十九年己亥九月，揚州予告大學士，太子太保在籍食俸，阮元序。」

——朱世傑《新編算學啓蒙》

41、〈鴻雪因緣圖記序〉：

「凡事莫不有因緣，而久之亦成鴻雪，雖然不可以概論也，造緣者致其巧舉以與人，人受之漫不經意，皆以鴻雪視之，不著語言文字而空之，直自空耳！不知人世之緣，先在父母，繼則君恩，此後則官民，姻親，交友，山川，晴雨，動植，皆有語言文字在也。見亭河帥鴻雪因緣圖記首卷屬予序之，余知作者紀因緣耳；作者慮高視達觀者或嫌其瑣也，滯也，而以鴻雪論之，似乎不涉于瑣，不泥于跡矣！嗟乎人生百年耳，俯仰之間以爲陳跡，則王右軍何必序蘭亭之會乎！序年之書，則有年譜，計在今日求昔人之譜，莫如宋蘇文忠公年譜；蘇譜以道光仁和王見大蘇注集成總案，爲最詳覈；幾于一事，一言，一箋，一字皆搜考無遺，吾輩無蘇公之望與文，誰其譜之，無能望之于後人，或可求之于在己。今拈一事而以四言括之，或有詩文，或有景物，綴而記之，如水經之注，或如唐宋人小記，斐然成一家之言，爲近來著作家開此門逕，計莫善于此矣！昔年河決于北，湖決于南，近年淮河全奏安瀾，豈云鴻雪，應更有記，余當拭老目以先睹爲快。道光十九年十二月臘日通家侍生揚州阮元序。」

——麟慶《鴻雪因緣圖記》

42、〈鬼谷子跋尾〉：

「陶宏景注鬼谷子爲道藏舊本，吾鄉秦編修敦夫博覽嗜古，精于校讎，因刺取諸書，考訂訛謬梓行之，其略見自序中。元讀鬼谷子多韻語，又其抵戲篇曰戲者譁也，讀戲如呼合，古聲訓字之義，非後人所能依託其篇，名有飛箝；按周禮春官與同微，聲籤，後鄭讀爲飛鉆涅籤之籤，箝鉆同字，賈疏即引鬼谷子證之；又揣摩二篇似放蘇秦傳簡練以爲揣摩之語爲之。然史記虞卿傳稱虞氏春秋，亦有揣摩篇。則亦游說者之通語也。竊謂書苟爲隋唐志所錄，而今僅存者，無不當精校傳世。況是篇爲縱橫家獨存之子書，陶氏注又世所久佚，誠罔羅古籍者所樂觀也。乾隆戊申冬月儀眞阮元跋尾。」

——陶宏景注《鬼谷子》

43、〈秦郵帖跋〉：

「師司馬權知高郵雅意汲古刻秦郵帖，置文游臺，皆蘇黃秦孫諸賢文事也。司馬又增祀黃山谷，孫覽，孫巨源，秦少章，少儀，陳唐卿六君木主於四賢之後，洵稱佳事。元嘗見無錫秦小峴司寇家臨少游墨竹畫卷，且有題識如囑梅谿錢君審定之，鉤勒一石附於帖後，亦佳跡也。乙亥冬揚州阮元觀于南昌并識。」

——師亮采《秦郵帖》4卷

44、〈毛詩稽古編序〉：

「漢平帝世，毛詩始立於學，高密鄭君為故訓作箋，先儒無異說，魏王肅注詩，始難鄭箋，而詩序詩傳未有妄肆譏評者，至宋歐陽文忠公作毛詩本義，乃盡棄毛鄭而鄭漁仲之徒遂逞其臆見，廢序譚經，周孚駁之不遺餘力，其書不行於世；朱子作集傳，參用其說，然作白鹿洞賦仍從古義，又答門人問曰舊說亦不可廢，蓋朱子作集傳時，本用小序，因與東萊論詩相爭，改從漁仲，此乃一時之意見，非盡出本旨也；輔廣劉瑾不達斯旨，曲護集傳，元時又以集傳取士，承用至今，不但廢序，而傳箋亦廢矣！國初吳江見桃陳氏，與其友朱長孺同治毛詩，慨古義云亡，卮言雜出，著稽古編三十卷，篇義宗小序，釋經宗毛鄭，故訓本之爾雅，字體正以說文，志在復古，力排蕪義，所以於詩童子問詩傳通釋二書，掊擊尤甚；豈非實事求是之學哉！近世學者，不知此書，惟惠定宇徹君亟稱之，於是海內好學之士始知轉抄藏弄，咸謂長孺通義，雖廣搜博采，不及是書之謹嚴精核焉。同時元和惠君研谿，著詩說，發明古義，與陳氏不謀自合。蓋我朝稽古右文，儒者崇尚實學，二君實啟之。是書惜無刊本，手稿藏龐生輔廷家，今依照原本，悉心校讎，付之剞劂，嘉惠藝林，俾自謂涵泳本文，以意逆志者，讀之必廢然自反矣！龐生誠好古敏求之士哉！嘉慶十八年夏五月，揚州阮元序。」

——陳啓源《毛詩稽古編》

50、〈讀通鑑綱目條記序〉：

「古之學者秋學禮，冬讀書，書即今之史也；楚語曰教之春秋以聳善而抑惡，教之世以昭德而廢昏，教之故志使知廢興而戒懼，蓋皆讀書之事也。內則序幼學之次，始于誦詩而不及書，書蓋與計數方名並而習之，所謂日知所無多，識前言往行以畜其德，即朱子教幼學者，日記故事之義，今之史足

以彷彿乎！書者其通鑑乎，綱目之作，則又合世志春秋而爲一者也。今之學者，蓋亦童而習之矣，然簡冊煩重，疏漏之失固所不免，讀者往往憾之。武進李子述來，僑籍元和，予視學浙江時所取士也，工于詞章，涉獵甚富而流覽無倦，所纂次綱目條記分枝振葉，實事求是，蓋以磨瓏古人，發其晶瑩，且誌其少日之所服習，思與同志之士，講非趨是更集其益，是其用意與矜才侈博，輕詆好勝者固殊焉。有明陳氏伯載，武進人也，著集覽正誤數百條，張英公見而亟稱之，且爲之授梓以傳世。昔人之樂善而公，諸人如此，李生其鄉人也。予雖不足以仰希英公而以是書較正誤所得，則不啻什伯之矣！此予之所甚幸見之而樂爲之序者也。嘉慶壬戌多月儀徵阮元序。」

——李述來《讀通鑑綱目條記》

51、〈醫略序〉：

「陰陽風雨晦明，天之六氣也。陰淫寒疾，陽淫熱疾，風淫末疾，雨淫腹疾，晦淫惑疾，明淫心疾，是六氣者，乃人生致疾之源也。蓋人生不能無病，治病必先賴乎醫，是醫也者，病人生死之所寄也，顧不重乎！治病者必先求之於形與神，然後求之於藏府，能求之於形神藏府，即有危險之症，亦莫不瞭如指掌，而得心應手矣！無如今之時醫，於人有疾，不論其輕重虛實，概目之曰感冒風寒，飲食停蓄，不知傷寒者則惡寒，傷食者則惡食，果傷乎食。在病者自不飲食，今並能食者而亦禁之，將正氣漸虧，百病從茲而入，甚可危也。抑知人所恃者正氣耳，使正氣充足，則百病無由而入，如正氣不足，則難言之矣！豈止於一感冒風寒飲食停蓄不能霍然而愈已耶。以是推之，則人之正氣不能不固也明矣，即如書中所言人之各病之事甚夥，內有論伏邪一篇，誠可謂剀切鮮明，無微不至，深得夫醫理，足爲後世之楷模也。彼世醫其能辨之耶！縱能辨之，亦僅辨夫外感之初症，而難辨夫內伏之危症也。予素不習醫，於凡醫家之言，無不細爲留意。顧方書雖多，而其議論百出不窮，悉未能細考其實，難免無誤。今因柳君賓叔見示京口蔣君寶素手著醫略一書，蔣君京口人也，於吾爲同里，是亦延陵一大郡會也。其言人之致疾之原，無不深求其故，已非世之爲醫者所能及其萬一，而尤詳者，則莫過於醫略中之關格考人迎辨兩篇，此可謂濟世之書也，可謂傳世之書也，即使扁鵲倉公復生，亦無出乎其右矣。爰此筆以書之，是爲序。時道光二十八年二月揚州阮元撰。」

——〈醫略序〉：蔣寶素《醫略 十三篇》

52、〈御製續纂秘壁珠林　石渠寶笈序〉：

「秘壁珠林編自癸亥，成于甲子，石渠寶笈編自甲子，成于乙丑，逮今均四十餘年矣！二集以三朝宸翰為宗，而歷代所集古人及本朝臣工之書畫，分門別類，精覈無遺，胥內廷翰臣張照，梁詩正等所為，今視其跋無一存者，亦可慨也。自乙丑至今癸丑，凡四十八年之間，每遇慈宮大慶，朝廷盛典，臣工所獻右今書畫之類及幾暇涉筆者，又不知其凡幾，無以薈輯，日久或致舛訛，且二集章程具在，續纂亦非甚艱，因命內廷翰臣王杰等重集，一如前例，若三朝宸翰，已備錄前集，茲不復載；其有石刻之未入者，仍敬錄各類之卷首，然予之此舉，實因誌過而非誇博古也。蓋人君之好惡，不可不慎，雖考古書畫，為寄情雅致之為，較溺於聲色貨利為差勝，然與其用志於此，孰若用志於勤政愛民乎！四十餘年之間，匯纂者又纍纍若此，謂之為未害勤政愛民之念已，且愧言之，而況于人乎！書以誌過後之子孫，當知所以鑑戒去取矣！至西清古鑑，可以類推，更弗贅言。臣阮元敬書。」

——〈御製續纂秘壁珠林　石渠寶笈序〉

57、〈圜天圖說序〉：

「六朝以來方外之士能詩文者甚多，為推步之術者，余撰疇人傳釋氏三人瞿曇瞿曇悉達一行道士二人，張賓傅仁，均隋唐以後無聞焉。廣州有羽士青來者，通時憲法，仿泰西陽瑪諾天問略之例，著為一書，取元明本朝諸家之說而發明之。其論黃道距交度，七政經緯兩心差恆星圖，各省州縣北極出地度數，有天問略所未及者，可謂詳且備矣！欲為天學者，得是書讀之，天體地球恆星七政可以了然於心目間；回之以求弧矢割圓諸術甚易也。是書可為初學推步之始基矣！青來繼張傅之後，能為人所不為之學，較之吳筠，杜光庭輩專以詩文為事者，豈可同年而語哉！此書丞宜付梓，載入省志。嘉慶歲在己卯處暑，阮元序。」

——〈圜天圖說序〉

四、阮元人際網絡

甲、阮元業師、座師考

公元 1838 年（清道光十八年），阮元（1764～1849）75 歲，以足疾爲理由，向道光皇帝請辭，退休回籍，道光帝亦俯允其要求，且仍給半俸，加太子太保銜。阮元遂於是年八月，由北京起程返回揚州，十月中到家，居大東門福壽庭宅中。退休後的阮元，生活平淡，怡志林泉，自署門聯『三朝閣老，九省疆臣』〔註1〕，由此得知，阮元在乾隆、嘉慶、道光三朝官場的赫赫名望了。

阮元的學術寫作生活，開始於 24 歲時，在京師撰成《考工記車制圖解》2 卷，直至 86 歲，爲《道光重修儀徵縣志》撰寫序言止。〔註2〕在整整六十二年的學術生命裏，阮元的著述，包括：著述、輯錄、編刻三類〔註3〕，總計一百零一種之多。〔註4〕

本節要探討的內容，是影響阮元學術成就的老師們和阮元的交往，當中包括：1、業師，如李道南、喬書酉、胡西琴、孫梅、林蘭癡等人；2、座師，如：謝墉、劉統勳、劉墉、紀昀、王杰、朱珪等人。

喬椿齡

乾隆三十七年（1772），阮元九歲，是年，從喬書酉先生學。〔註5〕

喬椿齡（1752～1794），字書酉，號書友，江蘇甘泉人，〔註6〕長阮元 12 歲。下列兩段有關喬書酉的生平，皆出自阮元的手筆。

1、《廣陵詩事》卷二：「元十七歲，始從李先生遊，前此從喬先生諱椿齡，字樗友，亦有道君子也。直諒多聞，以禮自飭。朋友以過相規，一時倜儻之士，見先生皆深自斂抑。先生廉介淡泊，自甘脫粟園蔬以款友人，相與樂之。與甘泉鐘懷相處最深，有詩贈敔崖云：『世間冷淡應加耐，徑入繁

〔註 1〕徐珂：《清稗類鈔》門閥類，阮文達門聯（北京：中華書局，1996 年 9 月），頁 2126；《清朝野史大觀》（下）清人藝苑，卷 10（揚州：江蘇廣陵古籍出版社，1994 年 5 月），頁 29。

〔註 2〕王檢心修：《道光重修儀徵縣志》（南京：江蘇古籍出版社，1991 年 6 月），頁 1～2。

〔註 3〕張舜徽：《清儒學記》（齊魯書社，1991 年 11 月，頁 446。

〔註 4〕詳見拙編：第三章　第八節《阮元著述存本知見錄》。

〔註 5〕張鑑：《阮元年譜》（北京：中華書局，1995 年 11 月），頁 4。

〔註 6〕陳乃乾：《清人別集千種碑傳文引得及碑傳主年里譜》，頁 250。

華想不同』，見其概矣！元督學山東時，迎先生，相處一年，先生時以廉慎相警戒，未幾，病卒於青州。試院野有古木，元伐之爲棺，以殮先生。」

〔註7〕

2、《李晴山喬書酉二先生合傳》：「喬先生諱椿齡，字書酉，甘泉人。性穎悟，勤學，通諸經義，涉獵百家子史，尤深于《易》，揲蓍屢有驗，善屬文，以漢魏爲法。補儒學生員，試輒高等，而未嘗食廩餼，省試亦不中式。先生性剛直廉介，跬步必以禮，交遊皆擇正士，友有過，相規無隱，一時倜儻之士見先生皆深自斂抑。居陋室，甚貧，枕席皆書，苟非義，雖周之不受。體羸多病，不婚娶。元幼受業于先生，乾隆癸丑，元督學山東，迎先生，冬十一月，相見於曲阜。衡量孔、顏、曾、孟四氏子弟之文，謁至聖林廟，觀禮器，先生欣然躊躇若滿志焉。明年春，至登州，道病，返至青州，卒于試院，年四十三。野有古木，元伐之，爲先生棺，歸葬揚州。」

〔註8〕

作爲阮元的第一位業師，喬書酉耿直的性格、博學的精神、以及居於貧賤而不改其樂的生活態度，對於少年時代的阮元來說，少不免打下深深的烙印。1793 年 6 月，30 歲的阮元，奉旨山東學政，9 月出試兗州、曲阜、濟寧州、沂州，以侍師之禮相迎喬書酉，亦成爲書酉 43 歲臨終前與阮元最親密的一次交往。喬書酉病逝於青州後，阮元親自爲其師伐棺木，再把他歸葬揚州，阮元對這位啓蒙業師的崇敬之情，就可想而知了。

李道南

1780 年，阮元 17 歲，「是年，先生受業於李進士晴山先生（道南），即寓其家。」〔註9〕李道南（1712～1787），字景山，號晴山，江蘇江都人，長阮元 52 歲。阮元記這位業師的生平如下：

1、《廣陵詩事》卷 2：「吾師李先生諱道南，與兄雷，皆側室胡氏出。先生既孤，胡太孺人以女紅撫之讀，或勸理舊業。太孺人曰：『吾將以貧，勵子學，不願使從富家子遊。』鍼黹數十年，遺斷鍼盈篋，先生每撫之泣，海內市人名士，爲詠其事，先生錄爲《斷鍼吟》一卷。 李先生家酷貧，一錢不苟取。當除夜，空室無一，有友人將周之，先生逆知其意曰：今夕但

〔註 7〕 阮元：《廣陵詩事》卷 2，（文選樓叢書本），頁 12。
〔註 8〕 阮元：《揅經室集》（北京：中華書局，1993 年 5 月），頁 397。
〔註 9〕 同註 5，頁 5。

論古，餘勿及也。既成進士，座師莊方耕閣學士，屬同人贐助之，車馬在門，先生嚴卻不受。閣學士深歎其介。先生之論文曰：『文以勵行，若視爲科第之階，末矣！』嘗有詩答荊刺史云：『造道惡趨時，廉恥尤所急。立志忍飢寒，庶幾閑大德。』」〔註10〕

2、《李晴山喬書酉二先生合傳》：「李先生諱道南，字景山，號晴山。先世由丹徒遷江都，富于貲。父敬修，光祿寺典簿，和而介，疏於持籌，好施與，家遂貧。——先生既補儒學生員，以學行高于時。所居草屋數間，冬衣葛，行者夜分猶聞讀書聲。學使者重之，有寒氣逼人之歎。學官吳銳，李安溪高弟子，嘗偕客過其廬，講學逾時，太孺人解敝衣穴屋後席壁，屬鄉媼質錢市盤餐享之。遇斷炊，輒貰市餅以爲食。……設教鄉里，生徒數百人，雖宿儒皆執贄受業，嘗主泰州、通州、淮安書院講席。先生穎敏過人，而操行剛正，以古名儒自勵，對策剴切詳盡，事母孝，事兄悌，所著有《四書集說》十二卷。——兄雷亦善屬文，既沒，先生輯兄文及先生文，爲《同懷寸草錄》四卷。乾隆五十二年卒於家，年七十有六。子二，本善、元善。」〔註11〕

李道南和介的性格，和他的父親何其相似。而一生不以貧爲恥，仍琅琅以讀書爲樂的態度，與喬書酉亦難分二致。也無怪阮元對兩位業師懷念至深說：「兩先生爲吾鄉特立獨行之儒，而吾皆師之，吾所幸也。兩先生績學砥行，深自韜隱，而元竊高位厚祿，過于師，吾所愧也。」（《李晴山喬書酉二先生合傳》）而李道南『好學不厭老』的治學態度，亦間接開啓了阮元的學術生命。〔註12〕

胡廷森

阮元第三位業師是胡西芩先生（1718～1803），長阮元 46 歲。胡西芩的文獻資料，傳錄不多，只有阮元撰寫的一篇墓誌銘與及王昶的《湖海文傳》，〔註13〕公諸在世。阮元撰寫的《胡西芩先生墓誌銘》，有這樣的記載：

> 先生姓胡，諱曰廷森，字衡之，號西芩。……父濤齡，國學生。先生身長體腴，事父孝，年逾三十，猶引過受杖。侍母疾，雪夜長跽

〔註10〕同註7。
〔註11〕同註8。
〔註12〕楊鐘羲：《雪橋詩話餘集》卷5（遼瀋書社，1991年6月），頁1401。
〔註13〕同註8，頁398；王昶：《湖海文傳》（王氏經訓堂藏版，1837年），頁57。

呼天，疾爲痊。幼讀書，試未第，乃以文學佐大吏幕府之奏章。通達治體，所繕奏皆稱旨。兩江總督薩公載等交騁延致之。先生兼精刑律，年五十，無子，或曰：「掌刑者艱於嗣」先生曰：「吾儒生，欲活人無咫寸權，正欲佐人，于刑中求嗣也。」故其治刑也，以仁輔義，有合于歐公求生不得之悄，所全實多，卒舉丈夫子。遂杜門卻聘，謝外交，與里中秦序堂、沈旣堂諸先生爲湖山遊，杖屨吟詠，有香山之風。……

上述一段文字，阮元可效法的，相信便是事父母以孝德，與及治刑以仁輔義的精神。1800 年，37 歲的阮元，實授浙江巡撫。阮元記載他和胡氏的交往：「元初任巡撫時，先生至杭，爲擘畫一切，元以政事切問之，悉其情。逾月，兵刑、漕賦事略定，先生曰：『可矣。』乃返揚州。」由此可證，阮元在胡西棼身上所學習的，並非書本上的理論，而是實用之學。《墓誌銘》的最後一段，阮元撰文及銘云：

嘉慶八年，先生卒于家，年八十有五。先生工詩，善於言情，其佳處極似放翁，著《西棼詩草》一卷。授職州吏目，配李安人。子德生，職州同知，側室劉安人出。冬十一月，葬揚州西門外老人橋之右。元幼時以韻語受知于先生，先生授元以《文選》之學，導元從李晴山先生遊。先生于元外祖林公爲執友。公子婦林氏，元母之姪也。元入覲返，過揚州，哭先生，乃爲銘曰：「先生之行，在孝與慈。先生之學，在《書》與《詩》。先生之才，經濟匡時。發晦恬退，世莫之知。知之深者，非元伊誰？丸丸宰木，岡道具宜。爰伐樂石，載此銘詞。」

阮元詩、文的基礎，因胡西棼而大定；阮元治《文選》之學，亦全得之胡西棼的啓導。

孫梅

孫梅（松友）爲阮元業師之一，生卒年不詳〔註14〕。阮元在《揅經室集》

〔註14〕孫梅的生平，除阮元有記述外，可見的資料還有：1、楊鐘羲：《雪橋詩話續集》卷 6，「烏程孫梅（春浦），以己丑進士官中書，由典籍作丞姑熟，校試金陵，擢守寧國，甫上而卒。所著《四六叢話》，其門下士阮芸臺爲版而傳之。子曾美爲輯《舊言堂集》，刻於嶺表。壽外舅張少儀云：『九重曾歎無雙李，女子猶知不二韓』，贈松青岩太守齡云：『若爲喚起騎鯨客，更放江天載鶴舟』，亦極雅令。」（遼瀋書社，1991 年 6 月），頁 677 下；2、張鑑：《阮元年譜》

中有關孫梅的生平如次：

1、《舊言堂集後序》：「吾師烏程孫松友先生，學博文雄，尤深《選》學，摯
虞劉勰，心志實同。夫且上溯初唐，下沿南宋，百家書集，體裁所分，古
人用心，靡不觀覽。是以濡墨灑翰，兼擅眾長，不泥古而棄今，不矜今而
廢古。曩撰《四六叢話》二十篇，各窮源委，冠以敘文，學者誦習，得研
指趣。今哲嗣復裒刻殘稿，爲《舊言堂集》四卷，諸所擬議，咸具茲篇。……
元籍列門生，舊被教澤，凡師心力所詣，略能仰見一二。謹爲後序，以諗
文家。」〔註15〕孫梅精讀《文選》，撰《四六叢話》，《舊言堂集》則爲其
子所撰述。胡西琴和孫梅兩位業師，皆熟精《文選》。

2、《四六叢話》序：「我師烏程孫司馬，職參書鳳，心擅雕龍，綜覽萬篇，
博稽千古。文人之能事，已攬其全，才士之用心，深窺其祕。……元才圉
陋質，心好麗文，幸得師承，側聞緒論。妄執丹管而西行，願附驥尾而千
里。固知盧、王出於今時，流江河而不廢，子雲生於後世，懸日月而不刊
者矣。」〔註16〕本文亦見於《駢文觀止》，阮元云：「乾隆五十三年，受
業儀徵阮元謹序」〔註17〕乾隆五十三年爲公元 1788 年，阮元 25 歲，易
言之，《四六叢話序》一文爲阮元年輕時期，客居北京時期的著作，可知
阮元因師承孫梅的關係，而亦好寫駢體文。

林蘭癡

阮元另一位業師：林蘭癡，他的生平資料極有限。就目前可僅見者，在
其《邗江三百吟》一書中〔註18〕。茲引錄《邗江三百吟》各篇序文，以說明
阮元、林蘇門二人的交往：

1、陳廷慶（古華）序：「曩予在京邸時，供職詞曹，與同年友程雪坪太史善，
雪坪居鐵廠，距余米舫不遠。琴樽過從，丕開風雨，因得唔林蘭癡先生，
時雪坪總校《四庫全書》，先生贊襄之，讎甲乙，勘魚豕，元元本本，竦
見洽聞，不獨有裨於國朝掌故，且以藉抒積學。……今主講崇文。聞先生

「1786 二十三歲。……九月初九日，揭曉，中式第八名。時典試者爲大興禮
部侍郎朱文正公珪，副考官爲大庚編修戴公心亨，房考官爲蕪湖同知烏程孫
公梅。」（同註 5）。

〔註15〕同註 8，頁 683。
〔註16〕同註 8，頁 740。
〔註17〕莫道才：《駢文觀止》（北京：文化藝術出版社，1997 年 2 月），頁 619。
〔註18〕林蘇門：《邗江三百吟》（江蘇廣陵古籍刻印社，（揚州地方文獻叢書），1988
年 10 月），頁 1～10。

來阮伯元中丞哉府中，通謁導藝，各話素心，蓋先後散而復聚者，瞬已二十餘年矣。秋門抱痾，里門先生寓書來，以所作《邗江三百吟》，屬弁言，余受而讀之，題凡三百，分爲類對，每題有引有詩，分十門爲十卷。」林蘇門曾經幫助程雪坪，校勘《四庫全書》；又主講浙江桐鄉崇文書院；而陳廷慶與林蘇門二人，皆曾在阮元家中作客，因而成爲莫逆。

2、凌廷堪序：「廷堪獲交蘭癡先生逾二十年矣。先生爲阮伯元中丞舅氏，又其少時受業師也。乾隆甲辰歲，廷堪與中丞共築，即知有先生。其後入京師，識之于任幼植侍御所，先生不以爲鄙而下交焉。先生人品端謹，學術醇粹，望而知爲有道之士。中丞少時受業師，廷堪所知者，一爲李晴山進士，一爲喬椿友茂才，其一則先生也。嘉慶十三年春三月，中丞再撫浙江，招廷堪作西湖之遊，冬，初晤先生于節署，鬢髮已蒼然矣。語次，出所著《邗江三百吟》見示其書。……」林蘇門爲阮元的舅父，亦是阮元少年時代的業師之一。1782 年至 1784 年，時阮元 19 至 21 歲，與凌廷堪爲同學，已認識林蘇門先生。

3、張鑑（林蘇門姪子）序：「揚州夙稱名勝之區，林蘭癡尊丈先生略依此例，暇則儷黃抽白，佐之以詩，綴之以引作，爲《邗江三百吟》，不特紀方言，亦有掌故存焉。」《邗江三百吟》一書的性質，爲揚州地方文獻、掌故之書。

4、朱爲弼（林蘇門姪子）序：「予自嘉慶庚申，應阮中丞師之招，授經節署，先後凡五年，甘泉林蘭癡尊丈先生，以尊宿襄幕事，極蒙獎，借先生寓館，與予相鄰，暇時過從，輒爲縱談齊魯燕趙暨瀋陽諸處風俗人情甚備。蓋先生足跡半天下，所交皆賢豪長者。又以佐校七閣全書，搜覽宏富，是以辨物居方，學至精博。戊辰歲，予自京都銜恤旋里，逾年來武林，仍館節院，與先生挑燈夜話，一如疇昔，出所撰《邗江三百吟》命序。……」阮元弟子之一朱爲弼，亦與林蘇門相遇於阮元家中，往還亦多，伯父出示大作，作爲姪子的爲弼，亦樂意爲是書撰序。

5、林蘭癡自序：「余少時同汪君文錫，受業於汪受堂夫子之門。……迨余就職衍聖公府時，阮甥伯元，督學山左，旋乞休，以師席入其幕。及伯元調任之江學使，復命未一載，簡放浙江巡撫，余皆與之，偕南北奔馳，周遊遍歷，殊覺習俗之移人，眞賢者所不免也。夫吾鄉夙號繁華，今幸埽除者不少。嘉慶十年，伯元居憂歸里，從罪毋華，一一皆秉乎禮，余仍住其西

塾文選樓。……十三年春杪，伯元重撫錢江，余又隨任里人，不時以近事來告。復檢舊篋草稿，刪改新增之。秋閒，伯元刊刻書籍，囑余讎校其家。嗣小雲刺史工詩好學，見余之稿，促余授梓，因于是年冬月，不知藏拙，遂以此稿付諸梓人。……甘泉林蘇門蘭癡自識于武林節署之集古齋，時嘉慶戊辰年臘月八日也。」林蘭癡自述其學術，師承自汪受堂；後以師席入阮元幕，至阮元丁父憂返回揚州，蘭癡仍然隨之入住文選樓。1808 年春（嘉慶十三年）阮元再出任浙江巡撫，蘭癡仍任阮元的里人，《邗江三百吟》便在是年付印。阮元熱愛刻印書籍，作為揚州的地方文獻，《邗江三百吟》的刊刻價值，不言而喻；其次，林蘭癡為阮元的舅父，又是他少年時代的業師，刻印這本書，對阮元來說，也有一定的意義。

上文談論阮元的業師，下文繼續分述阮元的座師。

謝墉

謝墉（1719〜1795），長阮元 45 歲，首位賞識阮元的座師。《阮元年譜》載：「1784，二十一歲。謝金圃侍郎督學江蘇。歲試取入儀徵縣學第四名。1785，二十二歲。科試一等第一名，補廩膳生員。場中經解策問，條對無遺，文亦冠場。侍郎驚賞曰：『余前任在江蘇得汪中，此次得阮公矣。』遂延訂明年至江陰，館於學使者署中。1786，二十三歲。十月二十日，謝侍郎任滿北上，遂以公車同行。十一月十九日，抵京師，寓前門內西城根，因得見餘姚邵二雲、高郵王懷祖、興化任子田三先生。」

在謝墉的眼中，阮元的文才與汪中並稱，無分軒輊。謝墉憐才愛士，在清人的筆記中，時有論述。例如：

1、《清代軼聞》卷 5：「阮文達公始應童子試。公，極口獎勵，召入第讀書，卒為鉅儒賢相。」〔註 19〕

2、《清稗類鈔》考試類：「嘉善謝金圃侍郎墉好甄擢名士，三元錢棨，鄉、會試皆出其門，殿試亦與讀卷。高郵李進士惇、嘉定錢進士塘、山陽汪文端公廷珍、陽湖孫觀察星衍、甘泉焦明經循，皆由其識拔以成名。經術文行，表表稱江淮間。阮文達公始應童子試，亦極口獎勵，召入第讀書，卒為鉅儒賢相。」〔註 20〕

阮元成材，因為有謝墉這位伯樂。也難怪阮元到老，還惦念著這位恩師

〔註 19〕裘毓麐：《清代軼聞》卷 5（香港：中華書局，1989 年 3 月），頁 17。
〔註 20〕同註 1。

了。1844 年，阮元 81 歲，與兩儒學重遊儀徵泮宮采芹，作詩一首，緬懷謝東墅師。茲錄如下：

《三月十日約儀徵兩儒學重遊泮宮采芹，拜聖賢于欞星門墀下》并序跋：

春水長蘆夜泊舟，齊肩葭葉滿沙洲。

煙江疊嶂尋常見，月色柴門相送不。

賞雨茅簷留宿客，重遊芹泮到眞州。

青衿六十年前事，感憶先生頌魯侯。〔註21〕

謝墉於乾隆六十年（1795）辭世，時阮元 32 歲，奉旨調任浙江學政，十二月二十日，爲恩師撰《吏部左侍郎謝公墓誌銘》一篇，以誌哀思。現條列《謝公墓誌銘》要點如下：

公姓謝，諱墉，字崑城，號金圃，又號東墅。……

公少穎異，舉止端雅如成人，讀書不忘，究心實學，經史百家，靡不綜覽。……

公至性孝弟，居親喪，哀毀骨立，及通顯，每遇晉階，輒以悲繼喜，逢諱日，未嘗不涕泗交頤也。公事貴以禮，待下不驕，大學士傅文忠公以禮聘授館，額駙，尚書忠勇公暨文襄王皆冲齡請業。公九掌文衡，而江南典試者再，督學者再，論文不拘一格，皆衷于典雅，經截策問，尤急甄拔。丁酉拔貢科所選皆孤寒，尤重江都汪中容甫。……

公再督學，元始應童子試，公獎勵極力，居公第讀書數年。……

是以江、淮南北懷經握槧者，靡不服公之學，願得若公其人者再位爲幸。……

公所著：《安雅堂文集》十二卷——《安雅堂詩集》十卷……

《東墅少作》及存稿《四書義》二卷——《六書正說》四卷……

又嘗校正《荀子》楊倞注、《逸周書》孔晁注，合之盧學士文弨所校。……

乾隆六十年十二月二十日，公子恭銘等奉公于嘉善縣四中區藏字圩，夫人祔焉。時元督學浙江，敬勒銘曰……〔註22〕

阮元曾在謝墉家中讀書數年，又曾跟隨他從揚州去到北京，結識當時的文士，

〔註21〕阮元：《揅經室再續集》卷 6（文選樓叢書本），頁 6～7。

〔註22〕同註 8，頁 425～428。

終於成爲一代賢臣，知遇之恩，阮元永藏心底。

朱珪

阮元第二位座師是朱珪（1731～1807），長阮元 33 歲。鄉試主考官的慧眼，阮元始終沒有忘記。阮元在《華陔草堂書義序》記：

> 乾隆丙午（1786）秋，朱石君師典試江南，合經策以精博求士。於
> 是平湖（李許齋）以第四人中式，元以第八人中式。〔註23〕

朱珪病逝於嘉慶 12 年（1807）「上（嘉慶）臨珪墳園賜奠，御製誌感詩，篤念舊學，光及泉壤。恩遇之隆，古所未有也。」〔註24〕，而乾隆、嘉慶二帝，都曾對這位帝師的人品、學問，致以最崇高的敬意。〔註25〕亦只有阮元撰寫的《朱文正公神道碑》，對朱珪的生平，包括家世、出仕、學養、著述等，有最詳細的交待。

阮元《太傅體仁閣大學士大興朱文正公神道碑》：

> 公諱珪，字石君，號南崖，晚號盤陀老人。──父文炳，陝西盩厔縣知縣，始遷籍于順天大興。……公以雍正九年正月十二日生于盩厔縣，有兄三，堂、垣、筠。……公所撰進文冊陳宮中，高宗純皇帝丕賞異之，特達之知，實始于此。……報聞。上震悼泣。諭朝臣，降制曰：『大學士朱珪，持躬正直，砥節清廉，經術淹通，器宇醇厚。』……公豐厚端凝，中和醇粹，爲仁若渴，抗義不撓，坦白公誠，絕無城府。于經術無所不通，漢儒之傳注、氣節，宋儒之性道、實踐，蓋兼而有之。取士務以經策較《四書》文，誠心銳力，以求樸學，經生名士，一覽無遺，海內士心，向往悅服。佳士之文，未薦被落者，讀而泣之。……公領試事，不受外僚贈遺，不留貧生銀。布政數省，平餘銀鉅萬，悉不取。……公官干外，崖岸廉峻，中朝大官絕無所援。管部事，持大端，不親細事。數十年清操亮節，人皆仰之。……教子孫讀書，敦行皆誠篤，有公之風。……公文集、《知足齋詩集》三十餘卷，元請刻公詩，公命元選爲二十四卷。上命以刻本進，賜贈七言律詩四首于卷首。……元不才，爲公門生，受知二十餘年矣。會持父服居鄉，公之子書來，命爲碑文，不敢辭。秋，

〔註23〕同註 8，頁 685。
〔註24〕蔡冠洛：《清代七百名人傳》（北京：中國書店，1987 年 6 月），頁 194。
〔註25〕恆慕義：《清代名人傳略》中（青海人民出版社，1990 年 2 月），頁 256～258。

免導服，當執心喪，敬按年譜及平日所知者，泣爲敘。……〔註26〕

王杰

第三位賞識阮元的座師：王杰（1725～1805），長阮元 39 歲。《阮元年譜》：「乾隆五十四年（1789）二十六歲。會試中式第二十八名。時大總裁爲經筵講官，東閣大學士兼禮部侍郎韓城王文端公杰。」〔註27〕王杰的生平，阮元於嘉慶 20 年（1815）編定《王文端公年譜》，以附於《葆淳閣集》之前。〔註28〕

王杰，字偉人，號惺園，一號畏堂，陝西韓城人。「乾隆 26 辛巳（1761）進士（一甲一名）由修撰累遷左都御史，以母憂歸。服闋入都，充上書房總師傅，尋授軍機大臣，超擢東閣大學士，先後典歷科會試，又嘗爲湖南、江南、浙江、順天鄉試考官。一督福建學政，三督浙江學政，所得多佳士。嘉慶七年（1802）以老乞休。」〔註29〕

清代中葉，吏治敗壞，貪污成風，王杰曾上疏言「各省虧空之風，以及虧空之弊」。王杰卒於邸舍後，也無怪嘉慶皇帝的上諭曰：『杰久直內廷，宣力有年，忠清直勁，老成端謹，爲上所重，優加錫賚。』〔註30〕

《揅經室集》有兩條文獻資料，可得知阮元和王杰的交往：

1、《王文端公文集校本跋》：「王文端師詩文不自以爲重，蓋公所重在立朝風節也。公薨後，公子堉時收羅雜稿，寄至江西，屬元編刻之。元乃手編爲《葆淳堂集》若干卷，又訂成《年譜》一卷，付之梓。梓成，元匆匆移河南，爰以板寄閩，是時公子已出守閩都矣。板中誤字頗多，同門友李許齋賡芸手校一過，改補之。此李公手校本也，故跋之。」

2、《凌母王太孺人壽詩序》：「癸丑，元奉命視學山東，詣熱河行在，元與次仲同爲王韓城、朱大興兩公所得士，時次仲寓韓城公直廬，元往別焉。」〔註31〕

〔註26〕 同註8，頁 411～421。

〔註27〕 同註5，頁 8。

〔註28〕 參來新夏：《近三百年人物年譜知見錄》「《葆淳閣集》26 卷，清嘉慶刊本。《王文端公年譜》，阮元編，阮元係譜主門人，嘉慶二十三年編定以附於《葆淳閣集》之前，故內容極簡，僅記仕歷而不及其他。天津南開大學圖書館藏。」（上海人民出版社，1983 年 4 月），頁 102。

〔註29〕 嚴文郁：《清儒傳略》（臺灣：商務印書館，1990 年 6 月），頁 17。

〔註30〕 同註8，頁 185～188。

〔註31〕 同註8，頁 679～680。

劉統勳、劉墉

劉統勳、劉墉（1720〜1804）父子，據阮元在《諸城劉氏族譜序》所記：
「元爲文正公門生、門下之士。文清公亦爲館師。」〔註32〕故劉統勳（文正）
爲阮元座師，而劉墉（文清）則曾經是阮元的業師。兩父子的生平、事蹟，
同見於《國朝先正事略》：

> 劉公統勳，字延清，號爾鈍，山東諸城人。……公通直，屬清節，
> 洞燭幾先，事之可否，微發其端，至一二十年後，始服其精識。士
> 賢不肖，亦洞見其將來。所著曰《劉文正公集》。子墉，字崇如，號
> 石庵。乾隆十六年進士，自編修累官體仁閣大學士，加太子太保，
> 諡文清。公父子俱爲賢宰相，高宗賜翰，稱爲『海岱高門第』。清德
> 重望，均不欲以詞章自見，而文清兼以書法重于時。著有《石庵詩
> 集》。文清少躋館閣，通掌故。中年揚歷封圻，外嫻政術，及繼正揆
> 席，天下呼爲小諸城。〔註33〕

而劉墉與當時乾隆帝的寵臣：和珅之間的恩怨是非，亦成爲日後人們茶餘飯
後的話題。〔註34〕

紀昀

紀昀（1724〜1805），長阮元40歲，阮元座師之一。《紀曉嵐年譜》載：

> 「紀昀，字曉嵐，一字春帆，晚號石雲，又號觀弈道人、孤石老人。人
> 稱茶星、紀河間。諡文達。」〔註35〕

阮元23歲（1786）入都，才認識紀昀，而朝庭早已在1773年開四庫全
書館，修纂《四庫全書》，紀昀以文淵閣直閣事、兵部侍郎的身分領職正總裁，
另編著《四庫全書總目提要》二百卷。〔註36〕阮元在《紀文達公集序》說：

〔註32〕同註8，頁687。

〔註33〕李元度：《國朝先正事略　清代1108人傳記》（岳麓書社，1991年5月），頁
468〜474。

〔註34〕揭註25書：「劉墉爲官正當清朝奢靡最甚之世，但他卻以爲人正直，生活節
儉，遵定守禮法而聞名一時。他自己如此，也要求家人這樣做。他未曾公開
彈劾高宗寵臣和珅之胡作非爲，但在吏治方面他卻敢於直率地反對和珅。例
如1782年在查辦山東虧空案中，他與和珅及御史錢灃往按。錢所劾之該省巡
撫藩司二人，皆係和珅私黨。劉秉公詳查此案，最終證實，這兩名官吏確曾
貪污營私，因此和珅只能聽任其親信被處決而無能爲力。」，頁193。

〔註35〕紀昀：《紀曉嵐文集》第3冊（河北教育出版社，1991年7月），頁258。

〔註36〕可參中國第一歷史檔案館編《纂修四庫全書檔案》（上海古籍出版社，1997

元以科名出公門生門下，初入都，公見元所撰書，稱許之。自入詞
館，聞公議論益詳。蓋公之學在於辨漢、宋儒術之是非，析詩文流
派之正偽，主持風會，非公不能。至於此集，雖非公所自勒，然亦
足以觀全量矣。〔註37〕

阮元評論紀昀的學術成就，此句足爲定評。

言清代學術，不可以不談《四庫全書》；談《四庫全書》，不能不提紀曉
嵐。阮元早已知之，他說：「我朝賢俊蔚興，人文鬱茂，鴻才碩學，肩比踵接。
至於貫徹儒籍，旁通百家，修率情性，津逮後學，則河間紀文達公足以當之。
夫山川之靈，篤生偉人，恆間世一出。……後二千餘年，而公生其地。起家
甲科，歷躋清要。高宗純皇帝命輯《四庫全書》，公總其成。凡六經傳注之得
失，諸史記載之異同，子、集之支分派別，罔不抉奧提綱，溯源徹委。所撰
定《總目》提要，多至萬餘種。考古必衷諸是，持論務得其平。光稽古之聖
治，傳於無窮。」〔註38〕

乾隆四十七年（1782），《四庫全書》修成；乾隆六十年（1795），杭州文
瀾閣《四庫全書》藏本工竣。阮元撰寫附記，恭呈聖上。全文如下：

欽惟我皇上稽古右文恩教稠疊。乾隆四十七年，四庫全書告成。特
命如內廷四閣所藏，繕寫全冊，建三閣於江浙兩省。諭令士子願調
中祕書者，就閣廣爲之傳寫，所以嘉惠藝林。恩至渥，教至周也。
四庫卷帙繁多，嗜古者未及遍覽，而《提要》一書，實備載時地姓
名及作書大旨。承學之士，鈔錄尤勤。毫楮叢集，求者不給。乾隆
五十九年，浙江署布政使司臣謝啓昆、署按察使司臣秦瀛、都國鹽
運使司臣阿林保等，請於巡撫兼署鹽政臣吉慶恭發文瀾閣藏本校刊
以惠士人。貢生沈青，生員沈鳳樓等咸願輸資，鳩工藏事，以廣流
傳。六十年工竣，學政臣阮元本奉命直文淵閣事，又籍隸揚州。揚
州大觀堂所建閣曰文匯，在鎮江金山者曰文宗。每見江淮人士，瞻
閱二閣，感恩被教，怵幸難名，茲復奉命視學兩浙，得仰瞻文瀾閣
於杭州之西湖，而是書適刊成。士林傳播，家有一編；由此得以津
逮全書，廣所未見。文治涵濡，歡騰海宇，寧有既歟。臣是以敬述

年7月），前言，頁2687。
〔註37〕同註8，頁679。
〔註38〕同註8，頁678。

東南學人歡忻感激，微忱識於簡末，以仰頌皇上教育之思於萬一云爾。內閣學士兼禮部侍郎浙江學政臣阮元恭記。〔註39〕

歸納上文所述，總結如下。

1、李道南、喬書酉、胡西芩、林蘭癡、孫松友、劉墉等一班阮元的業師，他們有甚麼共通的特質呢？其一、他們都是詩人、文人、喜歡舞文弄墨；在耳濡目染之下，阮元詩歌、文章的基礎，因而十分紮實。其二、他們耿介、率直的個性，影響了阮元管治浙江、廣東等地的政績；而不貪錢財的個性，亦間接令到阮元為官，建立了一個廉吏的形象。

2、謝墉、朱珪、王杰、劉統勳、紀昀等阮元的座師，對阮元又有什麼樣的影響呢？其一、他們都是阮元在年青時期（21 歲至 26 歲），應考科舉時的恩師，不約而同的事實是：阮元至老，對他們的知遇之恩，始終沒有忘懷，而相繼在詩、文中反映出來。其二、論官階和名望，朱珪、劉墉、王杰、紀昀，都曾顯赫一時，上述四人和劉統勳、謝墉等，都曾經是辦理《四庫全書》的正總裁。阮元在乾隆、嘉慶、道光三朝的官場，亦算風光，更自稱『一代偉人』。滿清皇帝對待這一班文人、侍臣，是禮遇而優待有加的。同時，他們亦為清代中葉的學術，共同作出了不可磨滅的貢獻。

乙、阮元交遊考目錄

姓名（生卒年）	籍　貫	和阮元之關係	說　明
李道南（1712～1787）	江蘇江都	業師	已考
胡西芩（1719～1803）	江蘇江都	業師，幕府	已考
盧文弨（1717～1796）	浙江餘姚	先輩	待考
謝墉　（1719～1795）	楓涇	座師	已考
劉墉　（1720～1805）	山東諸城	業師	已考
江聲　（1721～1799）	江蘇吳縣	先輩	待考
王鳴盛（1722～1797）	江蘇嘉定	朋友	待考
戴震　（1723～1777）	安徽休寧	先輩	已考
紀昀　（1724～1805）	直隸獻縣	座師	已考
王昶　（1724～1806）	江蘇青浦	交游，幕府	已考
王杰　（1725～1805）	陝西韓城	座師	已考

〔註39〕永瑢：《四庫全書總目》（北京：中華書局，1987 年 7 月），頁 1837。

程瑤田（1725～1814）	安徽歙縣	先輩，幕府	已考
錢大昕（1728～1804）	江蘇嘉定	先輩	已考
鮑廷博（1728～1814）	安徽歙縣	朋友	待考
朱筠　（1729～1781）	順天大興	先輩	待考
畢沅　（1730～1797）	江蘇鎮洋	朋友	待考
徐聯奎（1730～1822）	浙江山陰	幕府	待考
朱珪　（1731～1807）	直隸大興	座師	已考
汪輝祖（1731～1807）	浙江蕭山	弟子	待考
彭元瑞（1731～1803）	江西南昌	姻親	待考
翁方綱（1733～1818）	直隸大興	朋友	待考
桂馥　（1733～1805）	山東曲阜	弟子	待考
李惇　（1734～1784）	江蘇高郵	先輩	待考
錢塘　（1735～1790）	江蘇嘉定	先輩	待考
段玉裁（1735～1815）	江蘇金壇	先輩，幕府	已考
金榜　（1735～1801）	安徽歙縣	先輩	待考
黃文暘（1736～　）	江蘇甘泉	幕僚	待考
吳文溥（1736～1800）	浙江嘉興	幕府	待考
朱朗齋（1736～1806）	浙江仁和	幕府	待考
謝啓昆（1737～1802）	江西南康	弟子	待考
丁杰　（1738～1807）	浙江歸安	詁經精舍生	待考
任大椿（1738～1789）	江蘇興化	同鄉先輩	已考
章學誠（1738～1801）	浙江會稽	朋友	待考
邵晉涵（1743～1794）	浙江會稽	老師	已考
秦瀛　（1743～1821）	江蘇無錫	交游	待考
陳昌齊（1743～1820）	廣東海康	幕府	待考
汪中　（1744～1794）	江蘇江都	業師	已考
王念孫（1744～1794）	江蘇高郵	業師	已考
錢大昭（1744～1813）	江蘇嘉定	幕府	待考
武億　（1745～1799）	河南偃師	幕府，交游	已考
吳錫麒（1746～1818）	浙江錢塘	朋友	待考
王騁珍（1746～　）	江西南城	幕府	待考

洪亮吉（1746～1809）	江蘇陽湖	朋友	待考
趙魏　（1746～1825）	浙江仁和	幕府	待考
吳東發（1747～1803）	浙江海鹽	朋友	待考
施國祁（1750 –1824）	浙江烏程	幕僚	待考
劉台拱（1751～1805）	江蘇寶應	姻親	已考
喬書酉（1751～1794）	江蘇甘泉	業師，幕府	已考
孔廣森（1752～1786）	山東曲阜	姻親	已考
孫詔　（1752～1811）	江蘇江寧	幕僚	待考
王崧　（1752～1837）	雲南浪穹	幕府	待考
孫星衍（1753～1818）	江蘇陽湖	幕府，交游	已考
陳鱣　（1753～1817）	浙江海寧	幕府	已考
法式善（1753～1813）	蒙古	朋友	待考
楊鳳苞（1754～1816）	浙江歸安	弟子，幕府	待考
伊秉綬（1754～1815）	福建寧化	朋友	待考
楊芳燦（1754～1816）	江蘇金匱	幕府	待考
凌廷堪（1755～1809）	安徽歙縣	朋友，幕府	已考
何南鈺（1756～　　）	廣東博羅	學海堂學生	待考
郝懿行（1757～1825）	山東棲霞	朋友	待考
徐養原（1758～1825）	浙江德清	弟子，幕府	已考
姚文田（1758～1827）	浙江歸安	弟子	已考
謝蘭生（1760～1831）	廣東南海	幕府	待考
秦恩復（1760～1843）	江蘇江都	幕府	待考
張惠言（1761～1802）	江蘇武進	弟子	已考
江藩　（1761～1831）	江蘇甘泉	同學，交游，幕府	已考
焦循　（1763～1820）	江蘇甘泉	同學，族姊夫，幕府	已考
嚴元照（1763～1797）	浙江歸安	弟子	已考
嚴杰　（1763～1843）	浙江餘姚	弟子，幕府	已考
顧日新（1763～1823）	江蘇吳江	幕府	待考
李富孫（1764～1843）	浙江嘉與	弟子	已考
李遇孫（1765～1839）	浙江嘉興	弟子	已考

洪頤煊（1765～1833）	浙江臨海	弟子，幕府	已考
汪光曦（1765～1807）	江蘇江都	幕府	待考
趙坦　（1765～1828）	浙江仁和	幕府	待考
王引之（1766～1834）	江蘇高郵	弟子	已考
顧廣圻（1766～1835）	江蘇仁和	幕府	待考
何元錫（1766～1818）	浙江錢塘	後學	待考
錢東壁（1766～1818）	江蘇嘉定	幕府	待考
臧庸　（1767～1811）	江蘇武進	幕府，交游	已考
顧廷綸（1767～1834）	浙江會稽	幕府	待考
許宗彥（1768～1818）	浙江德清	弟子	已考
張鑑　（1768～1850）	浙江烏程	弟子，幕府	已考
周中孚（1768～1831）	浙江烏程	弟子，幕府	已考
陳鴻壽（1768～1822）	浙江錢塘	幕府	待考
李銳　（1769～1817）	江蘇仁和	幕府	已考
胡敬　（1769～1845）	浙江仁和	後學	待考
洪震煊（1770～1815）	浙江臨海	弟子，幕府	已考
高塏　（1770～1839）	江蘇儀徵	幕府	待考
李黼平（1770～1832）	廣西嘉應	幕府	待考
查初揆（1770～1814）	浙江海寧	後學	待考
朱為弼（1771～1840）	浙江平湖	弟子，幕府	已考
金鶚　（1771～1819）	浙江臨海	弟子	待考
陳壽祺（1771～1834）	福建閩縣	弟子，幕府	已考
陳文述（1771～1843）	浙江錢塘	交游，幕友	待考
孫同元（1771～　　）	浙江仁和	幕府	待考
陸耀遹（1771～1856）	江蘇陽湖	幕府	待考
黃承吉（1771～1842）	江蘇江都	朋友	待考
方東樹（1772～1851）	安徽桐城	幕府	待考
湯金釗（1772～1856）	浙江蕭山	後學	待考
盧坤　（1772～1835）	涿州	後學	已考
端木國瑚（1773～1837）	浙江青田	弟子，幕府	已考

吳榮光（1773～1843）	廣東南海	弟子	已考
嚴元照（1773～1817）	浙江歸安	幕府	已考
羅士琳（1774～1853）	江蘇甘泉	後學	待考
汪家禧（1775～1816）	浙江仁和	弟子，幕友	已考
凌曙 （1775～1829）	江蘇江都	幕府	待考
林伯桐（1775～1845）	廣東番禺	學海堂學長	待考
梁章鉅（1775～1849）	福建長樂	弟子	已考
臧禮堂（1776～1805）	江蘇武進	幕府	已考
張維屏（1780～1859）	廣東番禺	學海堂學長	待考
馮登府（1780～1841）	浙江嘉興	後學	待考
劉開 （1784～1824）	安徽桐城	後學	待考
程恩澤（1785～1837）	安徽歙縣	再傳弟子	待考
潘德輿（1785～1859）	江蘇山陰	門生	待考
汪喜荀（1786～1858）	江蘇揚州	後學	已考
吳蘭修（1789～1839）	廣東嘉應	學海堂學長	待考
馬福安（1789～ ）	廣東順德	學海堂學長	待考
劉文淇（1789～1854）	江蘇儀徵	後學	待考
龔自珍（1792～1841）	浙江仁和	後學	已考
黃子高（1794～1839）	廣東番禺	學海堂學長	待考
丁晏 （1794～1875）	江蘇山陰	門生	待考
柳興恩（1795～1880）	江蘇丹徒	門生	待考
汪文臺（1796～1844）	安徽黟縣	幕府	待考
侯康 （1798～1837）	廣東番禺	學海堂學長	待考
譚瑩 （1800～1871）	廣東南海	學海堂學長	已考
何紹基（1800～1874）	湖南道州	弟子	已考
朱次琦（1807～1882）	廣東九江	學海堂學長	待考
陳澧 （1810～1882）	廣東番禺	學海堂學長	待考
伍崇曜（1819～1863）	廣東南海	後學	待考
曾釗 （1821～1854）	廣東南海	幕府	待考
俞樾 （1821～1907）	浙江德清	詁經精舍山長	已考

丙、阮元交游考：友人、弟子、幕僚

　　（一）《清儒學案》所列儀徵弟子與阮元的交往：

　　　　1、姚文田

　　　　2、張惠言

　　　　3、嚴元照

　　　　4、嚴杰

　　　　5、李富孫

　　　　6、李遇孫

　　　　7、洪頤煊

　　　　8、王引之

　　　　9、周中孚

　　　　10、洪震煊

　　　　11、端木國瑚

　　　　12、汪家禧

　　　　13、孫鳳起

　　（二）阮元與其他弟子或幕僚的交往：

　　　　14、許宗彥

　　　　15、張鑑

　　　　16、朱為弼

　　　　17、陳壽祺

　　　　18、梁章鉅

　　　　19、李銳

　　　　20、臧庸

　　　　21、江藩

（一）《清儒學案》儀徵弟子與阮元的交往

1、姚文田（1758～1827）：長阮元 6 歲，他是嘉慶 4 年己未會榜（1799 年）
　中式進士二百九人之一，時阮元 36 歲，奉旨充會試副總裁（正總裁為朱
　珪，另一副總裁為劉權之）。《清儒學案》有秋農學案，姚文田《邃雅堂集》
　有詩「阮雲臺師命題雷塘庵主小像蓋廬墓時所繪者」一首。

2、張惠言（1761～1802）：長阮元 3 歲，阮元《張皋文儀禮圖序》詳述其為
　官，出身，德行和治學：「編修字皋文，武進人，乾隆丙午（1786 年）中

式舉人，嘉慶己未（1799 年）進士，改庶吉士，充實錄館纂修官，武英殿協修官。辛酉（1801 年）散館，授翰林院編修，方以學問文章受知于朝，不幸早卒。予舉于鄉，與編修爲同榜（時阮元 23 歲），其舉進士，乃予總裁會試所取，予知之也久，故序而論之。編修幼孤，家至貧，母姜孺人撫以成立。及長，修學立行，敦禮自守，性剛而廉，貌若和易，而中不可干。其爲人勤于事親，友于弟，睦于族，蟬鄉之善士，無勿友也。與人審而後交，交者必端，凡爲其友者，無不稱之敬之。其爲學博而精，旁探百氏，要歸六經，而尤深易，禮。」〔註 40〕

　　阮元《揅經室續集》卷一另爲其子成孫撰《武進張氏諧聲譜序》；《清儒學案》有茗柯學案；張惠言《茗柯文四編》有《上阮中丞書》。

3、嚴元照（1763～1797）：長阮元 1 歲，《清儒學案》有鐵橋學案；他是許宗彥的表弟。許宗彥撰《三文學合傳》云：「諸生汪家禧，仁和人，楊鳳苞，嚴元照，歸安人，儀徵阮侍郎元督學浙江，三人並以高才生受知；嘉慶 4 年（1799 年），侍郎巡撫浙江，立詁經精舍，招致三人在其中。——元照生而識字，四歲能作大書，八齡據案作諸體書，求書者盈戶外，江南以爲奇童，性倜儻，不樂市井，所著有《悔庵文鈔 詩鈔 詞鈔》《娛親雅言》《爾雅匡名》等書，皆可傳。」〔註 41〕

4、嚴杰（1763～1843）：錢塘嚴厚民，長阮元 1 歲，《清儒學案》有懋堂學案；詁經精舍學生，爲阮元編輯《皇清經解》。阮元盛讚「厚民湛深經籍，校勘精詳」，有《題嚴厚民杰書福樓圖》詩云：「嚴子精校讎，館我日最長。校經校文選，十目始一行。」《嚴忍公子餐方貽傳》云：「錢塘嚴杰，通經術，余詁經精舍翹材生也」；《錢塘嚴氏京邸祖墓圖記》云：「至于祖墓祖祠之在杭者，厚民又積筆耕之資，買田以爲完糧祭掃之用，厚民敬末宗孝祖之義，可以風矣。」〔註 42〕

5、李富孫（1764～1843）：與阮元同年，《清儒學案》有柳東學案，詁經精舍生；其《校經廎文稿》有《送大中丞阮雲臺夫子述職序》文。

6、李遇孫（1765～1839）：少阮元 1 歲，《清儒學案》有柳東學案；詁經精舍生。

〔註 40〕阮元：〈揅經室集〉（北京：中華書局，1993 年 5 月版），頁 243～244。
〔註 41〕許宗彥：《鑑止水齋集》卷 17，（嘉慶二十四（1819 年）年杭州版），頁 17。
〔註 42〕阮元：《揅經室集》，頁 484，頁 673，頁 1108～1109。

7、洪頤煊（1765～1833）：少阮元 1 歲，詁經精舍生；《經籍纂詁》分纂；著有《筠軒文鈔》及《孔子三朝記》。

8、王引之（1766～1834）：少阮元 2 歲，王念孫之子；己未會榜進士之一；《清儒學案》有石臞學案。阮元曾問學于引之父——念孫，而引之卻爲阮元及門。阮元對王念孫、引之父子的學術知之頗深。阮元《王伯申經義述聞序》說：「先生」（懷祖）經義之外，兼核諸古子史。哲嗣伯申繼祖，又居鼎甲，幼奉庭訓，引而申之，所解益多。著《經義述聞》一書，凡古儒所誤解者，無不旁徵曲喻，而得其本義之所在。——嘉慶二十年（1815年），南昌盧氏宣旬讀其書而慕之，既而伯申又從京師以手訂全帙寄余，余授之盧氏，盧氏於刻《十三經注疏》之暇，付之刻工，伯申亦請余言序之。昔余初入京師，嘗問字於懷祖先生，先生頗有所授。既而伯申及余門，余平日說經之意，與王氏喬梓投合無間。」《王伯申經傳釋詞序》說：「高郵王氏喬梓，貫通經訓，兼及詞氣，昔矜其終風諸說，每爲解頤，乃勸伯申勒成一書，今二十年，伯申侍郎始刻成《釋詞》十卷，元讀之，恨不能起毛，孔，鄭諸儒而共證此快論也。」〔註43〕

9、周中孚（1768～1831）：少阮元 4 歲，詁經精舍生，著有《鄭堂讀書記》。

10、洪震煊（1770～1815）：少阮元 6 歲，詁經精舍生，《經籍纂詁》分纂。

11、端木國瑚（1773～1837）：少阮元 9 歲，詁經精舍生。

阮元有詩贈國瑚云：「誰是齊梁作賦才，定香亭上碧蓮開。梧州酒監秦淮海，招得青田白鶴來。」〔註44〕

12、汪家禧（1775～1836）：少阮元 11 歲，詁經精舍生。

許宗彥《三文學合傳》：「家禧年最幼，而沈篤銳敏，好學尤甚，性謙下，常若不及六一泉，有神位數百，類皆前明湛族破家之遺老，莫知其蹤跡，家禧一一鉤考得之，撰《六一泉神位考》三篇，閱書積千餘種，其他所著有《意林翼》《東里學人詩文集》。」〔註45〕

13、孫鳳起（　～　）：詁經精舍生。

（二）阮元與其他弟子或幕僚的交往：

14、許宗彥（1768～1818）：宗彥少阮元 4 歲，己未會試總裁中式進士，阮元

〔註43〕阮元：《揅經室集》，頁 120，頁 121。
〔註44〕阮元：《揅經室集》，《贈端木子彝國瑚》，頁 818。
〔註45〕同註2。

門生。阮元說：「元與君丙午（1786 年）同舉于鄉，己未會試（1799 年），
元副朱文正公，爲君座主，又以子女爲姻家（次女適阮福），學術行誼，
相契最深，故爲傳焉。」〔註 46〕

《浙儒許君積卿傳》云：「許君名宗彥，字積卿，又字周生，浙江德清人，
明史儒林傳許孚遠（六世祖）之後。——君生有異質，九歲能讀經史，善屬
文，時中書君主劉文正公家，文正公見君，甚器之。青浦王公昶愛其才，作
《積卿字說》，載《春融堂集》。君十歲即不從師，經史文章皆自習之。——
嘗訓諸子曰：『讀書人第一須使此心光明正大，澄清如止水，無絲毫苟且私曲
不可對人處』故名所居曰鑑止水齋—居杭州，杜門以讀書爲事。君于學無所
不通，探賾索隱，識力卓然，發千年儒者所未發，是爲通儒。」蔡之定《許
君周生家傳》稱譽宗彥：「君寡嗜好，惟喜購異書，不惜重價藏弄滿樓，於書
無所不讀，實事求是，旁及道經，釋典，名物，象數，必殫其奧而後已，獨
不取考訂，以爲無裨實學，尤精於天文，得西洋推步秘法。」〔註 47〕陳壽祺
撰《許君墓志銘》讚張皋文，許周生二人爲嘉慶己未進士科卓犖兼賅眾長者；
又謂「周生其學，務求六經大義，深觀自漢以來二千年治亂得失，究古今儒
術隆替文章眞偽，不屑屑校讎文字，辨析偏旁訓詁，不樂掇拾零殘經說，不
惑於百家支離曼衍迂疏寡效之言，討論經史多精詣。」〔註 48〕

許宗彥《鑑止水齋集》卷 3 有《阮雲臺師五十壽詩》七律四首；其一云：
「豈令白頭儒者羨，直令青史古人慚；定知淮海英靈萃，銅律春回一氣涵」；
其二云：「自矢清勤孚帝眷，最能微隱恤民情；濟生功大丹臺注，報國心專白
髮生」其三有句「文望共推韓吏部，生辰恰似白香山」。卷 10 有《上阮雲臺
師書》，詳論《浙江圖考》；卷 11 有《詁經精舍文集序》，謂其師《揅經室集》
「於古今學術洞悉本原，折衷無偏，實事求是，足以發明墜義，輔翼經史」；
可見師生二人相知頗契。

15、張鑑（1781～1850）：字春冶，浙江烏程人，少阮元 17 歲。

阮元《默齋張君誄》記云：「詁經精舍生烏程張鑑，通經博覽，善詩古文，
佐予書記者有年矣。嘉慶十一年（1806 年）丁父憂，十二年秋，述其父（默
齋）之言行以示予。——嘉慶辛酉（1801 年），鑑選拔貢生，從諸城劉侍郎入

〔註 46〕阮元：《揅經室集》，頁 405。
〔註 47〕同註 2。
〔註 48〕見前註。

都—甲子（1804 年），鑑中副榜舉人。十一年（1806 年），從予在揚州（時阮元 43 歲）」〔註49〕

《雷塘庵主弟子記》即《阮元年譜》，卷一和卷二，俱為阮元弟子張鑑所撰，卷首識語稱：「吾師年甫強仕，已揚歷中外，雖立朝行政，來者方滋，而教學，救荒，靖寇數大事，昭然在浙。鑑浙產，且侍坐甚久，粗能得其崖略，因仿劉公是《弟子記》之名，取其歲月，都為一冊」，而成為《阮元年譜》的權輿之作。〔註50〕

張鑑《冬青館甲集 乙集》中有頗多詩文，詳述他和阮元的日常交往，詩作包括：《節署月臺落成呈阮師》、《讀阮師濬杭州清波門流福溝成放水入城記事詩書後》、《湖莊雜詠八首阮師索賦》、《重木無 天一閣北宋石鼓歌為阮師作》、《題阮師江鄉籌運圖》、《阮師自嶺南寄到文選樓詩存及恩平亢桐葉吟蟬硯賦謝二首》、《萬柳堂為阮師補作》；文章則有《答阮相國師書》、《揅經室文集序》、《答阮侍郎師書》、《再答阮侍郎師書》等〔註51〕，間接證明了張鑑的學術和思想，受到阮元的影響頗深。

16、朱為弼（1771～1840）：

為弼少阮元 7 歲，據為弼姪曾孫朱景邁《蕉聲館詩集續補一跋言》所述云：「伯曾祖侍郎公早以通金石文字，受知於阮文達公，文達初以督學，旋撫吾浙，侍郎公館其署有年，朝夕相權，因成《積古齋鍾鼎款識》一書」〔註52〕

朱為弼摹輯續鍾鼎款識，作秋齋摹篆圖屬題，阮元因作《論鐘鼎文絕句十六首題之》，末四首云：

> 卻怪復齋與嘯堂，百千鐘鼎豈皆忘？
> 如今積古齋中物，又是當年誰氏藏？
> 子孫永保萬年用，過眼雲煙亦達觀，
> 一自秋齋摹篆後，幾家寶守幾凋殘。
> 先生嗜好與吾同，日日齋中篆古銅，
> 庚鼎肉羹朋爵酒，大林鐘鼎動金風。
> 篆形字與畫同之，後世稱奇古不奇，

〔註49〕 阮元：《揅經室集》，頁 492～493。
〔註50〕 張鑑：《阮元年譜》（北京：中華書局，1995 年 11 月），頁 2。
〔註51〕 張鑑：《冬青館甲集》，卷 1～卷 5，頁 205～251；《冬青館乙集》，卷 1～卷 8，頁 273～397；《叢書集成續編》，集部 134，（上海書店出版社，1994 年 6 月）。
〔註52〕 朱為弼：《蕉聲館集》（咸豐二年（1852 年）三月刊本），頁 1～2。

今日秋齋圖句裏，古人若見也應疑。〔註53〕

阮元也極欣賞爲弼，《朱母高太孺人傳》云：「嘉慶元年（1796 年）予奉命學
兩浙，以經學詩古文試士于平湖，得朱生爲弼，根柢深厚，不爲俗學，極賞
拔之。又三年，來撫浙，招生課予弟及子，是秋，生領鄉薦，明年，應禮部
試。」〔註54〕《揅經室集》又有《爲朱椒堂爲弼題朱氏月潭八景圖冊八首》
及《題朱椒堂西泠話別圖詩》，阮元云：「邀將金石論交契，付與湖山記別離。
談遍五年書裏事，藏來七子集中詩」，可見阮元平日和吳澹川，端木子彝，陳
雲伯，陳曼生，童蔈君，邵東匯，朱爲弼等西泠詩人，經常談詩歌，論金石，
相互往還。

朱爲弼《蕉聲館集》中所錄給阮元的詩文也不少，茲錄如次：

詩卷 2：《題西湖第一樓》《阮芸臺中丞師閱兵海上呈詩四首》

詩卷 3：《阮中丞師闈中書詩冊見賜詩以志謝二首》

詩卷 4：《阮中丞師得兩漢陶陵鼎》《分題琅嬛仙館所藏畫扇》
　　　　《八專瓦　吟館分詠》《題阮中丞師秋江載菊圖三首》《和中丞師》
　　　　《節署西院和阮中丞師作》

詩卷 6：《阮中丞師招同人集澹寧精舍》

詩卷 7：《中丞師招同石琢堂》

詩卷 8：《題阮常生吟館圖》

詩卷 10：《奉和阮宮保師端石硯山歌原韻》

詩卷 14：《題隋文選樓校經圖》

詩補遺卷 1：《題阮中丞師所藏白陽山人花卉卷》《題阮中丞師自書詩冊》等。

文卷 4：《上阮芸臺師書》

文卷 5：《積古齋鐘鼎彝器款識後序》

文卷 6：《阮中丞師四十壽序》《阮宮保師六十壽序》《阮相國師七十壽序》等。

朱爲弼自述事師經年：「爲弼隨侍函丈，閱二十有八年於茲矣」；又論其
師「幼通群雅，長爲經師，以文學侍從受純廟特達之。且以著述宏富，宛委
龍威，揅經築室，文昌珠輝，賦凌班馬，文軼韓蘇，經溯孔鄭，學訂程朱，
詩歌正始，書分支派，測規量矩識，綜小大公餘燕寢，手編是勤，凡筆於書
者，統經緯而炳大文，藝成而道咸尊焉。」

_____

〔註53〕阮元：《揅經室集》，頁 865。
〔註54〕阮元：《揅經室集》，頁 529。

　　《《阮宮保詩六十壽序》》《阮相國師七十壽序》論阮元著述云：「在浙江時，集名《挈經》，立詁經精舍，編《經籍纂詁》，昔所親承指授，列名校勘者，厥後校刊《十三經注疏》，刊布文集，闡性道之旨，糾傳注之訛，證子史之異，正文章之範，洪雅頌之聲，海內之士爭先睹為快，且搜購遺書，網羅散佚，附方物以進充石渠祕笈，又刊《皇清經解》一千四百卷，立說經之圭臬，掃近代之陳言。」，從朱為弼為阮元撰寫的三篇祝壽文章來看，可證他對阮元的仰慕之情，溢於言表。

17、陳壽祺（1771～1834）：

　　陳壽祺少阮元 7 歲，己未進士，翰林院編修，文淵閣校理，國史館總纂，京察一等，記名御史。阮元評壽祺：「幼被父（鶴書）教，文藻博麗，規畫揚，馬，通達經傳，精究小學。——壽祺為元門生」〔註55〕

　　阮元又為壽祺撰《隱屏山人陳編修傳》云：「陳壽祺，字恭甫，號左海，閩縣人。——元巡撫浙江，延主講杭州敷文書院，兼課詁經精舍生徒；元修《海塘志》，且纂群經古義，為《經郛》，壽祺皆定其義例焉。——其德業在梁溪，考亭之間，其志節在文山，青陽之列，其發明聖學，衛道宗經，大旨與劉公宗周相近。——其生平著述尤富，四庫採錄其書多至十種，皆闡明經旨，推究治道，而尤深於易經，孝經，其講學恪守朱子道脈——壽祺解經，得兩漢大義，每舉一義，輒有折衷，上溯伏生，下至許，鄭，靡不通徹。——壽祺雅慕武夷山水紫陽精舍，晚年自號隱屏山人，作隱屏山人傳，子三，喬樅，朝樞，鴻秉—論曰：（壽祺）立身於道義之中，而經學博通兩漢，文章雅似齊梁，其學行卓然傳矣。」〔註56〕

　　陳壽祺《左海文集》收恭甫給阮元的書信及儀徵給恭甫的書信，從中窺見二人師生交誼之深，以及討論學術的內容，茲條錄如次：

（1）1834 年，陳壽祺卒後，阮元致書其子：「六月初，由郵封得接訃音，驚悉尊大人遽作古人，為之慟憶，既而思一生如此，殊為不錯——本當作墓誌，因誌乃常事，惟傳始可傳。」（見阮元《隱屏山人陳編修傳》附錄）

（2）卷 1 收道光元年（1821 年）《儀徵阮宮保尚書札》阮元致書壽祺云：「生近來將胸中數十年欲言者寫成《性命古訓》一卷，大抵欲闢李習之復性之書，而以書召誥節性為主，少暇當再鈔寄；又論仁論二卷奉政，此內

〔註55〕阮元：《揅經室集》，《誥封奉直大夫翰林院編修陳君墓志銘》，頁 501～502。
〔註56〕阮元：《揅經室續集》卷 2，頁 9～13；陳壽祺：《左海文集》，頁 1～6。

廬山一段，乃千古學術關鍵，不足爲外人道也。」

（3）卷4《上儀徵阮夫子請定經郅義例書》及《經郅條例》；《經郅條例》云：
「《經郅》薈萃說經本末，兼賅源流，具備闡許鄭之閟眇，補孔賈之闕遺，
上自周秦，下訖隋唐，網羅眾家，理大物博，漢魏以前之籍，搜采尤勤，
凡涉經義，不遺一字，其大端有十：一曰探原本，二曰鉤微言，三曰綜
大義，四曰存古禮，五曰存漢學，六曰證傳注，七曰通互詮，八曰辨勦
說，九曰正繆解，十曰廣異文。」

（4）卷5 壽祺《答儀徵公書》云：「《揅經室文集》，其巨者皆明道經世之大
業，其小者，猶足以通百物而利民用，自西漢以來，著述之既博既精，
莫有與之匹儔者……《皇清經解》摭近儒說經之件，網羅眾家零鏐碎璧
之寶也。」《上阮侍郎夫子書》：「詔書以夫子禮服逾期，起復撫閩。」《上
儀徵阮夫子書》：「弟子壽祺謹問左右，前月蒙惠書知，夏秋患脾溼久，
私心憂懣。」《上儀徵阮夫子書》又云：「夫子奉 命調撫江右，伏惟夫子
替漕兩載，忠勤倍異，顧事勢有所閡而不能盡其才。」《上宮保尚書儀眞
公書》：「蒙示《論孟》《論仁論》，明辨以晰其中，廬山講學源流一段，
誠千古學術關鍵，自來博洽通儒，未有窺見及此者也；《性命古訓》，它
日冀更受而讀之。壽祺嘗深思天下事重有憂者如鴉片一物，夷人販運，
既以戕中國之人，又以耗中國之財，用心叵測，流毒無窮。」《上儀徵公
夫子書》：「受聘之始，以爲善風俗在正人心，正人心在屬行義，崇經學，
因條具規程十餘事，大略訪學行以汰浮詭，建課所以嚴防閑，擇監院以
謹稽察，屏蠹士以徵放恣。」另卷7有《文選樓詩存後序》，卷8有《西
湖講舍校經圖記》，皆見壽祺論儀徵的學術。〔註57〕

18、梁章鉅（1775～1849）：梁章鉅少阮元11歲。

據章鉅《退庵自訂年譜》所記：「退庵居士系出安定梁氏，名章鉅，字閎中，
又字茝林，晚年自號退庵。——道光甲午（1834年），60歲輯《退庵隨筆》二
十卷，自爲之序，此書先爲關中友人所刻後，至桂林復加增刪，擴爲24卷，賀
長齡序之（阮元亦有序）；戊戌（1838年），64歲，校梓《文選旁證》46卷，
阮雲臺師，朱蘭坡同年各爲之序，蓋二十年精力所萃，至是始成書云。」〔註58〕

〔註57〕 陳壽祺：《左海文集》，孫紹塘重刊：〈三山陳氏家刻左海全集〉，（1823年版），
卷4～7。

〔註58〕 梁章鉅：《清梁退菴先生章鉅自訂年譜》（臺北：商務印書館，1982年5月），

　　阮元《退菴隨筆序一》云：「前贈《樞垣紀略》，掌故所繫，是樞廷不可少之書，至今繙讀不倦，今復得此編，耳目又爲之一新，所論皆平允通達之至，弟之拙著，亦有與尊說暗合者，中間並無刺謬可傳之書也。」〔註59〕可見章鉅以阮元爲師，而阮元卻視章鉅爲論學之摯友。道光18年（1838年），阮元爲章鉅之《文選旁證》撰序，推許此書：「博采唐宋元明以來各家之說，計書一千三百餘種，旁搜繁引，考證折衷，若有獨見，復下己意，精心銳力，捨易爲難，沉博美富，又爲此書之淵海矣。」〔註60〕

　　梁章鉅另著有筆記《浪跡叢談》及《歸田瑣記》二種〔註61〕，俱見章鉅和阮元的日常交往，例如《浪跡叢談》卷2有雲臺師壽聯，卷7有道光年間四太傅條；《歸田瑣記》卷1有文選樓及南萬柳堂條。

　　徐珂《清稗類鈔》飲食類，阮文達宴客於文選樓條，記錄了錢梅溪，阮文達，朱蘭坡，王子卿，梁章鉅等五老在揚州文選樓縱觀鐘鼎古器，梁章鉅年最少而居首座的故事，於此亦見章鉅的學識，可謂冠冕群倫。〔註62〕

　　歸納而論，許宗彥，張鑑，朱爲弼，陳壽祺，梁章鉅五人，俱從學於阮元而學有所成，而由他們五人和阮元的交往來看，阮元這位「一代偉人」對他們在學術成就的影響，是頗爲深遠的。

19、李銳（1768～1817）：

　　字尚之，號四香，少阮元4歲。阮元〈三統術衍序〉云：「嘉慶庚申（1800）先生（錢大昕）門人元和李尚之銳寓元幕中，行笈有是書，因得假而讀之，尋繹數過，凡昔所積疑扞格難通者，一旦渙然茹冰釋。——元不敏，少日治經之暇，頗亦留惰算術，比年以來，供職中外，此事日荒。況先生之書，義蘊宏深，尤非末學所能窺測，特就所曉知，粗舉綱要述於簡端，爲天下後世讀是書者導以先路，則元之厚幸也夫。」〔註63〕

20、臧庸（1767～1811）：

　　臧庸少阮元3歲，阮元幕僚。阮元撰〈臧拜經別傳〉，詳述與拜經的往還：

　　　　頁1～18。
〔註59〕梁章鉅：《重刊退菴隨筆》（上海進步書局，1920年版），頁1。
〔註60〕梁章鉅：《文選旁證》上冊，（福建人民出版社，2000年1月），頁9～10。
〔註61〕梁章鉅：《浪跡叢談 續談 三談》（北京：中華書局，1997年12月），頁38。
　　　　《歸田瑣記》（北京：中華書局，1997年12月），頁4～6。
〔註62〕徐珂：《清稗類鈔》，飲食類（北京：中華書局，1996年6月版），頁6291。
〔註63〕王昶：《湖海文傳》卷28（道光丁酉年鐫　經訓堂藏版），頁18～19。

「拜經姓臧名庸，字西成，又字拜經，本名鏞堂，武進縣人。嘉慶二年（1797），元督浙江學政，延拜經至西湖，助纂經籍纂詁。三年，纂詁成，拜經至廣東南海縣校刊于板，而臧氏（玉琳，拜經高祖）經義雜記諸書亦以是時刊成之。五年，元巡撫浙江，新闢詁經精舍于西湖，復延拜經至精舍補訂纂詁，校勘注疏。十二年，復應元招至杭州，讀書于北關署中。元初因寶應劉端臨台拱獲交拜經，十年之間，于我乎館者爲多。」〔註64〕

另阮元〈與臧拜經庸書〉辨「皋陶謨撻以記之以下七十四字或疑亦僞孔所增，由淵如觀察暨足下所說推之，元竊未敢定也。」〔註65〕臧庸《拜經堂文集》則收有：〈與阮雲臺侍講論古韻書〉及〈與阮雲臺侍講書二篇〉。

21、江藩（1761～1831）：

江藩長阮元 3 歲，阮元〈國朝漢學師承記序〉云：「元幼與君同里同學，竊聞論說三十餘年，江君所纂國朝漢學師承記八卷，嘉慶二十三年，元居廣州節院時刻之。讀此可知漢世儒林家法之承授，國朝學者經學之淵源，大義微言，不乖不絕，而二氏之說不攻自破矣！」〔註66〕另阮元〈通鑑訓纂序〉論江藩之學術云：「江君鄭堂，專治漢經學，而子史百家亦無不通，于通鑑讀之尤審，就己意所下者抄成資治通鑑訓纂若干卷，皆取其所采之本書而互證之，引覽甚博，審決甚精。」〔註67〕

1798 年，時阮元 35 歲，撰〈題江子屏藩書窠圖卷〉詩云：

江君未弱冠，讀書已萬卷，百家無不收，豈徒集墳典。

款識列尊彝，石墨堆碑版；我年幼於君，獲與君友善。

談經析鄭注，問字及許篆。〔註68〕

而江藩《炳燭室集文》也收錄〈與阮侍郎書〉，可證二人談經論史的投契。

〔註64〕阮元：《揅經室集》，頁 523～524。

〔註65〕阮元：《揅經室集》，頁 251。

〔註66〕江藩：《漢學師承記》（北京：中華書局，1983 年 11 月版），頁 1～2。

〔註67〕阮元：《揅經室集》，頁 556。

〔註68〕阮元：《揅經室集》，頁 818。

五、阮元文物遺蹟簡表

（一）揚州：1、文選樓　2、珠湖草堂　3、容園　4、南萬柳堂
　　　　　　5、蜀岡、平山堂　6、小金山、桃花庵、法海寺
　　　　　　7、阮公樓、夕陽樓　8、阮公家廟　9、墨莊
　　　　　　10、太傅東第　11、海岱庵　12、阮元墓
（二）北京：蝶夢園
（三）曲阜：1、祭孔廟文刻石　2、中庸說刻石　3、孔憲增墓碑
（四）杭州：1、阮公祠　2、阮公　墩3、詁經精舍
（五）廣東：1、廣州純陽觀　2、廣州學海堂　3、阮太傅祠
　　　　　　4、三水三十六江樓
（六）雲南：1、四知樓　2、與春樓　3、黑龍潭　4、跋爨龍顏碑
　　　　　　5、蒼山　6、阮公堤
（七）廣西：1、隱山銘摩刻2、陽朔畫山

（一）揚州

1、文選樓

梁章鉅：《歸田瑣記》卷1，文選樓：

「揚州有文選樓。文選巷之名見于王象之《輿地紀勝》及羅願《鄂州集》。乃隋曹憲以『文選學』開之，唐李善等以注選繼之，非梁昭明太子讀書處也。儀徵師宅即文選樓舊址。」（頁4）

阮元：《揅經室二集卷二》，《揚州隋文選樓記》：

「嘉慶九年，元既奉先大夫命，遵國制立阮氏家廟，廟在文選樓、文選巷之間，廟西餘地先大夫諭構西塾以為子姓齋宿飲餕之所，元因請為樓五楹，題曰『隋文選樓』。樓之上，奉曹君及魏君、公孫君、李君、許君七栗主，樓之下，為西塾。經營方始，先大夫慟捐館舍，元于十年多哀敬肯構之。越既祥，書此以示子孫，俾知先大夫存古蹟、祀鄉賢、展廟祀之盛心也。元謹記。」

阮亨《瀛舟筆記》卷6：「其實揚州只有曹憲李善注選樓耳。兄既於選樓巷家廟之西構樓一區，專藏圖書，額曰文選樓，復自為之記。」

2、珠湖草堂

焦循：《揚州北湖小志》卷2《珠湖草堂記》：

「珠湖草堂在公道橋東北八里許，倪家嘴之西，爲阮招勇將軍釣遊之地。將軍子光祿公建亭於草堂之後口三十六陂亭；環莊大渠曰漁渠，亭西高邱曰黃鳥隅，隅下小池曰龜蓮沼，田外水草交處曰菱蘗，小舟曰射鴨船，其門上有樓曰湖光山色樓，將軍孫中丞公所題也，一時名人多爲八詠焉。湖中罕見山色草堂之樓，前臨湖水，空闊無所蔽，甘泉山色最近，每當晴霽隔江，京口諸山及西南橫冶金牛諸山，皆朗然可見，東望露筋祠岸，風帆漁棹，往來不絕。余每乘小艇出廟灣，泛於黃子赤岸之間，宿草堂中，登樓而歌相羊，不肯去。草堂舊有一石碑，高及人肩，寬二尺許，厚不盈尺，首有穿，兩面皆剝落無一字，似非近代物也。」

3、容園

梁章鉅：《歸田瑣記》：

「初到揚州，居旅店中，湫隘囂塵，不可言狀。州縣官以六塊鋪墊，兩合紗鐙，了之而已。既思故友張建亭觀察家極寬敞，雖甫遭八人之厄，而餘宅尙多，姑令逢兒往探之。則觀察之子松崖郡丞適來，甚有樂爲居停之意，因挈家移住其中。宅中亭館一空，主人眷屬移居前院正屋，而臨池二十餘間尙在，因與主人分前後院而居。適儀徵阮雲臺師先來視余，徘徊瞻眺間語余曰：『此名容園，爲吾揚州園亭第一所。此池寬廣，亦合郡所無。本江畹香中丞之舊宅。余初以少賤，不得其門而入。及爲張觀察所得，又以素無謀面之雅，裹足不前。今聞足下寓此，樂得藉開眼福。雖殘燬之後，尙可曠觀，且頹垣碎礫之間，尙有數十本牡丹盛開，足供詩料矣。』時余尙未摳謁師宅，因問吾師府中之園如何，師笑曰：『我本無買園之力，即有資亦斷不買園。揚州仕宦人家，無不有園者，郡人即以其姓名之，如張姓則呼爲張園，李姓則呼爲李園，若我有園，則亦必被呼爲阮園，是誠不可以已乎。』因一笑而去。」（頁3）

4、南萬柳堂

梁章鉅：《歸田瑣記》：

「邵伯湖之北數十里，有儀徵師別墅，在水中央，四圍種柳數萬株，每歲長夏必於此避暑，自題爲南萬柳堂，以別於京師之萬柳堂也。繪圖作詩者屢矣，近復得清湘子畫片作爲南萬柳堂第四圖，以新卷命余首題，余謹次自題韻成七律二首，吾師甚稱賞之，爲附刻於《掣經室續詩》中。」（頁5）

阮元《揚州北湖萬柳堂詩並序》：

「余家揚州郡城，北湖四十里僧度橋，橋東八里赤岸湖，有珠湖草堂，乃先祖釣遊之地。嘉慶初，先考復購田莊，余曾在此種稻捕魚八年。過此有八詠：曰珠湖草堂、曰三十六陂亭、曰湖光山色樓、曰魚渠、曰黃鳥隅、曰龜蓮沼、曰菱湄、曰射鴨船，系以八詩，致可樂也。」

5、蜀岡、平山堂

阮元：《畫舫錄序》

「《揚舟畫舫錄》十八卷，儀徵李君艾塘（斗）所著也。揚州府治在江、淮間，土沃風淳，會達殷振，翠華南巡，恩澤稠疊，士以日文，民以日富。艾塘于是綜蜀岡、平山堂諸名勝、園亭、寺觀、風土、人物，仿《水經注》之例，分其地而載之。」

6、小金山、桃花庵、法海寺

阮元《揚州畫舫錄二跋》：「自《畫舫錄》成又四十餘年，書中樓臺園館，僅有存者，大約有僧守者，如小金山、桃花庵、法海寺、平山堂尚在，凡商家園丁管者多廢，今止存尺五樓一家矣。」

7、阮公樓、夕陽樓

阮元：《揅經室再續集》，卷五，《湖光山色阮公樓詩九窗九詠並序》：

「嘉慶年間，元搆二樓，一在雷塘墓廬，一在道橋家祠之右，焦里堂姊夫昔題塘樓曰阮公樓，橋樓乃北渚二叔親視結構，樓方四丈，餘四面共九窗。
——第一東南　曉帆古渡　　第二東南　隔江山色
　　——第三南西　湖角歸漁　　第四西南　墓田慕望
　　——第五西中　松楸疊翠　　第六西北　花莊觀穫
　　——第七北西　夕陽歸市　　第八北東　桑榆別業
　　——第九東北　齋心廟貌」

阮元：《揅經室二集卷二》，《雷塘阮公樓石刻象記》：

「揚州城北中雷塘，即隋之大雷，《漢書》所謂雷波也。其地勢自甘泉山來，雨水夾地而行數十里，會於塘之東南。——墓西南半里許有墓廬，廬北有樓三楹，高二丈許，東望松楸，碑石皆在目前。每當霜草風木，寒雪夜月，曠然以號，曷可言已。樓中繪四世象刻于石，焦君循書扁，質言之，曰阮公樓。」

　　阮亨《瀛舟筆記》卷 6：「雷塘內舍之後，兄築小樓三楹，焦里堂先生爲之題署曰阮公樓。兄三年憂服，樓息時多，嘗刻四代石象供其中而爲之記。」

　　《揅經室再續集》卷 5《夕陽樓》：「老桑東小樓一間，西向可望遠林，二僕舁椅登之，余題此名。

　　多年耐暑復耐寒，三十蒙恩亦耐官。

　　今日夕陽樓上望，遲遲耐倚此欄干。」

8、阮公家廟

　　阮元：《揅經室二集卷二》，《揚州阮氏家廟碑》：

　　「乃卜地于揚州府舊城文選樓北興仁街，鳩工庀材，越九月，廟成。奉高、曾、祖、禰四室木主及祔位主人廟，祭田、祭器、祭服咸備，以成禮制，以致孝敬。樹碑于外東階，與文選泉東西相直。」

　　彭卿雲：「在江蘇揚州市毓賢街。建於清嘉慶年間，是祭祀阮元先祖的家廟。廟外牆壁嵌有橫石額，鐫刻『太傅文達阮公家廟』八個大字。」
〔註 69〕

9、墨莊

　　阮元：《揅經室二集卷二》，《揚州文樓巷墨莊考》

　　「揚州文樓巷墨莊者，宋劉敞、武賢、滁三世之所居也。──

　　元居揚州文選巷文選樓側時，方纂《揚州圖經》，撿舊志‧但知有文樓巷，不知巷有墨莊事，乃旁考《宋史》、朱子、羅鄂州、劉公是、吳草廬、虞道園等集及江西地志，朱高安《墨莊石刻跋》述之如此。」

10、太傅街、福壽庭（太傅東第）：

　　《揚州研究》頁 416：朱懋偉：〈揚州歷史人文蹤蹟〉：

　　「福壽庭是清代三朝元老、九省疆臣體仁閣大學士阮元的府第。

　　太傅街則是阮元家廟所在。」

　　《揚州概覽》頁 305：「揚州太傅街（今江蘇揚州市毓賢街）、文選樓、福壽庭均有其遺跡，墓在雷塘老巴山。」

　　彭卿雲：「清道光十八年（1838（，阮元告老歸里，至道光二十九年（1849）辭世，一直居此宅內。」

〔註 69〕彭卿雲編：《中國歷代名人勝跡大辭典》（香港：三聯書店，1995 年 2 月），頁
　　　　768～770。

11、海岱庵

阮亨《瀛舟筆談》卷 6：「揚州舊城北王巷，今呼白瓦巷，乃先祖在城故居，久質於他姓，予嫂孔夫人，以此地南偏，爲余兄（阮元）誕生之所，因贖其半爲海岱庵，有小碣嵌庵壁中。」

12、阮元墓

在江蘇揚州市城北雷塘。俗稱老壩山。山陽有三冢，掩映在松柏之中，其小者爲阮元墓。阮元墓前有咸豐元年（1851 年）立墓表石刻一方，正面刻〈誥封光祿大夫太傅體仁閣大學士阮元文達公墓表〉。

（二）北京：蝶夢園

震鈞：《天咫偶聞》卷 5　西城「阮文達公蝶夢園在上岡。公有記云──（參《揅經室集》頁 629《蝶夢園記》）

此園今已改爲花廠，無復亭臺花木，只石井存耳。士夫近多喜住東城，趨朝便也。西城舊屋，日見其少，眞如昌黎所謂：一過之再過之，則爲墟矣者。故西城菜圃最多，菘薤連畦，固畫棟雕甍之變相也。」

（三）曲阜

1、祭孔廟文刻石：在山東曲阜市孔廟內。

2、中庸說刻石：在山東曲阜市孔廟內。

3、孔憲增墓碑：在山東曲阜市孔林東部，道光十九年（1839）立，阮元爲其岳父孔憲增書寫的墓碑，今存。

（四）杭州

1、阮公祠

周峰：《元明清名城杭州》：

吳山重陽庵舊址阮公祠長聯：

『珠遇紀三朝，入翰苑者再，宴鹿鳴者再，綜其七年相業，九省封圻，想當日台閣林泉，一代風流推謝傅；

宏才通六藝，覽詞章之宗，萃金石之宗，重以四庫搜遺，百家聚解，到於今馨香俎豆，千秋功德報湖山。』（頁 472）

2、阮公墩

阮元《揅經室續集》卷十一：

「余在杭時,濬西湖,曾於湖心積葑成堆數十年,後之濬者加積之,杭人呼之爲阮公墩,又題圖一絕句:『三十餘年老葑堆,小亭花柳幾時裁?

一墩先向西湖出,不似王家爭得來。」

在浙江杭州市西湖中。清嘉慶十四年,浙江巡撫阮元疏浚西湖,用銀 4500 兩,將挖出的泥土堆積於湖心亭之西,形成湖中一孤島,後人遂稱『阮公墩』。

3、詁經精舍

阮元《西湖詁經精舍記》,《揅經室集》:

「嘗病古人之詁,散而難稽也,于督學浙江時,聚諸生于西湖孤山之麓,成《經籍纂詁》百有八卷。及撫浙,遂以昔日修書之屋五十間,選兩浙諸生學古者讀書其中,題曰『詁經精舍』。「精舍」者,漢學生徒所居之名。「詁經」者,不忘舊業且勗新知也。」(頁 547)

(五)廣東

1、廣州 純陽觀

陸鍵東:《陳寅恪的最後 20 年》

「清代名勝漱珠崗純陽觀,該觀因清代經學大師阮元題詞而名噪一時,一直是羊城文人雅士講學結社集會之地。」(頁 50)

2、廣州 學海堂:

阮元:《揅經室續四集卷四》,《學海堂集序》:

「余本經生,來總百粵,政事之暇,樂觀士業,曩者撫浙,海氛未銷,日督戈船,猶開黌舍,矧茲清晏,何獨闕然。粵秀山峙廣州城北,越王臺故址也,山半石岩,古木蔭翳,綠榕紅棉,交柯接葉,闢萊數丈,學海堂啓焉。珠江獅海,雲濤飛汛於其前,三城萬井,煙靄開闔於其下;茂林暑戻,先來天際之涼,高欄夕風,已生海上之月;六藝於此發其秀輝,百寶所集,避其神采,淘文苑之麗區,儒林之古境也。」

3、阮太傅祠

林伯桐:《學海堂志》出版說明,

「學海堂於清道光四年(1824),由兩廣總督阮元,創辦於廣州粵秀山,至光緒二十九年(1903),清廷廢書院,興學堂,始改爲阮太傅祠。」

《學海堂志》:「同治二年以啓秀山房奉儀徵公神位榜於門曰阮太傅祠。」

三水：

1、梁紹壬《兩般秋雨菴隨筆》，三十六江樓：

「廣東廣州府三水縣江口，有行台，舊爲督臣閱兵駐節之地，後遷於肇慶府，其址遂廢。芸台宮保改爲書院，規模極其宏壯，題曰『三十六江樓』。

蓋謂北江所匯者九：滇江、始興江、墨江、錦江、翁江、麻江、氾江、
　　　　　　　　　　政賓江、蒼江也。

西江所匯者二十七：北盤江、南盤江、龍塘江、思覽江、牂牁江、柳江、
　　　　　　　　　　漓江、郁江、潯江、西洋江、洛青江、馱蒙江、黃龍江、
　　　　　　　　　　橘江、荔江、藤江、繡江、橫槎江、邕江、秋風江、
　　　　　　　　　　賀江、新江、白馬江、金城江、綠瓦江、蕉花江、
　　　　　　　　　　武陽江也。

諸江之水合流於此，故以爲名。可與二十四橋、十四妝樓同爲詩料。」（頁254）

2、《清碑類鈔》名勝類，頁146：「粵東三水江口有行臺，舊爲總督閱兵駐節之地，後遷肇慶，其地遂廢。阮元改爲書院飛閣臨江，規模宏壯，題曰『三十六江樓』。」

（六）雲南

1、四知樓

阮元：《四知樓說》「余在滇所居舊扁，名四知樓，因論之如此。」

2、與春樓

阮元：〈改造與春樓〉詩序：「滇署宜園北之與春樓；康熙戊辰范公承勳建。樓前香雪齋，乾隆癸未建樓，爲齋屋林樹所遮，罕登眺者。道光十三年，樓欹壞，東架更朽，十四年秋，余修正之。改造東架向東且高之，於是盡覽城東金馬諸山，且避西風看夕照，迎皓月，賞雨雪，皆成勝境矣！」〔註70〕

3、黑龍潭

在雲南昆明市北郊龍泉山五老峰下。清道光8年（1828）冬，阮元到此遊龍泉觀賞唐梅，寫下〈詠梅〉詩兩首，並刻石，題爲〈遊黑龍潭看唐梅二律〉，落款爲「丁亥冬作擎經老人元」，書法行楷。

〔註70〕阮元：《擎經室續集》卷11，頁2。

4、跋爨龍顏碑

在雲南陸良縣薛光堡。清道光六年（1826），阮元發現此碑。即命當地官員建亭保護，並題跋語：「此碑文體書法，皆漢，晉正傳，求之北地亦不可多得，乃雲南第一古石」自此名聲大著。

5、蒼山

在雲南大理市城西，又名點蒼山。阮元有〈宿大理三日看蒼山詩〉。

6、阮公堤

在雲南昆明市西北隅翠湖公園內。

（七）廣西

1、隱山銘摩刻

在廣西桂林市隱山北牖洞口。清嘉慶 24 年（1819）正月二十日，阮元 50 歲生日避客，遊隱山六洞，作〈隱山銘〉。

2、陽朔畫山

在廣西陽朔縣東北灘江中。阮元任兩廣總督期間，五度到「九馬畫山」處，端詳識馬，作〈清灘石壁圖歌〉，後在石壁上題【清灘石壁圖】五個大字，於清道光三年（1823 年）與歌同刻。

參考書目

甲、阮元著述

1. 《八甎吟館刻燭集》，中華書局，北京，1991 年。

2. 《十三經注疏附校勘記》，中華書局，北京，1980 年 10 月。

3. 《十三經注疏 附校勘記及釋語》，浙江古籍出版社，杭州，1998 年 6 月。

4. 《小滄浪筆談》，浙江節院刊版，1802 年。

5. 《山左金石志》，小琅嬛仙館刊版，1797 年，載嚴耕望編《石刻史料叢書》。

6. 《文選樓藏書記》，廣文書局，臺北，1969 年 2 月。

7. 《王文端公年譜》，北京圖書館藏珍本年譜叢刊（105），1998 年。

8. 《四庫未收書目提要》，上海商務，上海，1935 年 4 月。

9. 《石畫記》，《學海堂叢刻》第一函，啓秀山房叢書，廣州，1877 年。

10. 《石渠隨筆》，伍崇曜〈粵雅堂叢書〉第 15 集，1853 年。

11. 《考工記車制圖解》，《續修四庫全書》（上海：古籍出版社，1995 年），85 經部・禮類。

12. 《三家詩補遺》，《叢書集成續編》（上海書店，上海，1994 年 6 月），經部第 8 冊。

13. 《兩浙金石志》，《石刻史料新編》十四（臺北：新文豐出版公司，1882 年）。

14. 《兩浙輶軒錄》，浙江書局光緒本，1890 年。

15. 《定香亭筆談》，揚州阮氏琅嬛仙館版，1800 年。

16. 《周散氏盤銘》，求古齋書局，上海，線裝石印本。

17. 《皇清經解》，清光緒九年廣州學海堂本，廣州，1860 年。

18. 《琅嬛仙館詩》，清阮氏手定紅格底稿本，楷書，《清代稿本百種彙刊》，集部 68（臺北：文海出版社，1808 年）。

19. 《淮海英靈集》，《叢書集成初編》本（長沙商務印書館，長沙，1936 年）。

20. 《梧門先生年譜》，《北京圖書館藏珍本年譜叢刊》，冊 119。

21. 《國史文苑傳稿》，周駿富輯《清代傳記叢刊》（臺北：明文書局，1985 年 5 月）。

22. 《詁經精舍文集》，（趙所生，薛正興編〈中國歷代書院志〉第 15 冊），江蘇教育出版社，南京，1995 年 9 月。

23. 《經籍籑詁》，中華書局，北京，1982 年 4 月。

24. 《詩書古訓》，（伍崇曜編〈粵雅堂叢書〉第 11 集），1853 年。

25. 《揅經室集》，（中華書局 鄧經元點校本），北京，1993 年 5 月。

26. 《揅經室外集》，叢書集成初編，中華書局，北京，1991 年。

27. 《揅經室續集》，叢書集成初編，商務印書館，上海，1935 年 12 月。

28. 《揅經室詩錄》，（王雲五主編〈叢書集成簡編〉本），臺灣商務印書館，臺北，1966 年 6 月。

29. 《漢延熹西嶽華山碑考》，〈文選樓叢書〉本，1967 年。

30. 《閩縣陳文誠公神道碑》，上海商務印書館，上海，1931 年 8 月。

31. 《儀禮石經校勘記》，（伍崇曜編〈粵雅堂叢書〉第 18 集），1853 年。

32. 《廣東通志·金石略》，（梁中民校點本），（廣州：廣東人民出版社，1994 年 3 月）。

33. 《廣東通志》，清同治三年重刊本，120 冊，1864 年。

34. 《廣陵詩事》，杭州浙江御署本，1801 年。

35. 《鄭司農年譜》，北京圖書館藏珍本年譜叢刊（6），1998 年。

36. 《學海堂集》，（趙所生，薛正興主編〈中國歷代書院志〉第 13 冊），江蘇教育出版社，南京，1995 年 9 月。

37. 《儒林集傳錄存》，（周駿富輯《清代傳記叢刊》本，臺北，明文書局，1985 年 5 月。

38. 《積古齋鐘鼎彝器款識》，《叢書集成初編》，長沙，商務印書館，1937 年 12 月。

39. 《積古齋藏器目》，（王雲五主編〈叢書集成初編〉），商務印書館，長沙，1936 年。

40. 《疇人傳》，《皇清經解》本、《國學基本叢書》本。

41. 《疇人傳彙編》（臺北：臺灣世界書局，1982 年 4 月）。

42. 《文選樓叢書》（《揅經室集》、《揅經室續集》、《揅經室外集》、《詁經精

舍文集》、《儀禮石經校勘記》、《曾子注釋》、《挈經室詩錄》、《淮海英靈集》、《定香亭筆談》、《小滄浪筆談》、《廣陵詩事》、《八磚瓦吟館刻燭集》、《積古齋鐘鼎彝器款識》、《地球圖說補圖》、《疇人傳》、《石渠隨筆》、《漢延熹西嶽華山碑考》、《溉亭述古錄》、《周無專鼎銘考》、《愚溪詩稿》，嚴一萍選輯：《百部叢書集成》（臺北：藝文印書館），1967 年）。

43. 《三家詩補遺》、《車制圖解》，《叢書集成初編》本（上海：上海書店，1994 年 6 月）。

44. 《鐘鼎識》，積古齋嘉慶版，1802 年。

45. 〈圜天圖說〉（成都：巴蜀書社，1992 年）。

乙、清人論著

1. 孔廣森：《儀鄭堂文及其他一種》，商務印書館，長沙，1939 年 12 月。

2. 方以智：《方以智全書》第一冊《通雅》，侯外廬主編，上海古籍出版社，上海，1988 年 9 月。
   《東西均》龐樸注釋，中華書局，北京，2001 年 5 月。

3. 方東樹：《漢學商兌》，（臺灣國學基本叢書本），臺北，1968 年 3 月。

4. 王夫之：《船山全書》第十六冊 傳記 年譜 雜錄，嶽麓書社，長沙，1996 年 12 月。

5. 王引之：《經傳釋詞》，江蘇古籍出版社，南京，1985 年 7 月。

6. 王先謙：《皇清經解續編》，蜚英館石印縮本，1889 年。
   《葵園四種》（《虛受堂文集》《虛受堂詩存》《王先謙自定年譜》《虛受堂書札》），岳麓書社，長沙，1986 年 9 月。
   《駢文類纂》新編小四庫，浙江古籍出版社，杭州，1998 年 6 月。

7. 王杰：《欽定秘殿珠林 石渠寶笈續編》，譚氏區齋，開平，1888 年。

8. 王昶：《湖海文傳》，王氏經訓堂藏版，1837 年。
   《湖海詩傳》，三魚莊，1803 年。
   《蒲褐山房詩話新編》，齊魯書社，濟南，1988 年 1 月。

9. 王聘珍：《大戴禮記解詁》，中華書局，北京，1992 年 2 月。

10. 王懿榮：《王懿榮集》，齊魯書社，濟南，1999 年 3 月。

11. 永瑢：《四庫全書總目》，中華書局，北京，1987 年 7 月。
    《四庫全書簡明目錄》，古典文學出版社，北京，1957 年。
    《四庫全書總目提要》，海南出版社，海口，1999 年 5 月。

12. 皮錫瑞：《經學歷史》，中華書局，北京，1989 年 9 月。
    《經學通論》，中華書局，北京，1989 年 4 月。

《增註　經學歷史》，藝文印書館，臺北，1996 年 8 月。

13. 朱世傑：《四元玉鑑細草》，臺灣商務印書館，臺北，1968 年 6 月。
《算學啓蒙》，吳氏醉六堂，1882 年。

14. 朱為弼：《蕉聲館集》，東湖草堂藏版，1852 年 3 月。

15. 朱珪：《知足齋詩集　文集》，學海堂刊本，廣州，1860 年。

16. 朱彬：《禮記訓纂》，中華書局，北京，1996 年 9 月。

17. 朱次琦：《是汝師齋遺詩》，（〈學海堂叢刻〉第 2 函）啓秀山房叢書，1877年。

18. 江藩：《炳燭室雜文及其他二種》，商務印書館，長沙，1939 年 12 月。
《經解入門》，天津古籍出版社，天津，1990 年 6 月。
《國朝漢學師承記》，中華書局，北京，1983 年 11 月。
《漢學師承記　宋學淵源記》，廣文書局，臺北，1967 年 11 月。
《漢學師承記》（外二種），（〈中國近代學術及著〉，錢鍾書主編，朱維錚、徐洪興編校），三聯書店，北京，1998 年 6 月。

19. 何紹基：《何紹基詩文集》，岳麓書社，長沙，1992 年 3 月。
《東洲草堂文鈔》，學生書店，臺北，1971 年 8 月。

20. 吳榮光：《石雲山人集》，吳氏筠清館，南海，1841 年。

21. 吳錫麒：《有正味齋全集》，五鳳樓嘉慶本，1803 年。

22. 吳蘭修：《荔村吟草》，聚珍仿宋本，1934 年。
《學海堂二集》，啓秀山房刻本，廣州，1838 年。
《桐花館詞鈔》，（〈學海堂叢刻〉第 1 函），啓秀山房叢書，廣州，1877年。

23. 李黼平：《繡子先生集》，中華書局，上海，1934 年。

24. 李述來：《讀通鑑綱目條記》，（〈續修四庫全書〉史部　編年類 342 上海古籍出版社），上海，1995 年 3 月。

25. 汪中：《述學　容甫遺詩》，世界書局，臺北，1962 年 10 月。

26. 汪喜孫：《且住庵文集》，世界書局，臺北，1971 年 3 月。

27. 汪輝祖：《佐治藥言　學治臆說，遼寧教育出版社，沈陽，1998 年 12 月。

28. 林伯桐：《供冀小言》，（〈學海堂叢刻〉第 1 函），啓秀山房叢書，廣州，1877 年。
《學海堂志初編》，（陳澧續編，周康燮補編），亞東書社，香港，1964 年6 月。

29. 林蘇門：《邗江三百吟》，江蘇廣陵古籍刻印社，揚州，1988 年 10 月。

30. 武億：《授堂遺書》，道光刊本，1843 年。

31. 俞樾：《春在堂全書》，光緒廿三年重定本，1897 年。

《茶香室經說》，廣文書局，臺北，1971 年 8 月。

《詁經精舍三集》，《詁經精舍自課文》，（趙所生、薛正興主編〈中國歷代書院志〉第 15 冊，江蘇教育出版社），南京，1995 年 9 月。

《茶香室叢鈔》，中華書局，北京，1995 年 2 月。

32. 姚文田：《邃雅堂集》，江陰學使署刻本，1821 年。

33. 姚詩雅：《景石齋詞略》，（〈學海堂叢刻〉第 2 函），啓秀山房叢書，廣州，1877 年。

34. 紀昀：《紀曉嵐文集》，河北教育出版社，石家莊，1991 年 7 月。

《紀曉嵐詩文集》，江蘇廣陵古籍刻印社，揚州，1997 年 10 月。

《欽定四庫全書總目》（整理本），中華書局，北京，1997 年 1 月。

35. 苗楓林：《孔子文化大全：經義述聞》，山東友誼書社，濟南，1990 年 9 月。

《孔子文化大全：伊洛淵源錄 國朝漢學師承記 國朝宋學淵源記》，山東友誼書社，濟南，1990 年 9 月。

《孔子文化大全：雕菰樓易學》，山東友誼書社，濟南，1992 年 6 月。

36. 馬福安：《止齋文鈔》，（〈學海堂叢刻〉第 2 函），啓秀山房叢書，廣州，1877 年。

37. 凌廷堪：《校禮堂文集》，中華書局，北京，1998 年 2 月。

38. 袁枚：《小倉山房詩文集》，上海古籍出版社，上海，1988 年 8 月。

39. 唐鑑、梁啓超：《清學案小識 清代學術概論》，臺灣國基叢書，商務，1968 年 3 月。

40. 孫星衍：《孫淵如先生全集》，朱氏槐廬家塾校刊本，吳縣，1885 年。

《岱南閣叢書》，博古齋，上海，1924 年。

《問字堂集 岱南閣集》，中華書局，北京，1996 年 7 月。

41. 孫梅：《四六叢話》，商務印書館，長沙，1937 年 3 月。

42. 孫希旦：《禮記集解》，中華書局，北京，1998 年 12 月。

43. 師亮采：《秦郵帖》，轑城師氏模刻版，1815 年。

44. 桂馥：《晚學集》，商務印書館，上海，1936 年 12 月。

《說文解字義證》，中華書局，北京，1987 年 7 月。

45. 康有爲：《康有爲全集》第二集，上海古籍出版社，上海，1990 年 4 月。

46. 徐世昌：《弢齋述學》，線裝刻版，1921 年。

《晚清簃詩匯》，中國書店，北京，1988 年 10 月。

《清詩匯》，北京出版社，北京，1996 年 3 月。

47. 晏炎吾、何金松：《清人詩說四種》，戴震〈毛鄭詩考正〉、段玉裁〈詩經小學〉、焦循〈毛詩補疏〉、陳橋樅〈毛詩鄭箋改字說〉，華中師範大學出版社，武昌，1986 年 7 月。

48. 張杓：《磨甋齋文存》，（〈學海堂叢刻〉第 2 函），啓秀山房叢書，廣州，1877 年。

49. 張維屏：《聽松盧詩略》，（〈學海堂叢刻〉第 1 函），啓秀山房叢書，廣州，1877 年。

《學海堂三集》，（趙所生、薛正興主編〈中國歷代書院志〉第 14 冊，江蘇教育出版社，南京，1995 年 9 月。

《張南山全集》，廣東高等教育出版社，廣州，1994 年 12 月。

50. 張澍：《養素堂文集》（明清未刊稿彙編初輯），臺灣聯經，1976 年 7 月。

51. 張應昌：《清詩鐸》，中華書局，北京，1983 年 4 月。

52. 張鑑：《冬青館甲集 乙集》，（〈叢書集成續編〉本，上海書店），上海，1994 年 6 月

53. 梁章鉅：《文選旁證》，吳下重刊本，1882 年。

《稱謂錄》，天津古籍出版社，天津，1987 年 6 月。

《楹聯叢話全編》，北京出版社，北京，1998 年 6 月。

《文選旁證》上下冊，福建人民出版社，福州，2000 年 1 月。

54. 許宗彥：《鑑止水齋集》，清嘉慶本，杭州，1819 年。

55. 陳乃乾：《汪氏學行記》，汪氏叢書本，江都，1820 年。

56. 陳文和：《嘉定錢大昕全集》，江蘇古籍出版社，南京，1997 年 12 月。

57. 陳伯陶：《聚德堂叢書》，真逸寄盧自刊本，1917 年。

58. 陳恆和：《揚州叢刻》，江蘇廣陵古籍刻印社，揚州，1980 年 3 月。

59. 陳啓源：《毛詩稽古編》，同文書局，上海，1883 年。

60. 陳壽祺：《左海文集》，（〈三山陳氏家刻左海全集〉），1823 年。

61. 陳澧：《東塾集》，藏版菊坡精舍本，1892 年。

《陳東塾先生詩詞》（續補本），崇文書店，香港，1972 年 9 月。

《東塾雜俎》，（〈敬躋堂叢書〉，古學院藏版），1943 年。

《學海堂四集》，（趙所生、薛正興主編〈中國歷代書院志〉第 14 冊，江蘇教育出版社，南京，1995 年 9 月。

《東塾讀書記》（外一種），《陳澧文錄》，（〈中國近代學術名著〉，錢鍾書主編，朱維錚主編、楊志剛編校），三聯書店，北京，1998 年 6 月。

62. 陳鴻壽：《種榆仙館詩鈔》，吳隱聚珍版刊本，1915 年。

63. 章太炎：《太炎文錄初編》，(〈章太炎全集〉(四) 上海人民出版社)，上海，1985 年 9 月。

《太炎文錄續編》，(〈章太炎全集〉(五) 上海人民出版社)，上海，1985 年 2 月。

《革故鼎新的哲理：章太炎文選》，遠東出版社，上海，1996 年 7 月。

64. 章學誠：《章學誠遺書》，文物出版社，北京，1985 年 8 月。

65. 梅文鼎：《績學堂詩文鈔》，黃山書社，合肥，1995 年 12 月。

66. 曾釗：《周禮注疏小箋》，《面城樓集鈔》，(〈學海堂叢刻〉第 2 函)，啓秀山房叢書，廣州，1877 年。

67. 曾國藩：《曾國藩家書 家訓 日記》，北京古籍出版社，北京，1994 年 4 月。

68. 曾燠、姚燮：《清朝駢體正宗評本》，世界書局，臺北，1961 年 11 月。

69. 焦循：《雕菰樓集》附蜜梅花館集，蘇州文學山房，1927 年。

《焦氏叢書》，衡陽魏家藏版，1876 年。

《孟子正義》，中華書局，北京，1991 年 9 月。

《揚州圖經》，江蘇古籍出版社，南京，1998 年 12 月。

《揚州北湖小志》，(陳恆和《揚州叢刻》，江蘇廣陵古籍刻印社，揚州，1980 年 3 月。

70. 琴石山人：《清代名人書牘》，上海會文堂，1928 年。

71. 程瑤田：《通藝錄》，江蘇廣陵古籍刻印社，揚州，1991 年 3 月。

72. 程恩澤：《程侍郎遺集》，(伍崇曜〈粵雅堂叢書〉本，1853 年。

73. 華蘅芳：《算學筆談》，味經齋書處，1897 年。

74. 賀長齡、魏源：《皇朝經世文編》，世界書局，臺北，1964 年 6 月。

《清經世文編》，中華書局，北京，1992 年 4 月。

75. 黃丕烈、顧廣圻：《黃丕烈書目題跋 顧廣圻書目題跋》，中華書局，北京，1993 年 1 月。

《蕘圃藏書題識》，遠東出版社，上海，1999 年 10 月。

76. 黃以周：《經訓比義》，廣文書局，臺北，1977 年 1 月。

77. 黃子高：《續三十五舉》，(〈學海堂叢刻〉第 1 函)，啓秀山房叢書，廣州，1877 年。

78. 黃宗羲：《黃宗羲全集》，沈善洪主編，浙江古籍出版社，杭州，1985 年 11 月。

79. 黃承吉：《夢陔堂文集》，文海出版社，臺北，1967 年 5 月。

80. 楊榮緒：《讀律提綱》，（〈學海堂叢刻〉第 1 函），啓秀山房叢書，廣州，1877 年。

81. 楊鍾義：《雪橋詩話》標點索引本，遼瀋書社，1991 年 6 月。
《雪橋詩話》，北京古籍出版社，北京，1989 年 12 月。

82. 董金榜：《邃雅齋叢書》，北平琉璃廠，1934 年。

83. 董嗣景：《西湖資料六種》，文海出版社，臺北，1983 年。

84. 儀克中：《劍光樓集》，學海堂藏版，廣州，1856 年。

85. 劉咸炘：《推十書》，成都古籍出版社，成都，1996 年 11 月。

86. 劉師培：《劉申叔先生遺書》，寧武南氏版，1936 年。
《劉申叔先生遺書》，江蘇古籍出版社，南京，1997 年 2 月。
《劉師培論學論政》，復旦大學出版社，上海，1990 年 8 月。
《劉師培辛亥前文選》，（〈中國近代學術名著〉，錢鍾書主編，朱維錚、李妙根編，三聯書店），北京，1998 年 6 月。

87. 劉聲木：《桐城文學淵源 撰述考》，黃山書社，合肥，1989 年 12 月。

88. 樊封：《南海百詠續編》，道光己酉版，1849 年。

89. 蔣寶素：《醫略 十三篇》，世界書局，臺北，1971 年。

90. 鄭珍：《鄭珍集 經學》，貴州人民出版社，貴陽，1991 年 11 月。

91. 鄭燮：《鄭板橋文集》，巴蜀書社，成都，1997 年 11 月。

92. 盧文弨：《抱經堂文集》，中華書局，北京，1990 年 6 月。

93. 蕭穆：《敬孚類稿》，黃山書社，合肥，1992 年 6 月。

94. 錢大昕：《潛研堂集》，上海古籍出版社，上海，1989 年 11 月。

95. 錢仲聯：《張惠言文選》，蘇州大學出版社，蘇州，2001 年 9 月。

96. 戴震：《戴震全書》（七），黃山書社，合肥，1997 年 10 月。
《戴震全集》（一），清華大學出版社，北京，1991 年 4 月。

97. 簡朝亮：《朱九江先生集》，文海出版社，臺北，1894 年 12 月。

98. 謝啓昆：《小學考》，漢語大詞典出版社，北京，1997 年 3 月。

99. 羅文俊：《詁經精舍文續集》，（ 趙所生、薛正興主編〈中國歷代書院志〉第 15 冊），江蘇教育出版社，南京，1995 年 9 月。

100. 羅振玉：《高郵王氏遺書》，上虞羅氏刻本，1925 年。

101. 譚瑩：《樂志堂文略》，（〈學海堂叢刻〉第 2 函），啓秀山房叢書，廣州，1877 年。

102. 譚宗浚：《希古堂集》，光緒十六年廣州本，1890 年。

103. 龔自珍：《龔自珍全集》，上海人民出版社，上海，1975 年 2 月。

《龔自珍全集》，上海古籍出版社，上海，1999 年 6 月。

《龔自珍全集類編》，中國書店，北京，1994 年 12 月。

104. 中華諸子寶藏編委會：《諸子集成補編》，四川人民出版社，成都，1997 年 6 月。

105. 房立中：《鬼谷子全書》，書目文獻出版社，北京，1993 年 3 月。

106. 陶宏景注：《鬼谷子》，廣文書局，臺北，1975 年 4 月。

丙、清人筆記、年譜、方志

1. 中國科學院編：《中國地方志聯合目錄》，中華書局，北京，1985 年 1 月。

2. 天台野叟：《大清見聞錄》，中州古籍出版社，鄭州，2000 年 3 月。

3. 方濬師：《蕉軒隨錄 續錄》，中華書局，北京，1995 年 2 月。

《隨園先生年譜》，《袁枚全集》（八），江蘇古籍出版社，南京，1993 年 9 月。

4. 王培荀：《鄉園憶舊錄》，齊魯書社，濟南，1993 年 12 月。

5. 王檢心修，劉文淇、張安保纂：《中國地方志集成：道光重修儀徵縣志》，江蘇古籍出版社，南京，1991 年 6 月。

6. 平步青：《霞外隨筆》，中共中央黨校出版社，北京，1998 年 3 月。

7. 朱士嘉：《中國地方志綜錄》（增訂本），商務印書館，上海，1958 年 1 月。

《美國國會圖書館藏中國方志目錄》，美國政府印務局，華盛頓，1942 年。

《中國地方志聯合目錄》，中華書局，北京，1986 年 1 月。

8. 朱彭壽：《舊典備徵 安樂康平室隨筆》，中華書局，北京，1997 年 12 月。

9. 江蘇省地方誌編委會辦公室編：《江蘇省通誌稿》（5）選舉誌，江蘇古籍出版社，南京，1993 年 6 月。

10. 吳楓、劉乾先：《中華野史大博覽》，中國友誼出版公司，北京，1994 年 1 月。

11. 吳榮光：《吳榮光自訂年譜》，中山圖書，香港，1971 年。

12. 吳慶坻：《蕉廊脞錄》，中華書局，北京，1997 年 12 月。

13. 李斗：《揚州畫舫錄》，中華書局，北京，1997 年 12 月。

周春東注《揚州畫舫錄》，山東友誼出版社，濟南，2001 年 5 月。

14. 李伯元：《南亭隨筆》，中共中央黨校出版社，北京，1998 年 3 月。

15. 李定夷：《明清兩代軼聞大觀》，江蘇廣陵古籍刻印社，揚州，1998 年 12 月。

16. 李治亭、林乾：《清代皇帝軼事》中卷，山西經濟出版社，太原，1998

年 1 月。

17. 李慈銘:《越縵堂讀書記》,中華書局,北京,1963 年 3 月。

18. 李詳:《愧生叢錄》,江蘇古籍出版社,南京,2000 年 1 月。
《藥裏慵談》,江蘇古籍出版社,南京,2000 年 1 月。

19. 汪宗彥:《陳東塾先生年譜》,《嶺南學報》第 4 卷第 1 期,1935 年 4 月。

20. 汪康年:《汪穰卿筆記》,上海書店,上海,1997 年 1 月。
《穰卿隨筆》,中共中央黨校出版社,1998 年 3 月。

21. 汪喜孫:《容甫先生年譜》,汪氏叢書,江都,1820 年。

22. 汪輝祖:《清汪輝祖先生自定年譜》(《病榻夢痕錄》),臺灣商務印書館,
臺北,1970 年 5 月。

23. 阮亨:《瀛舟筆談》,嘉慶年版,1820 年。

24. 阮國慶:《阮氏宗譜》,臺灣阮姓宗親會,臺北,1977 年 10 月。

25. 呂培:《洪北江先生年譜》,《洪北江詩文集》上,國學基本叢書 325。

26. 來新夏:《近三百年人物年譜知見錄》,上海人民出版社,上海,1983 年
4 月。
《中日地方史志比較研究》,南開大學出版社,天津,1996 年 1 月。
《清代目錄提要》,齊魯書社,濟南,1997 年 1 月。
《林則徐年譜新編》,南開大學出版社,天津,1997 年 6 月。

27. 周中孚:《鄭堂讀書記》,世界書局,臺北,1960 年 11 月。

28. 周可眞:《顧炎武年譜》,蘇州大學出版社,蘇州,1998 年 12 月。

29. 易宗夔:《新世說》,上海古籍出版社,上海,1982 年 12 月。
《新世說》,東方出版中心,上海,1996 年 1 月。
《新世說》,山西古籍出版社,太原,1997 年 7 月。

30. 林天蔚:《方志學與地方史研究》,南天出版公司,臺北,1995 年 7 月。

31. 法式善:《清祕述聞三種》(《清祕述聞》,中華書局,北京,1997 年 12
月。
王家相:《清祕述聞續》
徐沅:《清祕述聞再續》)
《陶廬雜錄》,中華書局,北京,1997 年 12 月。

32. 邵晉涵、汪中、沈濤、李詳:《清人考訂筆記》,文海出版社,臺北,1971
年 7 月。

33. 金恩輝、胡述兆:《中國地方志總目提要》,漢美圖書公司,臺北,1996
年 4 月。

34. 俞希魯：《至順鎮江志》，江蘇古籍出版社，南京，1999 年 8 月。

35. 姚永樸：《舊聞隨筆》，文海出版社，臺北，1968 年。

36. 姚名達：《朱筠年譜》，商務印書館，上海，1933 年 4 月。

37. 姚奠中、董國炎：《章太炎學術年譜》，山西古籍出版社，太原，1996 年 8 月。

38. 胡適：《章實齋先生年譜》，遠流出版公司，臺北，1986 年 7 月。

39. 英和：《恩福堂筆記 詩鈔 年譜》，北京古籍出版社，北京，1991 年 10 月。

40. 孫靜庵、李岳瑞：《栖霞閣野乘 悔逸齋筆乘》，山西古籍出版社，太原，1997 年 5 月。

41. 徐珂：《清朝野史大觀》，江蘇廣陵古籍刻印社，揚州，1994 年 5 月。

《清稗類鈔》，中華書局，北京，1996 年 6 月。

《康居筆記匯函》，山西古籍出版社，太原，1997 年 7 月。

《仲可隨筆》，中共中央黨校出版社，北京，1998 年 3 月。

42. 徐鼒：《讀書雜釋》，中華書局，北京，1997 年 5 月。

43. 郝存厚、馮爾康、武新立：《中國家譜綜合目錄》，中華書局，北京，1997 年 9 月。

44. 馬敘倫：《讀書續記》，中國書店，北京，1985 年 6 月。

45. 康有為：《長興學記 桂學答問 萬木草堂口說》，中華書局，北京，1988 年 3 月。

46. 張汝杰、楊俊明：《清代野史》第三輯，巴蜀書社，成都，1987 年 12 月。

47. 張維屏：《花甲閒談》，富文齋刊本，1884 年。

48. 張鑑：《阮元年譜》，中華書局，北京，1995 年 11 月。

49. 梁紹壬：《兩般秋雨菴隨筆》，河北教育出版社，石家莊，1994 年 3 月。

50. 梁章鉅：《浪跡叢談 續談 三談》，中華書局，北京，1997 年 12 月。

《退庵隨筆》，江蘇廣陵古籍刻印社，揚州，1997 年 12 月。

《清梁退庵先生章鉅自訂年譜》，臺灣商務印書館，臺北，1982 年 5 月。

《歸田瑣記》，中華書局，北京，1981 年 8 月。

51. 郭延禮：《龔自珍年譜》，齊魯書社，濟南，1987 年 10 月。

52. 陳康祺：《郎潛紀聞初筆 二筆 三筆》，中華書局，北京，1997 年 12 月。

《郎潛紀聞四筆》，中華書局，北京，1997 年 12 月。

53. 陳鴻森：《清儒陳鱣年譜》，中央研究院歷史語言研究所集刊第六十二本第一分，1993 年 3 月。

54. 陸以湉：《冷廬雜識》，中華書局，北京，1997 年 12 月。

55. 傅振倫：《傅振倫方志論著選》，浙江人民出版社，杭州，1992 年 4 月。

56. 黃秀文：《中國年譜辭典》，百家出版社，上海，1997 年 5 月。

57. 許維通：《郝蘭皋（懿行）夫婦年譜》，崇文書店，香港，1975 年 10 月。

58. 楊殿珣：《中國歷代年譜總錄》，書目文獻出版社，北京，1996 年 5 月。

59. 楊維坤：《中國地方志目錄》，香港大學圖書館，1990 年。（香港大學圖書館叢書之四）

60. 葉廷琯：《吹網錄 鷗陂漁話》，遼寧教育出版社，沈陽，1998 年 12 月。

61. 葉德鈞：《再生緣作者 許宗彥梁德繩夫婦年譜》，載《戲曲小說叢考》，中華書局，北京，1979 年 5 月。

62. 葛虛存：《清代名人軼事》，書目文獻出版社，北京，1994 年 9 月。

63. 裘毓麐：《清代軼聞》，中華書局，香港，1989 年 3 月。
　《清代軼聞》，江蘇廣陵古籍刻印社，揚州，1993 年 6 月。

64. 雷君曜：《文苑滑稽譚》，江蘇廣陵古籍刻印社，揚州，1994 年 5 月。

65. 福格：《聽雨叢談》，中華書局，北京，1997 年 12 月。

66. 趙翼、姚元之：《簷曝雜記 竹葉亭雜記》，中華書局，北京，1997 年 12 月。

67. 劉文興：《劉端臨先生年譜》，國立北京大學《國學季刊》第 3 卷第 2 號，1932 年 6 月。

68. 劉盼遂：《高郵王氏（念孫、引之）父子年譜》，存萃學社，香港，1971 年 10 月。

69. 劉體智：《異辭錄》，中華書局，北京，1997 年 12 月。

70. 歐陽兆熊、金安清：《水窗春囈》，中華書局，北京，1997 年 12 月。

71. 蔡云萬：《蟄存齋筆記》，上海書店，上海，1997 年 1 月。

72. 鄭福照：《清方儀衛先生東樹年譜》，臺灣商務印書館，臺北，1978 年 6 月。

73. 震鈞《天咫偶聞》，北京古籍出版社，北京，1982 年 9 月。

74. 賴貴三：《焦循年譜新編》，里仁書局，臺北，1994 年 3 月。
　《〈焦循年譜新編〉紀要》，《教學與研究》第 16 期，國立臺灣師範大學文學院，1994 年 6 月。

75. 錢大昕：《十駕齋養新錄》，江蘇古籍出版社，南京，2000 年 5 月。

76. 錢慶曾：〈錢辛楣先生年譜〉，《十駕齋養新錄》上，世界書局，臺北，1963 年 4 月。

77. 錢泳：《履園叢話》，中華書局，北京，1979 年 12 月。

78. 駱兆平:《天一閣叢談》,中華書局,北京,1993 年 3 月。

《新編天一閣書目》,中華書局,北京,1996 年 7 月。

79. 薛福成:《天一閣見存書目》,古亭書屋,臺北,1970 年 11 月。

80. 繆荃孫:《藕香零拾》,中華書局,北京,1999 年 2 月。

81. 謝國楨:《明清筆記談叢》,上海古籍出版社,上海,1981 年 3 月。

《瓜蒂菴小品》,北京出版社,北京,1998 年 2 月。

82. 謝巍:《中國歷代人物年譜考錄》,中華書局,北京,1992 年 11 月。

83. 瞿兌之:《人物風俗制度叢談》,山西古籍出版社,太原,1997 年 7 月。

84. 魏建功:〈戴東原年譜〉,國立北京大學《國學季刊》第 2 卷第 1 號,1925 年 12 月。

85. 嚴榮:《清王述庵先生昶年譜》,臺灣商務印書館,臺北,1978 年 6 月。

86. 麟慶:《鴻雪因緣圖記》,北京古籍出版社,北京,1984 年 10 月。

87. 《清國史》嘉業堂鈔本,中華書局,北京,1993 年 6 月。

丁、工具書、目錄學、文獻學

1. 《中國文化史三百題》:上海古籍出版社,上海,1987 年 11 月。

2. 《歷代人物別署居處名通檢》:世界書局,臺北,1962 年 10 月。

3. 《叢書集成初編目錄》:商務印書館,上海,1935 年。

4. 《叢書集成新編總目、書名索引、作者索引》:新文豐,臺北,1986 年 1 月。

5. 上海圖書館:《中國叢書綜錄》,中華書局,北京,1959 年 12 月。

6. 上海圖書館:《歷史文獻》第一輯,上海社會科學院,上海,1999 年 4 月。

《歷史文獻》第四輯,上海圖書館歷史文獻研究所編,上海科學技術文獻出版社,常熟,2001 年 1 月。

7. 中央黨校傳統文化研究組:《宋元明清 十三經注疏匯要》,中共中央黨校出版社,北京,1996 年 9 月。

8. 中共山東省委組織部:《中國歷代禮賢通觀》,齊魯書社,濟南,1997 年 7 月。

9. 中國孔子基金會:《中國儒學百科全書》,中國大百科全書出版社,北京,1997 年 3 月。

10. 中國古籍善本書目編輯委員會:《中國古籍善本書目 叢部》,上海古籍出版社,上海,1998 年 3 月。

11. 中國古籍善本書目編輯委員會:《中國古籍善本書目 經部》,上海古籍出版社,上海,1998 年 4 月。

12. 中國古籍善本書目編輯委員會：《中國古籍善本書目　史部》，上海古籍出版社，上海，1998 年 4 月。

13. 中國社會科學院歷史研究院清史室、中國人民大學清史研究所：《清史論文索引》，中華書局，北京，1984 年。

14. 中國社會科學院歷史研究所：《華夏文明與傳世藏書──中國國際漢學研討會論文集》，中國社會科學出版社，1996 年 11 月。

15. 中國科學院圖書館：《續修四庫全書總目提要》（稿本），齊魯書社，濟南，1996 年 8 月。

《續修四庫全書總目》，齊魯書社，濟南，1999 年 2 月。

《續修四庫全書總目提要　經部》，中華書局，北京，1993 年 7 月。

16. 中國書畫研究資料社：《宋元明清書畫家年表》，文史哲出版社，臺北，1988 年 12 月。

17. 中國第一歷史檔案館：《纂修四庫全書檔案》，上海古籍出版社，上海，1997 年 7 月。

18. 中國歷史編輯委員會：《中國大百科全書　中國歷史》1，中國大百科全書出版社，北京，1992 年 4 月。

19. 中國歷史大辭典編輯委員會：《中國歷史大辭典　清史》，上海辭書出版社，上海，1992 年 11 月。

《中國歷史大辭典　史學史》，上海辭書出版社，上海，1984 年 6 月。

《中國歷史大辭典　思想史》，上海辭書出版社，上海，1989 年 4 月。

20. 中國歷史文獻研究會：《歷史文獻研究》（北京新一輯），燕山出版社，北京，1990 年 10 月。

21. 中國哲學編輯委員會：《中國哲學》第 17 輯，岳麓書社，長沙，1996 年 3 月。

22. 中國展望出版社：《中國歷代書法家名人墨跡　清代部分　下》，中國展望出版社，1987 年 12 月。

23. 中國實學研究會：《中韓實學史研究》，人民大學出版社，北京，1998 年 9 月。

24. 中華文明史編輯委員會：《中華文明史　第 9 卷　清代前期》，河北教育出版社，石家莊，1994 年 6 月。

《中華文明史　第 10 卷　清代後期》，河北教育出版社，石家莊，1994 年 6 月。

25. 北京圖書館：《1911～1984 影印善本書序跋集錄》，中華書局，北京，1995 年 4 月。

26. 北京圖書館普通古籍組：《北京圖書館普通古籍總目》第一卷目錄門，書目文獻出版社，北京，1990 年 8 月。

27. 北京圖書館金石組：《北京圖書館藏中國歷代石刻拓本匯編 清 第 61 冊》，中州古籍出版社，鄭州，1990 年 6 月。

《北京圖書館藏中國歷代石刻拓本匯編 清 第 75 冊》，中州古籍出版社，鄭州，1990 年 8 月。

《北京圖書館藏中國歷代石刻拓本匯編 清 第 77 冊》，中州古籍出版社，鄭州，1990 年 9 月。

《北京圖書館藏中國歷代石刻拓本匯編 清 第 78 冊》，中州古籍出版社，鄭州，1990 年 9 月。

28. 北京大學圖書館：《北京大學圖書館藏古籍善本書目》，北京大學出版社，北京，1999 年 6 月。

29. 四庫全書總目編輯委員會：《傳世藏書 史庫 四庫全書總目》，海南國際出版公司，海口，1996 年 2 月。

30. 故宮博物院、遼寧省圖書館：《清代內府刻書目錄解題》，紫禁城出版社，北京，1995 年 9 月。

31. 香港中文大學圖書館：《香港中文大學圖書館古籍善本書錄》，香港中文大學，香港，1999 年。

32. 香港中文大學中文系編委會：《問學二集：香港中文大學中國語言及文學系本科畢業生論文選》，香港中文大學，香港，1997 年 12 月。

33. 國立中山大學中國文學系、中國文學研究所：《第三屆 清代學術研討會論文集》，臺灣國立中山大學，高雄，1993 年 11 月。

國立中山大學中國文學系：《第五屆 清代學術研討會 論文集》，臺灣國立中山大學，高雄，1997 年 11 月。

34. 國立中央圖書館特藏組：《中國歷代藝文總志 經部》，國立中央圖書館，臺北，1984 年 11 月。

35. 國立中央圖書館：《四庫經籍提要索引》，國立中央圖書館，臺北，1994 年 6 月。

36. 國立故宮博物院：《清代文獻 傳包 傳稿 人名索引》，國立故宮博物院，臺北，1986 年 12 月。

37. 國家出版局：《古籍目錄 1949.10～1976.12》，中華書局，北京，1980 年 8 月。

38. 國務院古籍整理出版規劃小組：《古籍整理圖書目錄 1949～1991》，中華書局，北京，1992 年 5 月。

39. 國粹學報社：《古學彙刊》，力行出版社，臺北，1964 年 11 月。

40. 淡江大學中國文學系：《兩岸四庫學：第一屆中國文獻學學術研討會論文集》，臺灣學生書局，臺北，1998 年 9 月。

41. 清史編輯委員會：《清代人物傳稿》下編第二卷，遼寧人民出版社，沈陽，1985 年 12 月。

42. 語言文字編輯委員會：《中國大百科全書　語言　文字》，中國大百科全書出版社，北京，1988 年 2 月。

43. 廣東炎黃文化研究會：《嶺嶠春秋：嶺南文化論集》（二），中國社會科學出版社，北京，1995 年 10 月。

44. 編輯委員會：《中國人名大詞典　歷史人物卷》，上海辭書出版社，上海，1990 年 2 月。

45. 編輯委員會：《中國歷史大辭典　思想史》，上海辭書出版社，上海，1989 年 6 月。

46. 編輯委員會：《廣州市文物志》，嶺南美術出版社，廣州，1990 年 2 月。

47. 傳世藏書編輯委員會：《傳世藏書　史庫　二十六史　表》，海南國際出版公司，海口，1995 年。

《傳世藏書　史庫　二十六史　清史稿》，海南國際出版公司，海口，1995 年。

48. 學峰國學文化研究所：《清儒治學與清代學術》，學峰文化，香港，1995 年 1 月。

49. 遼寧省博物館：《遼寧省博物館　中國書蹟大觀》（伍），文物出版社，北京，1993 年 5 月。

50. 福建師範大學中文系：《清詩選》，人民文學出版社，北京，1997 年 10 月。

51. 漢學研究中心：《漢學研究　第 1～18 卷總目錄　1983～2000》，臺北，2001 年 12 月。

52. 丁守和：《中國歷代奏議大典》，哈爾濱出版社，哈爾濱，1994 年 12 月。

53. 尹德新、蔡春：《歷代教育筆記資料：第四冊 清代部分》，中國勞動出版社，1993 年 10 月。

54. 孔範今：《孔子文化大典》，中國書店，北京，1994 年 8 月。

55. 支偉成：《國學用書類述》，文海出版社，臺北，1968 年 4 月。

《清代樸學大師列傳》，岳麓書社，長沙，1986 年 1 月。

56. 方克立：《中國哲學大辭典》，中國社會科學出版社，北京，1994 年 5 月。

57. 毛佩琦：《中國狀元大典》，雲南人民出版社，昆明，1999 年 6 月。

58. 王元化：《學術集林》卷二，遠東出版社，上海，1994 年 12 月。

《學術集林》卷四，遠東出版社，上海，1995 年 9 月。

59. 王有三：《清代文集篇目分類索引》，國風出版社，臺北，1965 年 6 月。

60. 王欣夫：《文獻學講義》，文史哲出版社，臺北，1987 年 9 月。

《王欣夫説文獻學》，上海古籍出版社，上海，2000 年 12 月。

61. 王紹曾：《山東文獻書目》，齊魯書社，濟南，1993 年 12 月。

62. 王雲五：《道咸同光四朝奏議》，臺灣商務印書館，臺北，1970 年 4 月。

63. 王澄：《揚州歷史人物辭典》，江蘇古籍出版社，南京，2001 年 1 月。

64. 王德毅：《清人別名字號索引》，作者自刊本，臺北，1975 年 3 月。

《叢書集成續編》，新文豐出版公司，臺北，1988 年 8 月。

65. 王遽常：《中國歷代思想家傳記匯詮》（南宋-近代），復旦大學出版社，
上海，1986 年 3 月。

66. 王鍔：《三禮研究論著提要》，甘肅教育出版社，蘭州，2001 年 12 月。

67. 朱林寶：《中華文化典籍指要》，山東人民出版社，濟南，1994 年 5 月。

68. 朱保炯、謝沛霖：《明清進士題名碑錄索引》，上海古籍出版社，上海，
1980 年 2 月。

《明清進士題名碑錄索引》，上海古籍出版社，上海，1998 年 4 月。

69. 朱師轍：《書目五編 清史藝文志》，廣文書局，臺北，1972 年 7 月。

70. 朱維錚：《傳世藏書 經庫 經學史》，海南國際，海口，1996 年 11 月。

71. 江日新：《清代經學國際研討會論文集》，中央研究院中國文哲研究所，
臺北，1994 年 6 月。

72. 吳楓：《中華儒學通典》，南海出版社，海口，1992 年 8 月。

73. 吳蔽木、胡文虎：《中國古代書法家辭典》，浙江人民出版社，杭州，1999
年 12 月。

74. 宋祥瑞：《國朝名臣奏議》，（北京大學圖書館藏善本叢書，明清史料叢
編），北京大學出版社，北京，1993 年 8 月。

75. 李元度：《國朝先正事略：清代 1108 人傳記》，岳麓書社，長沙，1991
年 5 月。

76. 李希泌、張椒華：《中國古代藏書與近代圖書館史料》（春秋至五四前後），
中華書局，北京，1996 年 7 月。

77. 李坦：《揚州歷代詩詞》，人民文學出版社，北京，1998 年 7 月。

78. 李瑞良：《中國目錄學史》，文津出版社，臺北，1993 年 7 月。

79. 李銳清：《日本見藏中國叢書目初編》，杭州大學出版社，杭州，1999 年
1 月。

80. 李學勤、呂文郁：《四庫大辭典》，吉林大學出版社，長春，1996 年 1 月。

81. 李靈年、楊忠：《清人別集總目》，安徽教育出版社，合肥，2000 年 7 月。

82. 杜石然：《中國古代科學家傳記》，科學出版社，北京，1993 年 2 月。

83. 杜産明、朱亞夫：《中華名人書齋大觀》，漢語大詞典出版社，上海，1997

年 9 月。

84. 杜連喆、房兆楹：《三十三種清代傳記綜合引得》，鼎文書局，臺北，1973年 1 月。

85. 沈粹芬：《清文匯》，北京出版社，北京，1996 年 3 月。

86. 沈柔堅：《中國美術辭典》，上海辭書出版社，上海，1987 年 12 月。

87. 沈乾一：《叢書書目彙編》，文海出版社，臺北，1970 年 1 月。

88. 沈豫：《皇清經解淵源錄》，蛾術堂集本，1838 年。

《皇清經解提要》，慎初堂影印，1847 年。

《皇清經解題要》，廣文書局，臺北，1977 年 1 月。

89. 《皇清經解尚書類彙編目錄》，藝文印書館，臺北，1997 年。

90. 《皇清經解諸經總義類彙編目錄》，藝文印書館，臺北，1982 年。

91. 《皇清經解毛詩類彙編》，藝文圖書館，臺北，1986 年。

92. 周子美：《嘉業堂鈔本目錄 天一閣藏書經見錄》，華東師範大學出版社，上海，2000 年 3 月。

93. 周迅、李凡：《史學論文分類索引》，書目文獻出版社，北京，1990 年 2月。

94. 周駿富：《清代傳記叢刊》附索引，明文書局，臺北，1985 年 5 月。

95. 季嘯風：《中國書院辭典》，浙江教育出版社，杭州，1996 年 8 月。

96. 昌彼得：《增訂 蟬菴群書題識》，臺灣商務印書館，臺北，1997 年 10 月。

97. 林忠佳、張添喜：《清代廣東職官名錄》（1647～1911），廣東省供銷學校出版社，廣州，1996 年 6 月。

98. 林慶彰：《乾嘉學術研究論著目錄》（1900～1993），中央研究院中國文哲研究所，臺北，1995 年 5 月。

《經學研究論著目錄》（1912～1987），漢學研究中心，臺北，1989 年 12月。

《經學研究論著目錄》（1988～1992），漢學研究中心，臺北，1995 年 6月。

99. 姜亮夫《歷代人物年里碑傳綜表》，中華書局，香港，1976 年 5 月。

100. 邵懿辰：《增訂四庫簡明目錄標注》，上海古籍出版社，上海，1979 年 7 月。

101. 姚佐綬、周新民、岳小玉：《中國近代史文獻必備書目》（1840～1919）中華書局，北京，1996 年 3 月。

102. 恆慕義：《清代名人傳略》，青海人民出版社，西寧，1990 年 2 月。

103. 洪有豐、袁同禮：《清代藏書家考》，中山圖書公司，香港，1972 年 12月。

104. 洪湛侯:《文獻學》,藝文印書館,臺北,1996 年 3 月。

《中國文獻學要籍解題》,杭州大學出版社,杭州,1997 年 11 月。

105. 胡玉縉:《四庫全書總目提要補正》,上海書店,上海,1998 年 1 月。

106. 韋政通:《中國哲學辭典大全》,世界圖書公司,臺北,1989 年 2 月。

107. 倪士毅:《中國古代目錄學史》,杭州大學出版社,杭州,1998 年 5 月。

108. 孫永如:《明清書目研究》,黃山書社,合肥,1993 年 7 月。

109. 孫欽善:《中國古文獻學史》,中華書局,北京,1994 年 2 月。

110. 孫殿起:《販書偶記》,上海古籍出版社,上海,1982 年 11 月。

《販書偶記 附續編》,上海古籍出版社,上海,1999 年 5 月。

111. 徐狀華:《中國典籍之最 經籍纂詁——我國第一部大型的訓詁詞典》,甘肅教育出版社,蘭州,1987 年 9 月。

112. 徐世昌:《清儒學案》,中國書店,北京,1990 年 9 月。

113. 秦國經:《中國第一歷史檔案館藏清代官員履歷檔案全編》,華東師範大學出版社,上海,1997 年 10 月。

114. 袁行雲:《清人詩集敘錄》,文化藝術出版社,北京,1994 年 8 月。

115. 袁詠秋、曾季光:《中國歷代圖書著錄文選》,北京大學出版社,北京,1997 年 12 月。

《中國歷代國家藏書機構及名家藏讀敘傳選》,北京大學出版社,北京,1997 年 12 月。

116. 馬文大、陳堅:《清代經學圖鑒》,國際文化出版公司,北京,1998 年 8 月。

117. 高明:《清文彙》,臺灣中華叢書,臺北,1960 年 3 月。

118. 高明士:《中國史研究指南 4 明史 清史》,聯經圖書公司,臺北,1990 年 5 月。

119. 張允亮:《故宮善本書目》,北平故宮博物院,1934 年 1 月。

120. 張岱年:《中華思想大辭典》,吉林人民出版社,長春,1991 年 2 月。

121. 張家璠、閻崇東:《中國古代文獻學家研究》,廣西師範大學出版社,南寧,1996 年 6 月。

122. 張舜徽:《中國文獻學》,河南人民出版社,鄭州,1982 年 12 月。

《文獻學論著輯要》,陝西人民出版社,西安,1985 年 8 月。

《清人文集別錄》,中華書局,北京,1963 年 11 月。

123. 張慈生:《元明清書畫家年齡速檢表》,天津人民美術出版社,天津,1997 年 5 月。

124. 張維屏:《國朝詩人徵略二編》,明文書局,臺北,1985 年 5 月。

125. 張慧劍：《明清江蘇文人年表》，上海古籍出版社，上海，1986 年 12 月。

126. 梁披雲、馬國權：《中國書法大辭典》，書譜出版社，香港，1987 年 1 月。

127. 梁淑安：《中國文學家大辭典 近代卷》，中華書局，北京，1997 年 2 月。

128. 盛代儒：《清代名人千家著作舉要》，華夏出版社，北京，1992 年 2 月。

129. 莫友芝：《藏園訂補邵亭知見傳本書目》，中華書局，北京，1993 年 6 月。

130. 莫道才：《駢文觀止》，文化藝術出版社，北京，1997 年 2 月。

131. 莊芳榮：《叢書總目彙編》，德浩書店，臺北，1974 年 7 月。

132. 許衍董：《廣東文徵續編》，香港中文大學出版社，香港，1988 年 9 月。

133. 許國英：《清鑑易知錄》，北京古籍出版社，北京，1987 年 8 月。

134. 郭厚安、趙吉惠：《中國儒學辭典》，遼寧人民出版社，沈陽，1988 年 12 月。

135. 陳柾治：《皇清經解正續編書題索引》，文史哲出版社，臺北，1991 年 10 月。

136. 陳乃乾：《別號索引》，開明書店，上海，1943 年 12 月。

《室名別號索引》，中華書局，北京，1982 年 9 月。

《清代碑傳文通檢》，中華書局，北京，1959 年 2 月。

137. 陳玉堂：《中國近現代人物名號大辭典》，浙江古籍出版社，杭州，1995 年 5 月。

138. 陳谷嘉、鄧洪波：《中國書院史資料》，浙江教育出版社，杭州，1998 年 5 月。

139. 陳秉才、張玉範：《北京大學圖書館藏 稿本叢書》，天津古籍出版社，天津，1996 年 3 月。

140. 陳金生：《傳世藏書 經庫 十三經注疏》，海南國際，海口，1996 年 11 月。

141. 陳炳華：《中國古今書畫名人大辭典》，天津古籍出版社，天津，1998 年 5 月。

142. 陳廖安：《國學文獻選輯》，新文豐出版公司，臺北，1995 年 12 月。

143. 陳德芸：《古今人物別名索引》，藝文印書館，臺北，1983 年 6 月。

144. 陳鐵凡：《宋元明清四朝學案索引》，藝文印書館，臺北，1974 年 1 月。

145. 章鈺、武作成：《清史稿藝文志及補編》附索引，中華書局，北京，1982 年 4 月。

王紹曾：《清史稿藝文志拾遺》，中華書局，北京，2000 年 9 月。

146. 麥仲貴：《明清儒學家著述生卒年表》，臺灣學生書局，臺北，1975 年。

147. 彭卿雲：《中國歷代名人勝跡大辭典》，三聯書店，香港，1995 年 2 月。

148. 彭斐章：《目錄學研究文獻匯編》修訂版，武漢大學出版社，武漢，1996年6月。

149. 黃時鑒：《插圖 解說 中西關係史年表》，浙江人民出版社，杭州，1994年10月。

150. 黃開國：《經學辭典》，四川人民出版社，成都，1993年5月。

151. 黃蔭普：《廣東文獻書目知見錄》，崇文書店，香港，1972年9月。

152. 曹餘章：《中國歷朝事典》，浙江教育出版社，杭州，1997年7月。

153. 單國強：《清代書法》故宮博物院藏文物珍品全集，商務印書館，香港，2001年12月。

154. 楊仁愷：《國寶沉浮錄》，遼海出版社，瀋陽，1999年7月。

155. 楊廷福、楊同甫：《清人室名別稱字號索引》，上海古籍出版社，上海，1988年11月。

156. 楊金鼎：《中國文化史詞典》，浙江古籍出版社，杭州，1987年3月。
《中國文化史大詞典》大陸版，遠流出版社，臺北，1989年11月。

157. 楊家駱：《清人別集千種碑傳文引得及碑傳主年里譜》，中國文化學院，臺北，1965年3月。

158. 楊蔭深：《中國文學 藏書家考略》，新文豐，臺北，1995年10月。
《中國學術家列傳》，文淵書店，香港，1937年3月。

159. 楊霞方：《歷代人物諡號封爵索引》，上海古籍出版社，上海，1996年5月。

160. 楊繩信：《中國版刻綜錄》，陝西人民出版社，咸陽，1987年6月。

161. 葉衍蘭、葉恭綽：《清代學者象傳合集》，上海古籍出版社，上海，1989年7月。
《清代學者象傳》，上海書店出版社，上海，2001年5月。

162. 靖玉樹：《中國歷代算學集成》，山東人民出版社，濟南，1994年3月。

163. 董玉整：《中國理學大辭典》，暨南大學出版社，廣州，1996年10月。

164. 賈二強、黃永年：《清代版本圖錄》，浙江人民出版社，杭州，1997年5月。

165. 熊承滌：《中國古代教育史料繫年》，人民教育出版社，北京，1991年11月。

166. 趙宗正：《儒學大辭典》，山東友誼出版社，濟南，1995年12月。

167. 趙祖銘：《清代文獻邁古錄》，臺聯國風，臺北，1971年2月。

168. 劉乃和：《歷史文獻研究論叢》，廣西師範大學出版社，南寧，1998年3月。

169. 劉九庵：《宋元明清書畫家傳世作品年表》，上海書畫出版社，上海，1997年1月。

170. 劉正成：《中國書法鑑賞大辭典》，大地出版社，北京，1989年10月。

171. 劉兆祐：《認識古籍版刻與藏書家》，臺灣書店，臺北，1997年6月。

172. 潘樹廣：《中國文學史料學》，黃山書社，合肥，1992年8月。

173. 蔣復璁：《清代文獻檔案總目》，國立故宮博物院，臺北，1982年6月。

174. 蔡金重：《清代書畫家字號引得》，江蘇廣陵古籍刻印社，揚州，1997年5月。

175. 蔡冠洛：《清代七百名人傳》，中國書店，北京，1987年6月。

176. 鄭偉章：《文獻家通考》，中華書局，北京，1999年6月。

177. 鄧又同：《香港 學海書樓藏書目錄》，學海書樓，香港，1988年4月。

178. 燕中人：《中國文化大博覽》，南海出版社，海口，1991年6月。

179. 錢仲聯：《中國文學家大辭典 清代卷》，中華書局，北京，1996年10月。
《廣清碑傳集》，蘇州大學出版社，如東，1999年2月。

180. 錢塘、凌忠照：《皇清經解編目》，台聯國風，臺灣中文，1974年10月。

181. 錢實甫：《清代職官年表》，中華書局，北京，1980年7月。

182. 《清代碑傳全集》（錢儀吉：〈碑傳集〉、繆荃孫：〈續碑傳集〉、閔爾昌：〈碑傳集補〉、汪兆鏞：〈碑傳集三編〉），上海古籍出版社，上海，1987年11月。

183. 瞿冠群：《中國歷代名人圖鑑》，上海書畫出版社，上海，1989年9月。

184. 瞿冕良：《中國古籍版刻辭典》，齊魯書社，濟南，1999年2月。

185. 羅明、楊益茂：《清代人物傳稿》下編第十卷，遼寧人民出版社，沈陽，1994年1月。

186. 羅聯添、宋隆發：《清代文學論著集目正編》，臺灣五南，國立編譯館，1996年7月。

187. 譚正璧：《中國文學家大辭典》，北京圖書館出版社，北京，1998年9月。

188. 嚴文郁：《清儒傳略》，商務印書館，臺北，1990年6月。

189. 嚴佐之：《近三百年古籍目錄舉要》，華東師範大學出版社，上海，1994年9月。

190. 嚴靈峰：《書目類編》，臺灣成文，臺北，1978年5月。

191. 顧廷龍：《清代硃卷集成》，成文出版社，臺北，1992年11月。

192. 龔聯壽：《聯話叢編》，江西人民出版社，南昌，2000年8月。

193. 《康雍乾間文字之獄》，北京古籍出版社，北京，1999年2月。

194. 《中國傳統文化的再估計》，上海人民出版社，上海，1987年5月。

戊、民國以還論著

1. 丁紹儀：《清詞綜補》，中華書局，北京，1988 年 2 月。

2. 丁鋼、劉琪：《書院與中國文化》，上海教育出版社，上海，1992 年 10 月。

3. 丁寶蘭、李錦全：《嶺南歷代思想家評傳》，廣東人民出版社，廣州，1985 年 1 月。

4. 于省吾：《雙劍誃吉金文選》，中華書局，北京，1998 年 9 月。

5. 石鵬飛：《滇雲名士趣談錄》，雲南大學出版社，昆明，2001 年 9 月。

6. 尹旦侯：《中國教育家評傳》，上海教育出版社，上海，1989 年 2 月。

7. 尤振中、尤以丁：《清詞紀事會評》，黃山書社，合肥，1995 年 12 月。

8. 方小東：《枕經堂金石題跋》，臺灣學海出版社，臺北，1977 年 4 月。

9. 方立天、薛君度：《儒學與中國文化現代化》，中國人民大學出版社，北京，1998 年 10 月。

10. 毛禮銳、沈灌群：《中國教育通史》，山東教育出版社，濟南，1987 年 6 月。

11. 王元化：《思辨隨筆》，上海文藝出版社，上海，1994 年 10 月。
《釋中國》，上海文藝出版社，上海，1998 年 3 月。

12. 王友三：《吳文化史叢》，江蘇人民出版社，南京，1993 年 9 月。

13. 王汎森：《古史辨運動的興起——一個思想史的分析》，允晨文化，臺北，1987 年 4 月。
《章太炎的思想——兼論其對儒學傳統的衝擊》，臺灣時報文化，臺北，1985 年 5 月。
《中國近代思想與學術的系譜》，河北教育出版社，石家莊，2001 年 11 月。

14. 王旭烽：《西湖新夢尋——杭州》，上海古籍出版社，上海，2001 年 2 月。

15. 王余光：《藏書四記》，湖北辭書出版社，武漢，1998 年 6 月。

16. 王俊義、黃愛平：《清代學術與文化》，遼寧教育出版社，瀋陽，1993 年 10 月。
《清代學術文化史論》，文津出版社，臺北，1999 年 11 月。

17. 王茂、蔣國保：《清代哲學》，安徽人民出版社，合肥，1992 年 1 月。

18. 王重民：《冷廬文藪》，上海古籍出版社，上海，1992 年 12 月。

19. 王家儉：《清史研究論藪》，文史哲出版社，臺北，1994 年 7 月。

20. 王振忠：《明清徽商與淮陽社會變遷》，三聯書店，北京，1996 年 4 月。

21. 王章濤：《阮元傳》，黃山書社，合肥，1994 年 10 月。

22. 王萍：《西方曆算學之輸入》，臺灣中央研究院近代史研究所，臺北，1966年8月。

23. 王瑜：《揚州歷代名人》，江蘇古籍出版社，南京，1992年12月。

24. 王運熙、顧易生：《清代文論選》，人民文學出版社，北京，1999年1月。

25. 王達津：《清代經部序跋選》，天津古籍出版社，天津，1991年11月。

26. 王壽南：《中國歷代思想家【十六】更新版 劉獻廷，李塨，惠棟，莊存與，戴震，阮元》商務印書館，臺北，1999年8月。

27. 王健：《儒學三百題》，上海古籍出版社，上海，2001年5月。

28. 王樹民：《曙庵文史雜著》，中華書局，北京，1997年8月。

29. 王鍾翰：《清史新考》，遼寧大學出版社，瀋陽，1997年3月。
《清史列傳》，中華書局，北京，1987年。

30. 王鴻：《揚州散記》，江蘇古籍出版社，南京，2000年1月。

31. 王鎮遠、鄔國平：《清代文學批評史》，上海古籍出版社，上海，1995年11月。

32. 田家英：《小莽蒼蒼齋藏 清代學者法書選集》，文物出版社，北京，1995年5月。

33. 田漢雲：《中國近代經學史》，三秦出版社，西安，1996年12月。

34. 申笑梅、張立眞：《獨樹一幟：戴震與乾嘉學派》，遼寧人民出版社，瀋陽，1997年8月。

35. 白新良：《中國古代書院發展史》，天津大學出版社，天津，1995年5月。

36. 任松如：《四庫全書答問》，巴蜀書社，成都，1988年1月。

37. 朱家溍：《兩朝御覽圖書》，紫禁城出版社，北京，1992年6月。

38. 朱軾：《歷代名臣傳》，岳麓書社，長沙，1993年3月。

39. 朱劍心：《金石學》，商務印書館，臺北，1995年7月。

40. 朱漢民、李弘祺：《中國書院》，湖南教育出版社，長沙，1997年11月。

41. 朱維錚：《走出中世紀》，上海人民出版社，上海，1987年12月。
《求索眞文明——晚清學術史論》，上海古籍出版社，上海，1996年12月。
《周予同經學史論著選集》（增訂本），上海人民出版社，上海，1996年7月。
《維新舊夢錄：戊戌前百年中國的『自改革』運動》，三聯書店，北京，2000年10月。

42. 江慶柏：《明清蘇南望族文化研究》，南京師範大學出版社，南京，1999年9月。

43. 江澄波:《江蘇刻書》,江蘇人民出版社,南京,1993 年 12 月。

44. 任繼愈:《中國藏書樓》,遼寧人民出版社,瀋陽,2000 年 12 月。

45. 牟潤孫:《注史齋叢稿》,中華書局,北京,1987 年 3 月。
   《海遺雜著》,香港中文大學出版社,香港,1990 年。

46. 何兆武:《中西文化交流史論》,中國青年出版社,北京,2001 年 10 月。

47. 何冠彪:《戴名世研究》,香港大學中文系文史叢書,香港,1987 年 2 月。

48. 何耿鏞:《經學簡史》,廈門大學出版社,廈門,1993 年 12 月。

49. 何廣棪:《陳振孫之生平及其著述研究》,文史哲出版社,臺北,1993 年
   10 月。

50. 余英時:《論戴震與章學誠——清代中期學術思想史研究》,龍門書店,
   香港,1976 年 9 月。
   《歷史與思想》,聯經出版事業公司,臺北,1976 年 9 月。
   《中國思想傳統的現代詮釋》,聯經出版事業公司,臺北,1987 年 3 月。
   《歷史人物與文化危機》,東大圖書公司,臺北,1995 年 9 月。

51. 吳吉遠:《清代地方政府的司法職能研究》,中國社會科學出版社,北京,
   1998 年 6 月。

52. 吳孟復:《桐城文派述論》,安徽教育出版社,合肥,1992 年 5 月。

53. 吳長瑛:《清代名人手札甲集》,華南印書社,香港,1926 年。

54. 吳晗:《江浙藏書家史略》,中華書局,北京,1981 年 1 月。

55. 吳雁南:《清代經學史通論》,雲南大學出版社,昆明,1993 年 12 月。
   《中國經學史》,福建人民出版社,福州,2001 年 9 月。

56. 吳道鎔:《廣東文徵》,香港中文大學出版社,香港,1973 年 10 月。

57. 吳銳:《杏壇春秋:書院興衰》,遼寧人民出版社,瀋陽,1997 年 8 月。

58. 吳懷祺:《中國史學思想史》,安徽人民出版社,合肥,1996 年 12 月。

59. 呂元驄、葛榮晉:《清代社會與實學》,香港大學出版社,香港,2000 年
   1 月。

60. 李小松、陳澤弘:《歷代入粵名人》,廣東人民出版社,廣州,1994 年 12
   月。

61. 李天綱:《中國禮儀之爭:歷史,文獻和意義》,上海古籍出版社,上海,
   1998 年 12 月。
   《弢園文新編》,王韜著,錢鍾書主編,中國近代學術名著叢書,三聯書
   店,香港,1998 年 7 月。

62. 李申:《中國儒教史》,上海人民出版社,上海,2000 年 2 月。

63. 李成良:《阮元思想研究》,四川人民出版社,成都,1997 年 11 月。

64. 李春光:《古籍叢書述論》,遼瀋書社,沈陽,1991 年 10 月。

65. 李致忠:《肩樸集》,北京圖書館出版社,北京,1998 年 9 月。

66. 李修生:《古籍整理與傳統文化》,遼寧大學出版社,沈陽,1991 年 4 月。

67. 李國鈞:《中國書院史》,湖南教育出版社,長沙,1994 年 6 月。
《中國教育思想通史》第四卷(明清),湖南教育出版社,長沙,1994 年 6 月。

68. 李敖:《中國名著精華全集》,臺灣遠流出版公司,臺北,1983 年 7 月。

69. 李雪梅:《中國近代藏書文化》,現代出版社,北京,1999 年 1 月。

70. 李開:《戴震評傳》,南京大學出版社,南京,1992 年 8 月。
《惠棟評傳》,南京大學出版社,南京,1997 年 7 月。

71. 李雲光:《禮學論集》,黃河文化出版社,香港,1997 年 8 月。

72. 李淼:《中國古代序跋文選集》經部,汕頭大學出版社,汕頭,1996 年 6 月。

73. 李慶:《顧千里研究》,上海古籍出版社,上海,1989 年 7 月。

74. 李學勤、徐吉軍:《長江文化史》,江西教育出版社,南昌,1996 年 10 月。

75. 李燕光:《清史經緯》,遼寧大學出版社,沈陽,1987 年 8 月。

76. 李權時:《嶺南文化》,廣東人民出版社,廣州,1993 年 12 月。

77. 李緒柏:《清代廣東樸學研究》,廣東省地圖出版社,廣州,2001 年 2 月。

78. 杜維明:《一陽來復》,上海文藝出版社,上海,1997 年 12 月。

79. 杜維運:《清代史學與史家》,東大圖書公司,臺北,1984 年 8 月。
《中國史學史論文選集》(三),華世出版社,臺北,1980 年 3 月。

80. 沈嘉榮:《顧炎武論考》,江蘇人民出版社,南京,1994 年 6 月。

81. 沈毅:《中國全史 中國清代科技史》,人民出版社,北京,1994 年 4 月。

82. 汪文娟:《歷代名人楹聯墨蹟》,上海人民美術出版社,上海,1996 年 2 月。

83. 汪茂和:《中華人物傳庫》(清卷),華夏出版社,北京,1996 年 1 月。

84. 汪學群:《錢穆學術思想評傳》,北京圖書館出版社,北京,1998 年 8 月。

85. 來新夏:《結網錄》,南開大學出版社,天津,1984 年 10 月。
《冷眼熱心 來新夏隨筆》,東方出版社,北京,1997 年 1 月。
《一葦爭流 來新夏隨筆》,廣西人民出版社,南寧,1999 年 5 月。
《來新夏書話》,臺灣學生書局,臺北,2000 年 10 月。
《歷代文選 清文》,河北教育出版社,石家莊,2001 年 5 月。

86. 周少川：《中華典籍與傳統文化》，廣西師範大學出版社，南寧，1996 年 9 月。

87. 周兆茂：《戴震哲學新探》，安徽人民出版社，合肥，1997 年 6 月。

88. 周昌龍：《新思潮與傳統——五四思想史論集》，時報文化出版公司，臺北，1995 年 2 月。

89. 周峰：《元明清名城杭州》，浙江人民出版社，杭州，1997 年 6 月。

90. 周積明：《文化視野下的〈四庫全書總目〉》，廣西人民出版社，南寧，1991 年 4 月。

《紀昀評傳》，南京大學出版社，南京，1994 年 9 月。

《文化視野下的〈四庫全書總目〉》，中國青年出版社，北京，2001 年 10 月。

91. 尚小明：《學人游幕與清代學術》，社會科學文獻出版社，北京，1999 年 10 月。

92. 屈守元：《經學常談》，巴蜀書社，成都，1992 年 7 月。

93. 林甘泉：《郭沫若與中國史學》，中國社會科學出版社，北京，1992 年 10 月。

94. 林志強：《儀禮漫談》，頂淵出版社，臺北，1997 年 3 月。

95. 林明波：《清代雅學考》，慶祝林景伊先生六秩誕辰論文集，臺北，1968 年 3 月。

96. 林啓彥：《中國學術思想史》，教育圖書公司，香港，1993 年 9 月。

97. 林慶彰：《明代經學國際研討會論文集》，中央研究院中國文哲研究所，臺北，1996 年 6 月。

《經學研究論叢》第一輯，聖環圖書公司，臺北，1994 年 4 月。

《經學研究論叢》第四輯，聖環圖書公司，臺北，1997 年 4 月。

98. 金觀濤、劉青峰：《中國現代思想的起源》，香港中文大學出版社，香港，2000 年。

99. 侯外廬：《近代中國思想學說史》，生活書店，上海，1947 年 5 月。

《中國早期啓蒙思想史》，人民出版社，北京，1956 年 8 月。

100. 俞潤民：《德清俞氏：俞樾、俞陛云、俞平伯》，中國人民大學出版社，北京，1999 年 12 月。

101. 南炳文：《明清史蠡測》，天津教育出版社，天津，1996 年 7 月。

《清代文化：傳統的總結和中西大交流的發展》，天津古籍出版社，天津，1991 年 10 月。

102. 姜林祥：《中國儒學史》近代卷，廣東教育出版社，廣州，1998 年 6 月。

103. 姜義華：《章太炎思想研究》，上海人民出版社，上海，1985 年 8 月。
《中國學術名著提要：歷史卷》，復旦大學出版社，上海，1994 年 1 月。

104. 姜廣輝：《走出理學：清代思想發展的內在理路》，遼寧教育出版社，沈陽，1997 年 5 月。

105. 姚伯岳：《黃丕烈評傳》，南京大學出版社，南京，1998 年 12 月。

106. 姚鵬：《中國思想寶庫》，中國廣播電視出版社，北京，1991 年 5 月。

107. 柳詒徵：《中國文化史》，中國大百科全書出版社，北京，1988 年 6 月。

108. 洪業：《洪業論學集》，中華書局，北京，1981 年 3 月。

109. 胡奇光：《中國小學史》，上海人民出版社，上海，1987 年 11 月。

110. 胡青：《書院的社會功能及其文化特色》，湖北教育出版社，武漢，1996 年 11 月。

111. 胡楚生：《清代學術史研究》，學生書局，臺北，1988 年 2 月。
《清代學術史研究 續編》，學生書局，臺北，1994 年 12 月。

112. 胡裕樹：《中國學術名著提要：語言文字卷》，復旦大學出版社，上海，1992 年 7 月。

113. 胡適：《戴東原的哲學》，遠流出版公司，臺北，1986 年 7 月。
《胡適文選》，遠流出版公司，臺北，1986 年 7 月。
《戴東原的哲學》胡適自校本，商務印書館，臺北，1996 年 2 月。
《胡適文存》，黃山書社，合肥，1996 年 12 月。
《論學談詩二十年：胡適楊聯陞往來書札》，聯經出版公司，臺北，1998 年 3 月。
《胡適論學往來書信選》，河北人民出版社，石家莊，1998 年 8 月。

114. 胡樸安：《清文觀止》，岳麓書社，長沙，1996 年 7 月。
《胡樸安學術論著》，浙江人民出版社，杭州，1998 年 6 月。

115. 韋明鏵：《揚州文化談片》，三聯書店，北京，1994 年 6 月。
《二十四橋明月夜：揚州》，上海古籍出版社，上海，2000 年 12 月。
《綠楊夢訪》，百花文藝出版社，天津，2001 年 9 月。
《揚州掌故》，蘇州大學出版社，蘇州，2001 年 12 月。

116. 韋政通：《中國十九世紀思想史》上，東大圖書公司，臺北，1991 年 9 月。
《中國十九世紀思想史》下，東大圖書公司，臺北，1992 年 9 月。

117. 倉修良：《中國史學名著評介》，山東教育出版社，濟南，1990 年 3 月。
《章學誠評傳》，南京大學出版社，南京，1996 年 3 月。

《史家　史籍　史學》，山東教育出版社，濟南，2000 年 3 月。

118. 唐一寺：《中國歷代名人手跡》，南海出版公司，海口，1992 年 4 月。

119. 唐振常：《識史集》，上海古籍出版社，上海，1997 年 4 月。

120. 孫郁：《苦境　中國文化怪杰心錄》，遼寧人民出版社，沈陽，1997 年 8 月。

121. 孫培青、李國鈞：《中國教育思想史》，華東師範大學出版社，上海，1993 年 12 月。

孫培青：《中國教育史》（修訂版），華東師範大學出版社，上海，2000 年 9 月。

122. 容庚：《頌齋文稿》，中央研究院文哲研究所，臺北，1994 年 6 月。

123. 徐建融：《清代書畫鑑定與藝術市場》，上海書店，上海，1996 年 10 月。

124. 徐虹：《北大四才子：辜鴻銘、劉師培、馬寅初、胡適》，東北師範大學出版社，長春，1997 年 1 月。

125. 徐雁：《思想家　第 1 輯　傑出人物與中國思想史》，江蘇教育出版社，南京，2000 年 10 月。

126. 桂文燦：《經學博采錄》，明文書店，臺北，1992 年 8 月。

127. 耿云志、李國彤：《胡適傳記作品全編》，東方出版社，北京，1999 年 1 月。

128. 袁鐘仁：《嶺南文化》，遼寧教育出版社，沈陽，1998 年 6 月。

129. 馬宗霍：《中國經學史》，學海出版社，臺北，1936 年。

130. 馬積高：《清代學術思想的變遷與文學》，湖南出版社，長沙，1996 年 1 月。

131. 高翔：《近代的初曙：18 世紀中國觀念變遷與社會發展》，社會科學文獻出版社，北京，2000 年 12 月。

132. 桑兵：《晚清民國的國學研究》，上海古籍出版社，上海，2001 年 10 月。

133. 張小也：《清代私鹽問題研究》，社會科學文獻出版社，北京，2001 年 10 月。

134. 張正藩：《中國書院制度考略》，江蘇教育出版社，南京，1985 年 5 月。

135. 張立文：《世界哲學家叢書　戴震》，東大圖書公司，臺北，1991 年 4 月。

136. 張仲謀：《清代文化與浙派詩》，東方出版社，北京，1997 年 8 月。

137. 張伯駒：《春游社瑣談　素月樓聯語》，北京出版社，北京，1998 年 6 月。

138. 張宏生：《清代詞學的建構》，江蘇古籍出版社，南京，1998 年 7 月。

139. 張君和：《張舜徽學術論著選》，華中師範大學出版社，武昌，1997 年 12 月。

140. 張岱年、牟鐘鑒：《中國思想文化典籍導引》，中共中央黨校出版社，北京，1994 年 3 月。

141. 張豈之：《中國思想史》，西北大學出版社，西安，1989 年 6 月。

《中國近代史學學術史》，中國社會科學出版社，北京，1996 年 10 月。

142. 張善文、馬重奇：《公羊傳漫談》，頂淵文化公司，臺北，1997 年 3 月。

143. 張健忠：《百姓祖宗源流集》，科學出版社，龍門，1999 年 3 月。

144. 張舜徽：《清代揚州學記》，上海人民出版社，上海，1962 年 10 月。

《舊學輯存》，齊魯書社，濟南，1988 年 10 月。

《愛晚廬隨筆》，湖南教育出版社，長沙，1991 年 2 月。

《清儒學記》，齊魯書社，濟南，1991 年 11 月。

《訒齋學術講論集》，岳麓書社，長沙，1992 年 5 月。

145. 張越：《中國清代思想史 中國全史》，人民出版社，北京，1994 年 4 月。

146. 張瑞璠、金一鳴：《中國學術名著提要：教育卷》，復旦大學出版社，上海，1996 年 10 月。

147. 張壽安：《以禮代理：凌廷堪與清中葉儒學思想之轉變》，中央研究院近代史研究所，臺北，1994 年 5 月。

《龔自珍學術思想研究》，文史哲出版社，臺北，1997 年 4 月。

《以禮代理：凌廷堪與清中葉儒學思想之轉變》（大陸版），河北教育出版社，石家莊，2001 年 11 月。

148. 張維屏：《紀昀與乾嘉學術》，國立臺灣大學文學院，臺北，1998 年 6 月。

149. 張麗珠：《清代義理學新貌》，里仁書局，臺北，1999 年 5 月。

150. 啓功：《中國書法大成 8 中國歷代墨蹟 清（下）》，中國書店，北京，1991 年 12 月。

151. 曹之：《中國古籍編撰史》，武漢大學出版社，武昌，1999 年 11 月。

152. 曹屯裕：《浙東文化概論》，寧波出版社，寧波，1997 年 6 月。

153. 曹虹：《陽湖文派研究》，中華書局，北京，1996 年 10 月。

154. 曹毓英：《錢基博學術論著選》，華中師範大學出版社，武昌，1997 年 12 月。

155. 曹聚仁：《中國學術思想史隨筆》，三聯書店，北京，1986 年 6 月。

《書林又話》，上海書店，上海，1999 年 9 月。

《天一閣人物譚》，上海人民出版社，上海，2000 年 12 月。

156. 梁啓超：《清代學術概論》，水牛出版社，臺北，1971 年 5 月。

《中國學術思想變遷之大勢》，臺灣中華書局，臺北，1974 年 11 月。

《梁啓超論清學史二種》，復旦大學出版社，上海，1985 年 9 月。

《清代學術概論導讀》，上海古籍出版社，上海，1998 年 1 月。

《飲冰室書話》，吉林時代文藝出版社，長春，1998 年 2 月。

157. 盛朗西：《中國書院制度》，中華書局，上海，1934 年 11 月。

158. 莊一拂：《明清散曲作家匯考》，浙江古籍出版社，杭州，1992 年 7 月。

159. 許嘯天：《國故學討論集》，上海書店，上海，1991 年 12 月。

160. 郭延禮：《中國近代文學發展史》，山東教育出版社，濟南，1990 年 3 月。

161. 郭厚安、趙吉惠：《中國儒學史》，中州古籍出版社，鄭州，1991 年 6 月。

162. 郭英德：《中國古典文學研究史》，中華書局，北京，1995 年 11 月。

163. 郭紹虞：《中國歷代文論選》，中華書局，香港，1979 年 3 月。

164. 陳力：《中國圖書史》，文津出版社，臺北，1996 年 4 月。

165. 陳天倪：《尊聞室賸稿》，中華書局，北京，1997 年 6 月。

166. 陳引馳：《梁啓超學術論著集》【傳記卷】，華東師範大學出版社，上海，1998 年 11 月。

167. 陳水云：《清代前中期詞學思想研究》，武漢大學出版社，武昌，1999 年 10 月。

168. 陳平原：《中國現代學術之建立：以章太炎、胡適之為中心》，北京大學出版社，北京，1998 年 2 月。

169. 陳永正：《嶺南文學史》，廣東高等教育出版社，廣州，1993 年 9 月。

170. 陳伯海：《近四百年中國文學思潮史》，東方出版社，北京，1997 年 10 月。

171. 陳克明：《群經要義》，東方出版社，北京，1996 年 12 月。

172. 陳谷嘉、鄧洪波：《中國書院制度研究》，浙江教育出版社，1997 年 8 月。

173. 陳其泰：《清代公羊學》，東方出版社，北京，1997 年 4 月。

《二十世紀中國禮學研究論集》，學苑出版社，北京，1998 年 6 月。

174. 陳居淵：《焦循儒學思想與易學研究》，齊魯書社，濟南，2000 年 5 月。

《清代樸學與中國文學》，百花洲文藝出版社，南昌，2000 年 6 月。

175. 陳東原：《中國教育史》，商務印書館，臺北，1936 年 7 月。

176. 陳金陵：《洪亮吉評傳》，中國人民大學出版社，北京，1995 年 1 月。

177. 陳祖武：《清初學術思辨錄》，中國社會科學出版社，北京，1992 年 6 月。

《中國學案史》，文津出版社，臺北，1994 年 4 月。

《清代文化志》，上海人民出版社，上海，1998 年 10 月。

《清儒學術拾零》，湖南人民出版社，長沙，1999 年 8 月。

178. 陳重遠：《骨董說奇珍》，北京出版社，北京，1999 年 2 月。
《收藏講史話》，北京出版社，北京，2001 年 1 月。

179. 陳清泉：《中國史學家評傳》，中州古籍出版社，鄭州，1985 年 4 月。

180. 陳登原：《中國文化史》，遼寧教育出版社，瀋陽，1998 年 3 月。

181. 陳鼓應：《明清實學思潮史》，齊魯書社，濟南，1989 年 7 月。
《明清實學簡史》，社會科學文獻出版社，北京，1994 年 9 月。

182. 陳維昭：《帶血的挽歌——清代文人心態史》，河北教育出版社，石家莊，2001 年 11 月。

183. 陳學恂、周德昌：《中國教育史研究》明清分卷，華東師範大學出版社，上海，1995 年 12 月。

184. 陳學超：《國際漢學論壇》卷一，西北大學出版社，西安，1994 年 9 月。

185. 陳鐘凡：《兩宋思想述評》，東方出版社，北京，1996 年 3 月。

186. 陸鍵東：《陳寅恪的最後二十年》，三聯書店，北京，1995 年 12 月。

187. 陸寶千：《清代思想史》，廣文書局，臺北，1978 年 3 月。

188. 章乃煒：《清宮述聞》，北京古籍出版社，北京，1988 年 7 月。

189. 章念馳：《章太炎生平與學術》，三聯書店，北京，1988 年 7 月。

190. 章太炎：《章太炎學術史論集》，中國社會科學出版社，北京，1997 年 6 月。

191. 梁其姿：《施善與教化——明清的慈善組織》，河北教育出版社，石家莊，2001 年 11 月。

192. 傅抱石：《中國繪畫變遷史綱 附中國美術年表》，上海古籍出版社，上海，1998 年 12 月。

193. 傅斯年：《性命古訓辨證》，中央研究院歷史語言研究所，商務印書館，臺北，1992 年 12 月。
《傅斯年全集》，聯經出版事業公司，臺北，1980 年 9 月。
《傅斯年選集》，天津人民出版社，天津，1996 年 2 月。

194. 傅璇琮、謝灼華：《中國藏書通史》，寧波出版社，寧波，2001 年 2 月。

195. 彭明輝：《歷史地理學與現代中國史學》，東大圖書公司，臺北，1995 年 7 月。

196. 曾定夷：《廣東風物志》，花城出版社，廣州，1985 年 10 月。

197. 湯志鈞：《近代經學與政治》，中華書局，北京，1989 年 8 月。
《經學史論集》，大安出版社，臺北，1995 年 6 月。

198. 湯學智：《臺港暨海外學界論中國知識分子》，河南人民出版社，鄭州，1994 年 5 月。

199. 程千帆、徐有富：《校讎廣義 典藏篇》，齊魯書社，濟南，1998 年 4 月。

200. 崔大華：《儒學引論》，人民出版社，北京，2001 年 9 月。

201. 舒蕪、王利器：《近代文論選》，人民文學出版社，北京，1999 年 1 月。

202. 馮友蘭：《中國哲學史》附補編，太平洋圖書公司，香港，1975 年 10 月。

203. 馮天瑜：《中國學術流變：論著輯要》，湖北人民出版社，武昌，1991 年 10 月。

204. 馮爾康：《清史史料學初稿》，南開大學出版社，天津，1986 年 2 月。

《清史史料學》，商務印書館，臺北，1993 年 11 月。

《揚州研究：江都陳軼群先生百齡冥誕紀念論文集》，聯經出版公司，臺北，1996 年 8 月。

《清人生活漫步》，中國社會出版社，北京，1999 年 1 月。

《清代人物傳記史料研究》，商務印書館，北京，2000 年 8 月。

205. 黃建國、高躍新：《中國古代藏書樓研究》，中華書局，北京，1999 年 7 月。

206. 黃振民：《古籍導讀》，天工出版社，臺北，1989 年 9 月。

207. 黃時鑒：《東西交流論譚》，上海文藝出版社，上海，1998 年 3 月。

《東西交流論譚》第二集，上海文藝出版社，上海，2001 年 6 月。

208. 黃復盛：《翰墨奇人：書畫名家評說》，遼寧人民出版社，瀋陽，1997 年 8 月。

209. 黃進興：《優入聖域 權力，信仰與正當性》，陝西師範大學出版社，西安，1998 年 10 月。

210. 黃雲眉：《史學雜稿訂存》，齊魯書社，濟南，1980 年 4 月。

211. 黃愛平：《四庫全書纂修研究》，中國人民大學出版社，北京，1989 年 1 月。

《18 世紀的中國與世界》思想文化卷，遼海出版社，瀋陽，1999 年 6 月。

212. 黃簡：《歷代書法論文選》，上海書畫出版社，上海，1996 年 10 月。

213. 華人德、白謙慎：《蘭亭論集》，蘇州大學出版社，蘇州，2000 年 9 月。

214. 華林甫：《中國地名學史考論》，社會科學文獻出版社，北京，2002 年 2 月。

215. 虞萬里：《榆枋齋學術論集》，江蘇古籍出版社，南京，2001 年 8 月。

216. 楊布生、彭定國：《中國書院與傳統文化》，湖南教育出版社，長沙，1992 年 9 月。

《中國書院文化》，雲龍出版公司，臺北，1997 年 12 月。

217. 楊先梅：《楊守敬題跋書信遺稿》，巴蜀書社，成都，1996 年 3 月。

218. 楊向奎：《中國古代社會與古代思想研究》，上海人民出版社，上海，1962
年 4 月。

　　《繹史齋學術文集》，上海人民出版社，上海，1983 年 9 月。

　　《大一統與儒家思想》，中國友誼出版公司，長春，1989 年 6 月。

　　《繙經室學術文集》，齊魯書社，濟南，1989 年 7 月。

　　《清儒學案新編》第五卷，齊魯書社，濟南，1994 年 3 月。

　　《楊向奎學術》，浙江人民出版社，杭州，2000 年 1 月。

219. 楊成孚：《經學概論》，南開大學出版社，天津，1994 年 5 月。

220. 楊念群：《儒學地域化的近代形態：三大知識群體互動的比較研究》，三
聯書店，北京，1997 年 6 月。

221. 楊志剛：《中國禮儀制度研究》，華東師範大學出版社，上海，2001 年 5
月。

222. 楊東純：《中國學術史講話》，岳麓書社，長沙，1986 年 11 月。

　　羅福惠：《楊東純學術論著選》，華中師範大學出版社，武昌，1997 年 12
月。

223. 楊國強：《百年嬗蛻：中國近代的士與社會》，上海三聯書店，上海，1997
年 12 月。

224. 楊國榮：《善的歷程：儒家價值體系的歷史衍化及其現代轉折》，上海人
民出版社，上海，1994 年 3 月。

225. 楊朝明：《儒家文化面面觀》，齊魯書社，濟南，2000 年 3 月。

226. 楊翼驤、孫香蘭：《清代史部序跋選》，天津古籍出版社，天津，1992 年
4 月。

227. 鄒振環：《晚清西方地理學在中國》，上海古籍出版社，上海，2000 年 4
月。

228. 葉昌熾：《藏書紀事詩》附補正，上海古籍出版社，上海，1989 年 7 月。

　　《語石》，遼寧教育出版社，瀋陽，1998 年 12 月。

　　《藏書紀事詩》，燕山出版社，北京，1999 年 12 月。

　　《藏書紀事詩　辛亥以來藏書紀事詩》，上海古籍出版社，上海，1999 年
12 月。

229. 葉恭綽：《全清詞鈔》，中華書局，香港，1975 年 3 月。

230. 葉德輝：《雙梅影闇叢書》，海南國際，海口，1995 年 9 月。

　　《書林清話　書林餘話》，岳麓書社，長沙，1999 年 4 月。

231. 葛兆光：《作壁上觀：葛兆光書話》，浙江人民出版社，杭州，1997 年 7
月。

《七世紀至十九世紀 中國的知識、思想與信仰》中國思想史 第二卷，復旦大學出版社，上海，2000 年 12 月。

232. 葛榮晉：《中國實學思想史》，首都師範大學出版社，北京，1994 年 9 月。

233. 賈植芳：《中國近代散文精粹類編》，上海文藝出版社，上海，2000 年 6 月。

234. 路廣正：《訓詁學通論》，天津古籍出版社，天津，1996 年 10 月。

235. 雷志雄：《中國歷代書法家象贊》，湖北美術出版社，武漢，1995 年 4 月。

236. 鄔國平：《中國文學批評通史》卷六 清代，上海古籍出版社，上海，1996 年 12 月。

237. 漆永祥：《乾嘉考據學研究》，中國社會科學出版社，北京，1998 年 12 月。

238. 漆緒邦：《桐城派文選》，安徽人民出版社，合肥，1984 年 6 月。

239. 熊月之：《西學東漸與晚清社會》，上海人民出版社，上海，1994 年 8 月。
《章太炎傳：一代革命文豪》，克寧出版社，臺北，1995 年 5 月。

240. 管錫華：《校勘學》，安徽教育出版社，合肥，1991 年 7 月。

241. 蒙文通：《經史抉原》，巴蜀書社，成都，1995 年 9 月。

242. 趙云田：《中國文化通史》(8) 清前朝卷，中共中央黨校出版社，北京，1999 年。

243. 趙令揚、馮錦榮：《亞洲科技與文明》，明報出版社有限公司，香港，1995 年 10 月。

244. 趙宗正：《中國古代著名哲學家評傳》續編四，齊魯書社，濟南，1982 年 9 月。

245. 趙航：《揚州學派新論》，江蘇文藝出版社，南京，1991 年 11 月。

246. 趙詒琛：《對樹書屋叢刻》，江蘇廣陵古籍刻印社，揚州，1986 年 5 月。

247. 趙蘇娜：《歷代繪畫題詩存》，山西教育出版社，太原，1998 年 7 月。

248. 齊秀梅、韓錫鐸：《亙古盛舉：〈古今圖書集成〉與〈四庫全書〉》，遼寧人民出版社，沈陽，1997 年 8 月。

249. 劉百閔：《經學通論》，臺灣國防研究院，臺北，1970 年 3 月。

250. 劉秀生：《中國全史 中國清代教育史》，人民出版社，北京，1994 年 1 月。

251. 劉宗賢、謝祥皓：《中國儒學》，四川人民出版社，成都，1993 年 5 月。
《中國儒學》，水牛出版社，臺北，1995 年 10 月。

252. 劉逸生、周錫馥：《龔自珍編年詩注》，浙江古籍出版社，杭州，1995 年 12 月。

253. 劉夢溪：陳平原《中國現代學術經典 胡適卷》，河北教育出版社，石家莊，1996 年 8 月。

劉乃和《中國現代學術經典 陳垣卷》，河北教育出版社，石家莊，1996 年 8 月。

吳方《中國現代學術經典 黃侃 劉師培卷》，河北教育出版社，石家莊，1996 年 8 月。

蒙默《中國現代學術經典 廖平 蒙文通卷》，河北教育出版社，石家莊，1996 年 8 月。

郭齊勇、汪學群《中國現代學術經典 錢賓四卷》，河北教育出版社，石家莊，1999 年 3 月。

254. 劉蔚華、趙宗正：《中國儒家學術思想史》，山東教育出版社，濟南，1996 年 12 月。

255. 劉曉東：《經學源流 中國文化精華文庫》，山東人民出版社，濟南，1992 年 11 月。

256. 劉蕙孫：《中國文化史稿》，文化藝術出版社，北京，1990 年 12 月。

257. 劉麟生：《中國駢文史》，東方出版社，北京，1996 年 3 月。

258. 樊克政：《中國書院史》，文津出版社，臺北，1995 年 9 月。

259. 樊洪業：《耶穌會士與中國科學》，中國人民大學出版社，北京，1992 年 12 月。

260. 樂心龍、莊新興：《明清名家書法大成》第三卷　清代書法，上海書畫出版社，上海，1994 年。

261. 潘富恩：《中國學術名著提要：哲學卷》，復旦大學出版社，上海，1992 年 10 月。

262. 潘寶明：《維揚文化概觀》，南京師範大學出版社，南京，1997 年 12 月。

263. 蔣孔陽：《中國學術名著提要：藝術卷》，復旦大學出版社，上海，1996 年 11 月。

264. 蔣文光：《中國書法史》，文津出版社，臺北，1993 年 7 月。

265. 蔣伯潛：《經與經學》，上海書店，上海，1997 年 5 月。

266. 蔣秋華：《乾嘉學者的治經方法》，中央研究院中國文哲研究所籌備處，臺北，2000 年 10 月。

267. 蔡佩玲：《范氏天一閣研究》，漢美圖書公司，臺北，1991 年。

268. 蔡尚思：《中國思想研究法》，湖南人民出版社，長沙，1983 年 4 月。

《中國禮教思想史》，中華書局，香港，1991 年 8 月。

269. 蔡美彪：《中國通史》第十冊，三聯書店，香港，1995 年 9 月。

270. 蔡茂松：《韓國近世思想文化史》，東大圖書公司，臺北，1995 年 7 月。

271. 鄭天挺:《清史探微》,北京大學出版社,北京,1999 年 7 月。

272. 黎東方:《細說清朝》,上海人民出版社,上海,1998 年 4 月。

273. 冀亞平:《梁啓超題跋墨蹟書法集》,榮寶齋,北京,1995 年 3 月。

274. 盧鐘峰:《中國傳統學術史》,河南人民出版社,鄭州,1998 年 10 月。

275 蕭一山:《清代通史》第五冊,中華書局,北京,1986 年 9 月。

276. 蕭致治:《鴉片戰爭與林則徐研究備覽》,湖北人民出版社,武漢,1995 年 9 月。

277. 蕭萐父:《明清啓蒙學術流變》,遼寧教育出版社,沈陽,1995 年 10 月。
《吹沙二集》,巴蜀書社,成都,1999 年 1 月。

278. 賴貴三:《焦循雕菰樓易學研究》,里仁書局,臺北,1994 年 7 月。

279. 錢玄:《三禮通論》,南京師範大學出版社,南京,1996 年 10 月。
《三禮辭典》,江蘇古籍出版社,南京,1998 年 3 月。

280. 錢玄同:《錢玄同文集》第四卷 文字音韻 古史經學,中國人民大學出版社,北京,1999 年 6 月。

281. 錢仲聯:《清詩紀事》乾隆朝卷,江蘇古籍出版社,南京,1989 年 4 月。
《清文舉要》,安徽教育出版社,合肥,1989 年 5 月。

282. 錢谷融:《顧頡剛書話》,浙江人民出版社,杭州,1998 年 11 月。

283. 錢穆:《政學私言》,商務印書館,臺北,1967 年 1 月。
《國史新論》,作者自印本,臺北,1969 年 1 月。
《中國學術思想史論叢》八,東大圖書公司,臺北,1980 年 3 月。
《中國近三百年學術史》,中華書局,北京,1986 年 5 月。

284. 閻正:《中國歷代書法大觀》(下),國際文化,北京,1995 年 8 月。

285. 閻海清:《龔自珍全傳》,長春出版社,長春,1996 年 10 月。

286. 鮑國順:《戴震研究》,臺灣國立編譯館,臺北,1997 年 5 月。

287. 龍應台、朱維錚:《未完成的革命 戊戌百年記》,商務印書館,臺北,1998 年 11 月。

288. 戴逸:《履霜集》,中國人民大學出版社,北京,1987 年 3 月。
《簡明清史》,人民出版社,北京,1991 年 4 月。

289. 謝正光:《清初人選清初詩彙考》,南京大學出版社,江寧,1998 年 12 月。
《清初詩文與士人交游考》,南京大學出版社,南京,2001 年 9 月。

290. 謝國楨:《近代書院學校制度變遷考》,孟氏圖書公司,香港,1972 年 8 月。

291. 謝稚柳：《中國歷代法書墨跡大觀》十五 清，上海書店，1994 年 10 月。
《中國書畫鑒定》，東方出版中心，上海，1998 年 1 月。

292. 韓進廉：《無奈的追尋：清代文人心理透視》，河北大學出版社，保定，2001 年 9 月。

293. 鍾鳳儀：《揚州概覽》，中國城市出版社，北京，1994 年 11 月。

294. 鍾賢培：《廣東近代文學史》，廣東人民出版社，廣州，1996 年 1 月。

295. 瞿兌之：《汪輝祖傳述》，商務印書館，上海，1935 年 8 月。

296. 瞿林東：《中國史學散論》，湖南教育出版社，長沙，1992 年 8 月。

297. 魏千志：《明清史概論》，中國社會科學出版社，北京，1998 年 3 月。

298. 魏中林：《清代詩學與中國文化》，巴蜀書社，成都，2000 年 1 月。

299. 魏洛：《中國宰相全傳》，工商出版社，北京，1996 年 11 月。

300. 龐樸：《中國儒學》第一卷至第三卷，東方出版中心，上海，1997 年 1 月。

301. 羅志田：《權勢轉移 近代中國的思想、社會與學術》，湖北人民出版社，武漢，1999 年 7 月。
《二十世紀的中國思想與學術掠影》，廣東教育出版社，廣州，2001 年 4 月。
《亂世潛流：民族主義與民國政治》，上海古籍出版社，上海，2001 年 10 月。

302. 羅振玉：《羅雪堂先生全集 初編》，文華出版公司，臺北，1968 年。
《羅振玉校刊群書敘錄》，江蘇廣陵古籍刻印社，揚州，1998 年 1 月。
《雪堂自述》，江蘇人民出版社，南京，1999 年 3 月。

303. 羅炳綿：《清代學術論集》食貨史學叢書，食貨出版社，臺北，1978 年 4 月。

304. 羅繼祖：《楓窗三錄》，大連出版社，大連，2000 年 2 月。

305. 譚卓垣：《清代圖書館發展史》，商務印書館，上海，1935 年。
《清代藏書發展史 續補藏書紀事補傳》，遼寧人民出版社，沈陽，1988 年 6 月。

306. 關文發：《清帝列傳 嘉慶帝》，吉林文史出版社，長春，1993 年 6 月。

307. 嚴迪昌：《清詩史》，五南圖書公司，臺北，1998 年 10 月。

308. 嚴靈峰：《清代易說考辨集》無求備齋易經集成，成文圖書公司，臺北，1976 年。

309. 饒宗頤：《潮州志匯編》，龍門書店，香港，1965 年 7 月。
《澄心論萃》，上海文藝出版社，上海，1996 年 10 月。

《固庵文錄》，遼寧教育出版社，沈陽，2000 年 1 月。

310. 顧吉辰：《錢大昕研究》，華東理工大學出版社，上海，1997 年 2 月。

311. 顧廷龍：《王同愈集》，上海古籍出版社，上海，1998 年 8 月。

312. 顧志興：《浙江藏書家藏書樓》，浙江人民出版社，杭州，1987 年 11 月。

313. 顧洪：《顧頡剛學術文化隨筆》，中國青年出版社，北京，1998 年 4 月。

314. 顧頡剛：《古史辨偽與現代史學：顧頡剛集》，上海文藝出版社，上海，1998 年 10 月。

315. 龔書鐸：《中國近代文化概論》，中華書局，北京，1997 年 9 月。

《中國近代文化探索》，北京師範大學出版社，北京，1997 年 10 月。

316. 揚州師院學報編輯部、古籍整理研究室編：《揚州學派研究》，揚州師院印刷廠，1987 年。

己、中文論文

1. 汪鋆：〈朱椒堂壽阮儀徵文〉，《文藝雜誌》，第 7 期（1915 年 7 月）。

2. 金鉽：〈江蘇藝文志稿〉，《國學圖書館年刊》第 12 冊，（南京：國學圖書館，1919 年）。

3. 傅斯年：〈清代學問的門徑書幾種〉，《新潮》，第 1 卷第 4 號（1919 年 4 月）。

4. 梁格：〈《皇清經解》分析目錄〉，《中大圖書館報》，第 7 卷第 4 期（1929 年 6 月）。

5. 顧頡剛：〈阮元明堂論〉，《中大語史週刊》，121 期（1930 年）。

6. 曹松葉：〈宋元明清書院概況〉，《國立中山大學語言歷史學研究所週刊》，第 10 集，114 期（1930 年 1 月）。

7. 劉文興：〈劉端臨先生年譜〉，《國學季刊》，第 3 卷第 2 號，（北京：北京大學，1932 年 6 月）。

8. 容肇祖：〈阮元簡譜〉，《嶺南學報》，第 3 卷第 3 期（1934 年 6 月）。

9. 容肇祖：〈學海堂考〉，《嶺南學報》，第 3 卷第 4 期（1934 年 6 月）。

10. 張崟：〈文瀾閣四庫全書史稿〉，《文瀾學報》，第 1 期（杭州：浙江省立圖書館，1935 年 1 月）。

11. 江蘇研究社：〈阮元〉，《江蘇研究》，第 1 卷第 4 期（1935 年 8 月）。

12. 王重民：〈清代文集篇目分類索引序、凡例〉，載 王重民著：《清代文集篇目分類索引》，（北京：北京大學出版社，1935 年 11 月）。

13. 古公愚：〈學海堂述略〉，《新民月刊》，第 1 卷第 7～8 期（1935 年 12 月）。

14. 張崟：〈詁經精舍志初稿〉，《文瀾學報》，第 2 卷第 1 期（1936 年）。

15. 張君勱：〈中國學術史上漢宋兩派之長短得失〉，載胡適、蔡元培、王雲五編：《張菊生先生七十生日紀念論文集》，（上海：商務印書館，1937年）。

16. 朱傑勤：〈龔定盦之金石學〉，《文瀾學報》，第 3 卷第 1 期（1937 年 3 月）。

17. 王重民：〈《清代名人傳略》介紹〉，《圖書季刊》，新第 5 卷第 1 期（1937年 3 月）。

18. 杜負翁：〈阮元〉，《中央日報》第 7 版，1960 年 4 月 2 日，（臺北）。

19. 杜負翁：〈阮元四器〉，《中央日報》第 7 版，1960 年 10 月 1 日，（臺北）。

20. 宇翁：〈阮元與學海堂〉，載《藝林叢錄》第 3 編，（香港：商務印書館，1962 年 1 月）。

21. 宇翁：〈阮元、曾釗、陳澧〉，載《藝林叢錄》第 3 編，（香港：商務印書館，1962 年 1 月）。

22. 桐花：〈阮元在粵二、三事〉，載《藝林叢錄》第 3 編，（香港：商務印書館，1962 年 1 月）。

23. 南湖：〈阮芸臺倡研金文〉，《中央日報》第 6 版，1963 年 5 月 3 日，（臺北）。

24. 汪紹楹：〈阮氏重刻宋本十三經注疏考〉，載《文史》第 3 輯，（北京：中華書局，1963 年 10 月）。

25. 喬衍琯：〈跋宋監本《周易正義》——兼論十三經校勘記〉，《孔孟學報》，第 6 期（1963 年）。

26. 田宗堯：〈《春秋穀梁傳》阮元校勘記補正〉，《孔孟學報》，第 8 期（1964年 9 月）。

27. 寬予：〈廣東藏書家曾釗〉，載《藝林叢錄》第 6 編，（香港：商務印書館，1966 年 4 月）。

28. 陳鐘凡：〈王引之《經籍纂詁序》箋釋〉，載《國立中央圖書館特刊慶祝蔣慰堂先生七十榮慶論文集》，（臺北：學生書店，1968 年 11 月）。

29. 陳天錫：〈清代幕賓中刊名錢穀與本人業此經過〉，載《國立中央圖書館特刊慶祝蔣慰堂先生七十榮慶論文集》，（臺北：學生書店，1968 年 11月）。

30. 杜負翁：〈阮元與汪中平議〉，《暢流》，第 42 卷第 2 期（1970 年 9 月）。

31. 何佑森：〈阮元的經學及其治學方法〉，《故宮文獻》，第 2 卷第 1 期（1970年 12 月）。

32. 杜負翁：〈阮元退休後的『榮』與『樂』〉，《藝文誌》，第 63 期（1970 年12 月）。

33. 石錦：〈十七、十八世紀中國曆算學家的治學態度〉，《故宮文獻》，第 2

卷第 1 期（1970 年 12 月）。

34. 柴德賡：〈章實齋與汪容甫〉，載《中國近三百年學術思想論集》，（香港：崇文書店，1971 年 5 月）。

35. 仰彌：〈阮文達事述──爲公卒後九十年紀念作〉，載《中國近三百年學術思想論集》，（香港：崇文書店，1971 年 5 月）。

36. 楚金：〈道光學術〉，載《中國近三百年學術思想論集》，（香港：崇文書店，1971 年 5 月）。

37. 沙孟海：〈近三百年的書學〉，載《中國書畫論集》，（香港：崇文書店，1971 年 5 月）。

38. 金受仲：〈清代書法述略〉，載《中國書畫論集》，（香港：崇文書店，1971 年 5 月）。

39. 袁同禮：〈宛委別藏現存書目及其版本〉，載《中國書籍考論集》，（香港：中山圖書公司，1972 年）。

40. 高越天：〈大觀園長聯與阮元〉，《新生報》第 10 版，1972 年 4 月 11 日，（臺北）。

41. 陳萬鼐：〈凌廷堪傳〉，《故宮文獻》，第 4 卷第 1 期（1972 年 12 月）。

42. 梁啟超：〈近代學風之地理的分布〉，載《中國近三百年學術史參考資料四編》，（香港：崇文書店，1973 年 3 月）。

43. 王萍：〈阮元與《疇人傳》〉，載《中央研究院近代史研究所集刊》，第 4 期下冊（臺北：南港，1974 年 12 月）。

44. 陸寶千：〈論清代經學──以考據治經之起源及其成就之限度〉，載《歷史學報》第 3 期（國立臺灣師範大學歷史系，1975 年 2 月）。

45. 李紹戶：〈翟灝《論語考異》與阮元校勘記〉，《建設》，第 25 卷第 1 期（1976 年 6 月）。

46. 姚垚：〈阮元倡讀《孝經》之背景與影響〉，《孔孟月刊》，第 18 卷第 3 期（1979 年 11 月）。

47. 劉漢屏：〈略論四庫提要與四庫分纂稿的異同和清代漢宋學之爭〉，《歷史教學》，1979 年第 9 期。

48. 陸寶千：〈嘉道史學──從考據到經世〉，載 杜維運編：《中國史學史論文選集》（三），（臺北：華世出版社，1980 年 3 月）。

49. 卞孝萱：〈曹寅・《紅樓夢》・阮元〉，載《紅樓夢研究集刊》，1980 年第 4 期（1980 年 9 月）。

50. 傅斯年：〈性命古訓辨證〉，載《傅斯年全集》第 2 冊（臺北：聯經出版事業公司，1980 年 9 月）。

51. 楊忠：〈《皇清經解》與《十三經注疏校勘記》非全出江西文人之手〉，《江

西大學學報》（社會科學版），1980 年第 3 期。

52. 郭成韜：〈《方言》《經籍纂詁》和《經傳釋詞》〉，《語文戰線》，1980 年第 7 期。

53. 王重民：〈跋新印本《四庫全書總目》〉，《吉林省圖書館學會會刊》，1981 年第 1 期（1981 年 2 月）。

54. 洪業：〈四庫全書總目及未收書目引得序〉，載 洪業著：《洪業論學集》，（北京：中華書局，1981 年 3 月）。

55. 朱戟：〈清代揚州學者阮元〉，《揚州師院學報》（社會科學版），1981 年第 4 期。

56. 陳振風：〈阮元的交游與哲學〉，《台南家專學報》，1981 年第 3 期（1981 年 10 月）。

57. 龔書鐸：〈清嘉道年間的士習和經世派〉，載《中華學術論文集》，（北京：中華書局，1981 年）。

58. 何佑森：〈朱一新對清代學術人物的托評〉，載《臺靜農先生八十壽慶論文集》，（臺北：聯經出版事業公司，1981 年）。

59. 汪耀楠：〈纂集派訓詁著作《經籍纂詁》〉，《辭書研究》，1982 年第 4 期（1982 年 7 月）。

60. 鮑國強：〈阮氏文選樓刊《天一閣書目》的編者〉，《文獻》，第 14 期（1982 年 12 月）。

61. 李瑤：〈從《疇人傳》的編輯思想看它的科學價值和局限〉，載廣西民族學院學術委員會科研處編：《建院三十周年學術論文選集》（政治、歷史），（南寧，1982 年）。

62. 張文健：〈經籍纂詁〉，《歷史教學問題》，1983 年第 3 期。

63. 柯愈春：〈臺灣影印出版養心殿本《宛委別藏》〉，《文獻》，第 16 輯（北京：書目文獻出版社，1983 年 6 月）。

64. 吳哲夫：〈宛委別藏簡介〉，《中國圖書文獻學論集》（臺北，明文書局，1983 年）。

65. 黃克武：〈詁經精舍與十九世紀中國教育、學術的變遷〉，《食貨月刊》復刊第 13 卷第 5、6 期（1983 年 9 月）。

66. 管成學：〈標點本二十四史、清史稿、阮元疇人傳中的誤斷與錯訛舉要〉，《史學集刊》，1984 年第 2 期。

67. 程金造：〈讀《揅經室集‧釋相》〉，《蘭州大學學報》（社會科學版），1984 年第 2 期（1984 年 4 月）。

68. 王萍：〈清代曆算學的傳承與蛻變〉，中央研究院近代史研究所編：《近世中國經世思想研討會論文集》（臺北：南港，1984 年 4 月）。

69. 張灝：〈宋明以來儒家經世思想試釋〉，中央研究院近代史研究所編：《近世中國經世思想研討會論文集》（臺北：南港，1984 年 4 月）。

70. 王家儉：〈由漢宋調和到中體西用──試論晚清儒家思想的演變〉，《歷史學報》，第 12 期（國立臺灣師範大學歷史研究所，1984 年 6 月）。

71. 吳哲夫：〈阮元與宛委別藏叢書〉，《故宮文物月刊》，第 2 卷第 3 期，1984 年 6 月。

72. 來新夏：〈清代考據學述論〉，載 來新夏著：《結網錄》（天津：南開大學出版社，1984 年 10 月）。

73. 祈龍威：〈初論揚州學派對史學研究的貢獻〉，《揚州師院學報》（社會科學版），1985 年第 4 期。

74. 劉德美：〈疇人傳研究〉，《歷史學報》第 13 期（國立臺灣師範大學歷史研究所歷史系合編，1985 年 6 月）。

75. 潘美月：〈清代私家刊本特色〉，載 吳哲夫編：《古籍鑑定與維護研習會專集》（1985 年 9 月）。

76. 章春野、羅友松：〈清代學風對目錄學的影響〉，《江蘇圖書館學報》，第 25 期（1986 年第 1 期）。

77. 尹旦侯：〈阮元──清中葉的教育家〉，《湖南師範學院院刊》，1986 年第 2 期。

78. 劉德美：〈阮元的考據學〉，《歷史學報》，第 14 期（1986 年 6 月）。

79. 劉廣京、周啓榮：〈皇朝經世文編關於『經世之學』的理論〉，載《中央研究院近代史研究所集刊》第 15 期上冊（臺北：南港，1986 年 6 月）。

80. 阮衍喜：〈阮元籍貫正〉，《揚州師院學報》（社會科學版），1986 年第 3 期（1986 年 9 月）。

81. 曹聚仁：〈揚學──揚學六談〉，載 曹聚仁著：《中國學術思想史隨筆》（北京：三聯書店，1986 年 9 月）。

82. 房建昌：〈皖派述略〉，《江淮論壇》，1986 年第 5 期（合肥：安徽省社會科學院，1986 年 10 月）。

83. 張壽安：〈清中葉徽州義理學之發展〉（香港大學哲學博士論文，1986 年）。

84. 劉德美：〈阮元學術之研究〉（臺灣師範大學歷史研究所博士論文，1986 年）。

85. 余英時：〈清代學術思想史重要觀念通釋〉，載 余英時 著：《中國思想傳統的現代詮釋》（臺北：聯經出版事業公司，1987 年 3 月）。

86. 戴逸：〈漢學探析〉，載 戴逸著：《履霜集》（北京：中國人民大學出版社，1987 年 3 月）。

87. 阮衍寧、楊朝全、李希言：〈阮元『晉眞子飛霜鏡拓本』試析〉，《揚州師

院學報》（社會科學版），1987 年第 3 期。

88. 柏蘇秦、黃慶華：〈清代傑出的出版家——阮元〉，《圖書館員》，1987 年第 6 期。

89. 陳傳席：〈論揚州鹽商和揚州畫派及其他〉，《九州學刊》，第 2 卷第 1 期（香港，1987 年 9 月）。

90. 王朝亞：〈阮元卒年質疑〉，《湘潭大學學報》（社會科學版），1987 年第 4 期（1987 年 10 月）。

91. 尹協理：〈略論阮元的『實事求是』之學〉，《江淮論壇》，1987 年第 5 期（1987 年 10 月）。

92. 羅香林：〈陳蘭甫與廣東學風〉，載《中國哲學思想論集——清代篇》（臺北：水牛出版社，1988 年 2 月）。

93. 徐祥玲、楊本紅：〈揚州書院與揚州學派〉，《揚州師院學報》（社會科學版），1988 年第 2 期。

94. 林慶彰：〈實證精神的尋求：明清考據學的發展〉，載《港台及海外學者論中國文化》（上海：上海人民出版社，1988 年 6 月）。

95. 郭明道、田漢雲：〈清代傳播民族文化的巨擘——阮元〉，《揚州師院學報》（社會科學版），1988 年第 3 期（1988 年 9 月）。

96. 郭明道：〈揚州學派學術討論會綜述〉，《清史研究通訊》，1989 年第 1 期。

97. 馮爾康：〈清代名臣阮元〉，《故宮博物院院刊》，1989 年第 1 期（1989 年 3 月）。

98. 黃愛平：〈從《疇人傳》看阮元的西學思想〉，《清史研究通訊》，1989 年第 3 期。

99. 譚彥翹：〈紀昀與阮元〉，《紫禁城》，1989 年第 5 期（1989 年 5 月）。

100. 劉德美：〈清季的學政與學風、學制的演變〉，《歷史學報》，第 17 期（1989 年 6 月）。

101. 郭明道、田漢雲：〈阮元的訓詁方法和成就〉，《揚州師院學報》（社會科學版），1989 年第 3 期（1989 年 9 月）。

102. 韓格平：〈讀阮元校《爾雅・釋詁》札記〉，《古籍整理研究學刊》，1989 年第 6 期（1989 年 11 月）。

103. 張仁青：〈清代駢文家之地域分佈——兼論歷代駢文家之地域分佈〉，《第一屆清代學術研討會論文集——思想與文學》，（高雄：國立中山大學中國文學系，1989 年 11 月）。

104. 張文建：〈疇人傳及其續編〉，載 倉修良編：《中國史學名著評介》第三卷，（濟南：山東教育出版社，1990 年 2 月）。

105. 劉詩評：〈阮元與金石考據〉，《歷史大觀園》，1990 年第 4 期。

106. 郭明道:〈清代教育改革家阮元——阮元研究之三〉,《揚州師院學報》(社會科學版),1990 年第 4 期。

107. 瞿林東:〈阮元與歷史文獻學〉,載 白壽彝編:《清史國際學術討論會論文集》,(瀋陽:遼寧人民出版社,1990 年 8 月)。

108. 孫完璞:〈粵風〉,載《廣東文物》,(上海:上海書店,1990 年 8 月)。

109. 傅祚華:〈《疇人傳》研究〉,載 梅榮照編:《明清數學史論文集》,(南京:江蘇教育出版社,1990 年 8 月)。

110. 常紹溫:〈阮元創辦學海堂與廣東學術風氣的轉變〉,載《歷史文獻與傳統文化》第一集,(廣州:廣東人民出版社,1990 年 9 月)。

111. 馮浩菲:〈阮元《毛詩注疏校勘記》一類校例辨正〉,《古籍整理與研究》第 5 期,1990 年 10 月。

112. 張承宗:〈揚州學派簡論〉,《歷史文獻研究》(北京新一輯),(北京:燕山出版社,1990 年 10 月)。

113. 顧之川:〈阮元的小學成就及其治學方法〉,《青海師範大學學報》(哲社版),1991 年第 2 期。

114. 王振忠:〈明清兩淮鹽商與揚州青樓文化〉,《復旦學報》(社會科學版),1991 年第 3 期。

115. 陳東輝:〈阮元與編刻書籍〉,《圖書館學刊》,1991 年第 3 期。

116. 陳東輝:〈阮元的學術地位與成就〉,《杭州師範學院學報》(社會科學版),1991 年第 2 期(1991 年 3 月)。

117. 何佑森:〈明末清初的實學〉,載 國立臺灣大學中國文學系編:《臺大中文學報》第 4 期,1991 年 6 月。

118. 郭明道:〈阮元的校勘思想和方法——阮元研究之四〉,《揚州師院學報》(社會科學版),1991 年第 2 期(1991 年 6 月)。

119. 陳東輝:〈阮元與詁經精舍〉,《浙江學刊》,1991 年第 4 期(1991 年 7 月)。

120. 田漢雲、古明:〈論阮元的詩——阮元研究之五〉,《揚州師院學報》(社會科學版),1991 年第 3 期(1991 年 9 月)。

121. 言遜:〈阮元研究系列論文綜述〉,《揚州師院學報》(社會科學版),1991 年第 3 期(1991 年 9 月)。

122. 班吉慶:〈揚州學派辭書編纂的理論和實踐〉,《揚州師院學報》(社會科學版),1991 年第 3 期(1991 年 9 月)。

123. 黃啟華:〈錢大昕經學要旨述評〉,《故宮學術季刊》,第 9 卷第 1 期,1991 年 9 月。

124. 黃啟華:〈錢大昕『經史無二學』思想述評〉,《書目季刊》,第 25 卷第 2 期,1991 年 9 月。

125. 湯志鈞：〈清代經今古文學的傳承〉，載《第二屆清代學術研討會論文集》，（高雄：國立中山大學中國文學系，1991 年 11 月）。

126. 張壽安：〈程瑤田的義理學：從理到物則〉，《漢學研究》，第 9 卷第 2 期，1991 年 12 月。

127. 黃愛平：〈阮元學術述論〉，《史學集刊》，1992 年第 1 期（1992 年 2 月）。

128. 楊向奎：〈論《性命古訓》〉，《史學集刊》，1992 年第 1 期（1992 年 2 月）。

129. 郭明道：〈論阮元對乾嘉漢學的貢獻〉，《史學月刊》，1992 年第 2 期，1992 年 3 月。

130. 陸妙春：〈揚州學派文化觀淺說〉，《江漢論壇》，1992 年第 4 期。

131. 龔書鐸：〈晚清儒學論略〉，載《中華文化的過去現在和未來：中華書局成立八十周年紀念論文集》，（北京：中華書局，1992 年 4 月）。

132. 洪萬生、劉鈍：〈汪萊、李銳與乾嘉學派〉，《漢學研究》，第 10 卷第 1 期，1992 年 6 月。

133. 張壽安：〈凌廷堪的禮學思想──『以禮代理』說與清乾嘉學術思想之走向〉，《中央研究院近代史研究所集刊》，第 21 期（1992 年 6 月）。

134. 楊伯峻：〈皇清經解正續編影印縮本序〉，載《楊伯峻治學論稿》（長沙：岳麓書社，1992 年 7 月）。

135. 昌彼得：〈武英殿《四庫全書總目》出版問題〉，載《錢存訓先生八十生日紀念中國圖書文史論集》（北京：現代出版社，1992 年 10 月）。

136. 沈津：〈翁方綱與《四庫全書總目提要》〉，載《錢存訓先生八十生日紀念中國圖書文史論集》（北京：現代出版社，1991 年 10 月）。

137. 黃裳：〈說揚州〉，《二十一世紀》，第 13 期（香港：香港中文大學中國文化研究所，1992 年 10 月）。

138. 江蘇藝文志揚州卷編寫組：〈清代揚州經學家及其著述〉，《揚州師院學報》（社會科學版），1992 年第 4 期（1992 年 12 月）。

139. 郭明道：〈傑出的經學家──阮元研究之八〉，《揚州師院學報》（社會科學版），1992 年第 4 期（1992 年 12 月）。

140. 張壽安：〈乾嘉實學研究展望〉，《中國文哲研究通訊》，第 2 卷第 4 期（1992 年 12 月）。

141. 馬鏞：〈清代後期書院刻書述論〉，《華東師範大學學報》（哲學社會科學版），1993 年第 1 期（1993 年 1 月）。

142. 劉桂生：〈從莊存與生平看清初公羊學之起因〉，載《周一良先生八十生日紀念論文集》（北京：中國社會科學出版社，1993 年 1 月）。

143. 陳鴻森：〈清儒陳鱣年譜〉，載《中央研究院歷史語言研究所集刊胡適之先生百歲誕辰紀念論文集》（臺北，1993 年 3 月）。

144. 葛榮晉:〈晚清經世實學概說〉,《清史研究》,1993 年第 4 期。

145. 陳居淵:〈致力於恢復經學傳統的陳澧與朱一新〉,《復旦學報》(社會科學版),1993 年第 5 期。

146. 張壽安:〈凌廷堪與清中葉的崇禮學風〉,《中央研究院近代史研究所集刊》,第 22 期下冊(1993 年 6 月)。

147. 賴貴三:〈焦里堂先生見存著述考錄〉,《國文學報》,第 22 期,1993 年 6 月。

148. 何佑森:〈清代的反權威思想〉,載《王叔岷先生八十壽慶論文集》,(臺北:大安出版社,1993 年 6 月)。

149. 張壽安:〈凌廷堪『以禮代理』的思想〉,《中國哲學》,第 16 輯,(長沙:岳麓書院,1993 年 9 月)。

150. 陳祖武:〈阮元與《皇清經解》〉,載《第三屆國際清代學術研討會論文集》,(高雄:國立中山大學中國文學系,1993 年 11 月)。

151. 鍾彩鈞:〈宋翔鳳的生平與師友〉,載《第三屆國際清代學術研討會論文集》,(高雄:國立中山大學中國文學系,1993 年 11 月)。

152. 曾憲通:〈清代金文研究概述〉,載《第三屆國際清代學術研討會論文集》,(高雄:國立中山大學中國文學系,1993 年 11 月)。

153. 張壽安:〈十七世紀中國儒學思想與大眾文化間的衝突——以喪葬禮俗為例的探討〉,《漢學研究》第 1 卷第 2 期(1993 年 12 月)。

154. 秉鍵、王禹:〈京港清史學術討論會綜述〉,《清史研究》,1994 年第 1 期。

155. 童小鈴:〈『清乾嘉學術研究之回顧』座談會紀要〉,《中國文哲研究通訊》,第 4 卷第 1 期,(臺北:中央研究院中國文哲研究所,1994 年 3 月)。

156. 張顯清:〈徐光啟引進和仿製西洋火器述論〉,載 吳志良編:《東西方文化交流國際學術研討會論文選》,(澳門:澳門基金會,1994 年 3 月)。

157. 虞萬里:〈《正續清經解述略》〉,《經學研究論叢》第一輯,(臺北:聖環圖書公司,1994 年 4 月)。

158. 張壽安:〈以禮代理——凌廷堪與清中葉儒學思想之轉變〉,《中央研究院近代史研究所集刊》,第 72 期(1994 年 5 月)。

159. 何佑森:〈清代經學思潮〉,載《清代經學國際研討會論文集》,(臺北:中央研究院中國文哲研究所,1994 年 6 月)。

160. 岑溢成:〈阮元《性命古訓》析論〉,載《清代經學國際研討會論文集》,(臺北:中央研究院中國文哲研究所,1994 年 6 月)。

161. 張壽安:〈禮、理爭議——清嘉道間漢宋學之爭的一個焦點〉,載《清代經學國際研討會論文集》,(臺北:中央研究院中國文哲研究所,1994 年 6 月)。

162. 容庚：〈清代吉金書籍述評〉，載《容庚選集》，（天津：天津人民出版社，1994 年 6 月）。

163. 郭明道：〈阮元的文筆論〉，《揚州師院學報》（社會科學版），1994 年第 2 期（1994 年 6 月）。

164. 金達凱：〈中國學術思潮之流變〉，《新亞學報》，第 17 卷（錢穆先生百年誕辰紀念論文集），（香港：新亞研究所，1994 年 8 月）。

165. 李緒柏：〈清後期廣東的樸學〉，《中山大學史學集刊》，第 2 輯，（廣州：廣東人民出版社，1994 年 11 月）。

166. 陳祖武：〈孔子仁學與阮元的《論語論仁論》〉，《漢學研究》，第 12 卷第 2 期（1994 年 12 月）。

167. 李天綱：〈《孟子字義疏證》與《天主實義》〉，載 王元化編：《學術集林》卷二，（上海：上海遠東出版社，1994 年 12 月）。

168. 包遵信：〈阮元和清代漢學〉（上），《文化中國》，第 3 期，（溫哥華：加拿大文化更新研究中心，1994 年 12 月）。

169. 黃啓華：〈嘉道學者的禮理關係論〉，《論衡》，第 1 卷第 2 期，（香港，1994 年 12 月）。

170. 賀陳弘、陳星嘉：〈《考工記》獨輈馬車主要元件之機械設計〉，《清華學報》，新第 24 卷第 4 期（1994 年 12 月）。

171. 劉玉國：〈《揅經室集》釋詞例釋〉（香港大學哲學博士論文，1995 年）。

172. 馮錦榮：〈方中通及其《數度衍》——兼論明清之際納白爾、哥白尼、開普勒、伽利略等之曆算作品在華流播的情形〉，《論衡》，第 2 卷第 1 期，（香港，1995 年）。

173. 徐洪興：〈論方東樹的《漢學商兌》〉，載 學峰國學文化研究所編：《清儒治學與清代學術》，（香港，學峰文化事業公司，1995 年 1 月 ）。

174. 包遵信：〈阮元和清代漢學〉（下），《文化中國，第 4 期，（溫哥華：加拿大文化更新研究中心，1995 年 3 月）。

175. 田漢雲：〈論《漢學商兌》〉，《揚州師院學報》（社會科學版），1995 年第 1 期（1995 年 3 月）。

176. 徐祥玲、楊本紅：〈清代揚州書院的興衰〉，《揚州師院學報》（社會科學版），1995 年第 1 期（1995 年 3 月）。

177. 鄭吉雄：〈全祖望論毛奇齡〉，《臺大中文學報》，第 7 期，（臺北：臺灣大學中國文學系，1995 年 4 月）。

178. 楊琥：〈乾嘉苟學復興概述〉，載陳平原、王守常、汪暉編：《學人》，第 7 輯，（南京：江蘇文藝出版社，1995 年 5 月）。

179. 吳光興：〈劉師培對中國學術史的研究〉，載 陳平原、王守常、汪暉編：《學人》，第 7 輯，（南京：江蘇文藝出版社，1995 年 5 月）。

180. 黃慶雄：〈阮元輯書刻書考〉（臺灣東海大學中國文學研究所碩士論文，1995 年 6 月）。

181. 何佑森：〈清代經世思潮〉，《漢學研究》，第 13 卷第 1 期（1995 年 6 月）。

182. 德明：〈阮元史學撰著述評〉，《揚州師院學報》（社會科學版），1995 年第 2 期（1995 年 6 月）。

183. 程千凡：〈《故訓匯纂》序〉，載 劉夢溪編：《中國文化》，第 11 輯，（北京：中國文化雜誌社，1995 年 7 月）。

184. 余英時：〈曾國藩與士大夫之學〉，載 余英時著：《歷史人物與文化危機》，（臺北：東大圖書公司，1995 年 9 月）。

185. 虞萬里：〈《正續清經解》編纂考〉，載 王元化編：《學術集林》，卷四，（上海：上海遠東出版社，1995 年 9 月）。

186. 何國華：〈阮元與清代嶺南高等學府『學海堂』〉，載廣東炎黃文化研究會編：《嶺嶠春秋：嶺南文化論集》（二），（北京：中國社會科學出版社，1995 年 10 月）。

187. 鍾賢培：〈廣東籍父子詩人——譚瑩、譚宗浚略論〉，載廣東炎黃文化研究會編：《嶺嶠春秋：嶺南文化論集》（二），（北京：中國社會科學出版社，1995 年 10 月）。

188. 成復旺：〈返回經典，走向實學——略論明清之際學術思想的轉變〉，《第四屆清代學術研討會論文集》，（高雄：國立中山大學中國文學系，1995 年 11 月）。

189. 楊昶：〈乾嘉考據學評介綜述〉，《荊楚文史》，1995 年第 2 期（1995 年 12 月）。

190. 楊向奎：〈阮元的學術思想研究〉，載《史念海先生八十壽辰學術文集》，（西安：陝西師範大學出版社，1996 年 2 月）。

191. 張壽安：〈清代儒家思想上的禮理之爭〉，《中國哲學》，第 17 輯，（長沙：岳麓書社，1996 年 3 月）。

192. 張麗珠：〈清代學術對宋明義理的突破〉，載 國立故宮博物院編：《故宮學術季刊》，第 13 卷第 3 期，（臺北，1996 年 3 月）。

193. 岑溢成：〈傅斯年《性命古訓辨證》之方法學意義〉，載國立中央大學中國文學系編：《第二屆近代中國學術研討會論文集》，（1996 年 3 月）。

194. 郭明道：〈阮元的哲學思想〉，《揚州師院學報》（社會科學版），1996 年第 1 期（1996 年 3 月）。

195. 胡成：〈略論道咸時期的學術精神〉，載《學人》，第 9 輯，（南京：江蘇文藝出版社，1996 年 4 月）。

196. 陳東輝：〈阮元與學海堂〉，《文史》，第 41 輯，（北京：中華書局，1996 年 4 月）。

197. 張麗珠：〈清代學術中的『學』『思』之辨〉，載 漢學研究中心編：《漢學研究》第 14 卷第 1 期，（臺北，1996 年 6 月）。

198. 陳祖武：〈揚州諸儒與乾嘉學派〉，載馮爾康編：《揚州研究——江都陳軼群先生百齡冥誕紀念論文集》，（臺北：聯經出版事業公司，1996 年 8 月）。

199. 王俊義：〈再論乾嘉『揚州學派』〉，載《揚州研究》，1996 年 8 月。

200. 王章濤：〈阮元與揚州學派〉，載《揚州研究》，1996 年 8 月。

201. 趙葦航：〈清代揚州歷史地理學家之成就〉，載《揚州研究》，1996 年 8 月。

202. 黃愛平：〈王念孫、王引之父子與乾嘉揚州學派〉，載《揚州研究》，1996 年 8 月。

203. 朱懋偉：〈揚州歷史人文蹤績〉，載《揚州研究》，1996 年 8 月。

204. 馮爾康：〈清代儀徵人才的興起及原因〉，載《揚州研究》，1996 年 8 月。

205. 梁紹傑：〈龔自珍與清代常州公羊學的關係〉，《春秋》經傳國際學術討論會，（中國・淄博：1996 年 8 月）。

206. 謝國楨：〈近代書院學校制度變遷考〉，載謝國楨著：《瓜蒂庵文集》，（沈陽：遼寧教育出版社，1996 年 9 月）。

207. 周少川：〈清代私家藏書文化習俗〉，載《中華典籍與傳統文化》，（南寧：廣西師範大學出版社，1996 年 9 月）。

208. 林慶彰：〈熊十力對清代考據學之批評〉，載黃俊傑、福田殖編：《東亞文化的探索——近代文化的動向》，（臺北：正中書局，1996 年 11 月）。

209. 譚赤子：〈叢書刊刻，青史留名——論譚瑩和伍崇曜的合作〉，載《嶺嶠春秋：嶺南文化論集》（三），（廣州：廣東人民出版社，1996 年 12 月）。

210. 羅志歡：〈明清廣東藏書刻書業與蒸蒸日上的嶺南文風〉，載《嶺嶠春秋：嶺南文化論集》（三），（廣州：廣東人民出版社，1996 年 12 月）。

211. 吳銳：〈儀徵劉氏春秋學研究〉，《清史論叢》1996，（沈陽：遼寧古籍出版社，1996 年 12 月）。

212. 王章濤：〈阮元與揚州學派〉，《學土》卷二，（廣州：廣東高等教育出版社，1996 年 12 月）。

213. 羅琳：〈《續修四庫全書總目提要稿本》纂修始末〉，《書目季刊》，第 30 卷第 3 期（1996 年 12 月）。

214. 張臨生：〈文王方鼎與仲駒父簋〉，《故宮學術季刊》第 15 卷第 1 期（1997 年）。

215. 彭亦揚：〈揚州文化內涵及其特徵散論〉，《揚州大學學報》（人文社會科學版），1997 年第 1 期。

216. 洪湛侯：〈清代今文詩學的整理和研究〉，載《古典文獻與文化論叢》，（北

京：中華書局，1997 年 2 月）。

217. 陳東輝：〈阮元與《十三經注疏》〉，《揚州大學學報》（人文社會科學版），1997 年第 4 期。

218. （美）秦博理：〈長江下游書院日記教學法（1830～1900）〉，《國際儒學研究》第 3 輯，（北京：中國社會科學出版社，1997 年 5 月）。

219. 武漢大學古籍整理研究所：〈從《經籍纂詁》到《故訓匯纂》〉，載鄭遠漢著：《黃侃學術研究》，（武漢：武漢大學出版社，1997 年 5 月）。

220. 鄭吉雄：〈龔自珍與晚清改革思潮〉，載《第三屆近代中國學術研討會論文集》，（臺灣國立中央大學中國文學系，1997 年 5 月）。

221. 陳東輝：〈阮元編刻書籍考略〉，《古籍整理研究學刊》，1997 年第 3 期（1997 年 6 月）。

222. 梁紹傑：〈龔自珍學術思想淵源新探〉（上），《大陸雜誌》，第 94 卷第 6 期（1997 年 6 月）。

223. 梁紹傑：〈龔自珍學術思想淵源新探〉（下），《大陸雜誌》，第 95 卷第 1 期（1997 年 7 月）。

224. 汪學群：〈對尊漢排宋的反思——徐復觀清代漢學觀初探〉，載《徐復觀與中國文化》，（武昌，湖北人民出版社，1997 年 7 月）。

225. 朱維錚：〈中國經學的近代行程〉，載杜維明編：《儒學發展的宏觀透視——新加坡 1988 年儒學群英會紀實》，（臺北，正中書局，1997 年 7 月）。

226. 李緒柏：〈清後期廣東的史學成就〉，載《中國歷史與史學——祝賀楊翼驤先生八十壽慶學術論文集》，（北京：北京圖書館出版社，1997 年 8 月）。

227. 李雲光：〈鄭康成遺書考〉，載 李雲光編：《禮學論集》，（香港：黃河文化服務社，1997 年 8 月）。

228. 陳東輝：〈《皇清經解》輯刻始末暨得失評騭〉，《古籍整理研究學刊》，1997 年第 5 期（1997 年 9 月）。

229. 陳東輝：〈阮元與《宛委別藏》〉，《杭州師範學院學報》，1997 年第 5 期（1997 年 9 月）。

230. 王汎森：〈中國近代思想中的傳統因素：兼論思想的本質與思想的功能〉，《學人》，第 12 輯，（南京：江蘇文藝出版社，1997 年 10 月）。

231. 姜廣輝：〈宋恕思想述評〉，《學人》，第 12 輯，（南京：江蘇文藝出版社，1997 年 10 月）。

232. 劉文強：〈阮元《十三經校勘記研究》：《禮記》篇〉，《第五屆清代學術研討會論文集》，（高雄：國立中山大學中國文學系，1997 年 11 月）。

233. 張壽安：〈清代學術思想的幾個新觀察〉，香港大學中文系七十周年紀念國際學術研討會，1997 年 12 月。

234. 王輝：〈阮元《儀禮注疏校勘記》補正〉，載《中國典籍與文化論叢》，第四輯，（北京：中華書局，1997 年 12 月）。

235. 羅志田：〈清季民初經學的邊緣化與史學的走向中心〉，《漢學研究》，第 15 卷第 2 期（1997 年 12 月）。

236. 張隆溪：〈甚麼是「懷柔遠人」？正名、考證與後現代式史學〉，《二十一世紀》，第 45 期，1998 年 2 月。

237. 宗福邦：〈《故訓匯纂》與《經籍纂詁》〉，載 全國高等院校古籍整理研究工作委員會秘書處編：《兩岸古籍整理學術研討會論文集》，（南京：江蘇古籍出版社，1998 年 2 月）。

238. 漆永祥：〈論西學東漸與乾嘉學術之關係〉，《傳統文化與現代化》，1998 年第 2 期（1998 年 4 月）。

239. 漆永祥：〈論乾嘉考據學派別之劃分及相關諸問題〉，《國學研究》，第五卷，（北京：北京大學中國傳統文化研究中心，1998 年 4 月）。

240. 曾漢棠：〈香港學海書樓與粵港文化的承傳關係〉，載《學海書樓七十五周年紀念集》，（香港：學海書樓，1998 年 4 月）。

241. 龔書鐸：〈夏炘與《夏仲子集》〉，《燕京學報》，新四期，（北京：北京大學燕京研究院，1998 年 5 月）。

242. 葛榮晉：〈中國實學研究的現狀和今後發展方向〉，載國際儒學聯合會編：《國際儒學研究》，第四輯，（北京：中國社會科學出版社，1998 年 5 月）。

243. 黃寬重、劉增貴：〈中央研究院人文計算的回顧與前瞻〉，《漢學研究通訊》，第 17 卷第 2 期（1998 年 5 月）。

244. 余新華：〈阮元的學術淵源與宗旨〉，《中國人民大學學報》，1998 年第 3 期（1998 年 5 月）。

245. 林海俊：〈清代古文字學家阮元〉，《揚州大學學報》（人文社會科學版），1998 年第 5 期。

246. 彭林：〈從《疇人傳》看中西文化衝突中的阮元〉，《學術月刊》，1998 年第 5 期。

247. 張壽安：〈孫星衍原性說及其在清代思想史上的意義〉，載 中央研究院近代史研究所特刊（5）《近世中國之傳統與蛻變：劉廣京院士七十五歲祝壽論文集》上冊，1998 年 5 月。

248. 余英時：〈士商互動與儒學轉向——明清社會史與思想史之一面相〉，載《近世中國之傳統與蛻變：劉廣京院士七十五歲祝壽論文集》上冊，1998 年 5 月。

249. 陳捷先：〈略論清帝南巡揚州及其功過〉，《故宮學術季刊》，第 15 卷第 4 期，（臺北：國立故宮博物院，1998 年 5 月）。

250. 魏白蒂：〈《四庫全書》纂修外一章：阮元如何提挈與促進嘉道時代的學

術研究〉，載淡江大學中國文學系編：《兩岸四庫學：第一屆中國文獻學學術研討會論文集》，（臺北：臺灣學生書局，1998 年 9 月）。

251. 黃愛平：〈《四庫全書總目》的經學觀與清中葉的學術走向〉，載淡江大學中國文學系編：《兩岸四庫學：第一屆中國文獻學學術研討會論文集》（臺北：臺灣學生書局，1998 年 9 月）。

252. 張麗珠：〈焦循發揚重智主義道德觀的「能知故善」說〉，《漢學研究》，第 16 卷第 1 期（1998 年 6 月）。

253. 張麗珠：〈凌廷堪『以禮代理』的禮治理想暨乾嘉復禮思潮〉，《國文學誌》2，1998 年 6 月。

254. 何冠彪：〈清代前期君主對官私史學的影響〉，《漢學研究》，第 16 卷第 1 期（1998 年 6 月）。

255. 昌彼得：〈『四庫學』的展望〉，《書目季刊》，第 32 卷第 1 期，1998 年 6 月。

256. 王俊義：〈乾嘉漢學論綱〉，載《中國哲學》，第 18 輯，（長沙：岳麓書社，1998 年 9 月）。

257. 陳居淵：〈焦、阮、凌禮學思想合論〉，載 任繼愈編：《國際漢學》第 2 輯，（鄭州：大象出版社，1998 年 10 月）。

258. 陳居淵：〈清代的家學與經學——兼論乾嘉漢學的成因〉，《漢學研究》，第 16 卷第 2 期（1998 年 12 月）。

259. 黃時鑑：〈紀昀與西學——從一篇佚文談起〉，《文史》，第 46 輯，（北京：中華書局，1998 年 12 月）。

260. 馮錦榮：〈李銳的生平及其《觀妙居日記》〉，《文史》，第 47 輯，（北京：中華書局，1998 年 12 月）。

261. 胡自逢：〈《漢宋學術異同論》釋義〉，載《第四屆近代中國學術研討會論文集》，（臺灣：國立中央大學中國文學系，1998 年 12 月）。

262. 盧仙文、江曉原：〈略論清代學者對古代曆法的整理研究〉，《中國科技史料》，第 20 卷第 1 期（1999 年第 1 期）。

263. 朱維錚：〈維新舊夢已成煙——『戊戌百日』維新前的一百年〉，《中華文史論叢》，第 58 輯，（上海：上海古籍出版社，1999 年 5 月）。

264. 潘靜超：〈師儒異派而持其平——談阮元的治經方法〉，載 陳少明編：《經典與解釋》，（廣州：廣東人民出版社，1999 年 6 月）。

265. 吳格：〈《四庫未收書目提要續編》與《許廎經籍題跋》〉，《中華文史論叢》，第 59 輯，（上海：上海古籍出版社，1999 年 9 月）。

266. 彭林：〈阮元實學思想叢論〉，《清史研究》，1999 年第 3 期，（北京：中國人民大學清史研究所，1999 年 9 月）。

267. 郭康松：〈論清代考據學的學術規範〉，《清史研究》，1999 年第 3 期，（北

京：中國人民大學清史研究所，1999 年 9 月）。

268. 侯美珍：〈『四庫學』相關書目續編〉，《書目季刊》，第 33 卷第 2 期，1999 年 9 月。

269. 丘爲君：〈批判的漢學與漢學的批判：章太炎對考據學的反省及對戴震漢學的闡釋〉，《清華學報》，第 29 卷第 3 期（1999 年 9 月）。

270. 王英志：〈崇理學與反理學及漢學——康乾江南思想文化概略之一〉，《揚州大學學報》（哲學社會科學版），1999 年第 4 期（1999 年 10 月）。

271. 宋永平：〈王崧與雲南地方志〉，《史學史研究》，1999 年第 4 期（1999 年 12 月）。

272. 劉巍：〈二三十年代清學史整理中錢穆與梁啓超、胡適的學術思想交涉———以戴震研究爲例〉，《清華大學學報》（哲學社會科學版），1999 年第 4 期（1999 年）。

273. 張壽安：〈禮教與情欲——近代早期中國社會文化的內在衝突〉，載《中國哲學》，第 21 輯，（沈陽：遼寧教育出版社，2000 年 1 月）。

274. 陳居淵：〈論惠棟的經學思想〉，載《中國哲學》，第 21 輯，（沈陽，遼寧教育出版社，2000 年 1 月）。

275. 李貴生：〈汪中、凌廷堪文學思想析論——揚州學派文學思想的兩個方向〉，《中國文哲研究集刊》，第 16 期，2000 年 3 月。

276. 劉玉國：〈阮元釋「予仁若考」平議〉，《中國文哲研究通訊》，第 10 卷第 1 期（2000 年 3 月）。

277. （美）艾爾曼：〈從前現代的格致學到現代的科學〉，載 劉東編：《中國學術》，第二輯，（北京：商務印書館，2000 年 4 月）。

278. 楊晉龍：〈千里尋跡安徽行——乾嘉學術研究赴大陸考察報告〉，《中國文哲研究通訊》，第 10 卷第 2 期（2000 年 6 月）。

279. 羅志田：〈從歷史記憶看陳寅恪與乾嘉考據的關係〉，《二十一世紀》，第 59 期，（香港：香港中文大學中國文化研究所，2000 年 6 月）。

280. 劉筱紅：〈張舜徽與揚州學派研究〉，《歷史文獻研究》，總第 19 輯，（武昌：華中師範大學出版社，2000 年 6 月）。

281. 王葆玹：〈今古文經學之爭及其意義〉，載《經學今詮初編　中國哲學》，第 22 輯，（沈陽：遼寧教育出版社，2000 年 6 月）。

282. 陳居淵：〈惟禮至上與以禮代理——凌廷堪禮學思想析論〉，載《經學今詮初編　中國哲學》，第 22 輯，（沈陽：遼寧教育出版社，2000 年 6 月）。

283. 洪萬生：〈《書目答問》的一個數學社會史考察〉，《漢學研究》，第 18 卷第 1 期（2000 年 6 月）。

284. 王達敏：〈姚鼐拜師戴震見拒考論〉，《國學研究》，第七卷，（北京：北京大學中國傳統文化研究中心，2000 年 7 月）。

285. 喬秀吉：〈《儀禮》單疏版本說〉，《文史》，第 50 輯，（北京：中華書局，2000 年 7 月）。

286. 陳東輝：〈清代杭州靈隱書藏及其經藏考略〉，《書目季刊》，第 34 卷第 2 期（2000 年 9 月）。

287. 劉玉國：〈阮元訓詁特色及其貢獻〉，載蔣秋華編：《乾嘉學者的治經方法》下冊，（臺北：中央研究院中國文哲研究所籌備處，2000 年 10 月）。

288. 林慶彰：〈『清乾嘉揚州學派研究』計劃述略〉，《漢學研究通訊》，第 19 卷第 4 期（2000 年 11 月）。

289. 賴貴三：〈清代乾嘉揚州學派經學研究的成果與貢獻〉，《漢學研究通訊》，第 19 卷第 4 期（2000 年 11 月）。

290. 楊晉龍：〈臺灣學者研究『清乾嘉揚州學派』述略〉，《漢學研究通訊》，第 19 卷第 4 期（2000 年 11 月）。

291. 蔣秋華：〈大陸學者對清乾嘉揚州學派的研究〉，《漢學研究通訊》，第 19 卷第 4 期（2000 年 11 月）。

292. 張壽安：〈清代揚州學派研究展望〉，《漢學研究通訊》，第 19 卷第 4 期（2000 年 11 月）。

293. 楊晉龍：〈海峽兩岸清代揚州學派學術研討會紀實〉，《中國文哲研究通訊》，第 10 卷第 4 期（2000 年 12 月）。

294. 余英時：〈學術思想史的創建及流變──從胡適與傅斯年說起〉，載《學術史與方法學的反思：中央研究院歷史語言研究所七十周年研討會論文集》（臺北：中央研究院，2000 年 12 月）。

295. 尚小明：〈論清代游幕學人的撰著活動及其影響〉，《明清史》【復印報刊資料】，（北京：中國人民大學書報資料中心，2000 年第 1 期）。

296. 黃啓華：〈乾嘉考據學興起原因的一個分析〉，載《香港大學中文系集刊》，第 4 卷，（香港：香港大學中文系，2000 年）。

297. 朱維錚：〈晚清的經今文學〉，載《慶祝王元化教授八十歲論文集》，（上海：華東師範大學出版社，2001 年 1 月）。

298. 劉仲華：〈試析清代考據學中以子證經、史的方法〉，《清史研究》，2001 年第 1 期（2001 年 2 月）。

299. 房德鄰：〈西學東漸與經學的終結〉，載 朱誠如編：《明清論叢》，第二輯，（北京：紫禁城出版社，2001 年 3 月）。

300. 廖曉晴：〈清代碑學的崛起〉，載 朱誠如編：《明清論叢》，第二輯，（北京：紫禁城出版社，2001 年 3 月）。

301. 張連生：〈八卷本《揚州圖經》作者質疑〉，《揚州大學學報》人文社會科學版，第 5 卷第 2 期（2001 年 3 月）。

302. 敖光旭：〈20 世紀的乾嘉考據學成因研究及存在的問題〉，《明清史》【復

印報刊資料】（北京：中國人民大學書報資料中心，2001 年第 4 期）。

303. 李學勤：〈清代學術的幾個問題〉，載劉東編：《中國學術》，第六輯，（北京：商務印書館，2001 年 5 月）。

304. 熊秉眞：〈情欲、禮教、明清〉，《漢學研究通訊》，第 20 卷第 2 期（2001年 5 月）。

305. 張壽安、呂妙芬：〈明清情欲論述與禮秩重省〉，《漢學研究通訊》，第 20卷第 2 期（2001 年 5 月）。

306. 楊芳燕：〈明清之際思想轉向的近代意涵——研究現狀與方法的省察〉，《漢學研究通訊》，第 20 卷第 2 期（2001 年 5 月）。

307. 李孝悌：〈明清的社會生活：計劃簡介〉，《漢學研究通訊》，第 20 卷第 2期（2001 年 5 月）。

308. 王川：〈阮元望月歌與西洋望遠鏡〉，載 黃時鑒 編：《東西交流論譚》，第二集，（上海：上海文藝出版社，2001 年 6 月）。

309. 陳鴻森：〈阮元揅經室遺文輯存〉（一），《大陸雜誌》，第 103 卷第 1 期（2001年 7 月）。

310. 陳鴻森：〈阮元揅經室遺文輯存〉（二），《大陸雜誌》，第 103 卷第 2 期（2001年 8 月）。

311. 周昌龍：〈中國近代自由主義起源與發展之觀念史研究——從乾嘉到五四研究計劃介紹〉，《漢學研究通訊》，第 20 卷第 3 期（2001 年 8 月）。

312. 汪學群：〈關於清前期學術思想的爭論〉，《清史論叢》2001 年號，（北京：中國社會科學院歷史研究所明清史研究室編，2001 年 9 月）。

313. 林存陽：〈方苞三禮學論析〉，《清史論叢》2001 年號，（北京：中國社會科學院歷史研究所明清史研究室編，2001 年 9 月）。

314. 李孝悌：〈十八世紀中國社會中的情欲與身體——禮教世界外的嘉年華會〉，載《中央研究院歷史語言研究所集刊》，第 72 本第 3 分，2001 年 9月。

315. 陳鴻森：〈阮元揅經室遺文輯存〉（三），《大陸雜誌》，第 103 卷第 3 期（2001年 9 月）。

316. 陳鴻森：〈阮元揅經室遺文輯存〉（四），《大陸雜誌》，第 103 卷第 4 期（2001年 10 月）。

317. 李天綱：〈清代儒學與西學〉，《二十一世紀》，第 67 期，（香港：香港中文大學中國文化研究所，2001 年 10 月）。

318. 劉健臻：〈清代揚州學派研討會述評〉，《揚州大學學報》人文社會科學版，第 5 卷第 6 期（2001 年 11 月）。

319. 華幹林、黃儆成：〈論揚州文化的傳承與弘揚〉，《揚州大學學報》人文社會科學版，第 5 卷第 6 期（2001 年 11 月）。

320. 劉筱紅：〈論清代漢學與宋學的根本分歧〉，華中師範大學歷史系中國古代史教研室編：《中國古代史論集》（武昌：華中師範大學出版社，2001年11月）。

321. 陳鴻森：〈阮元揅經室遺文輯存〉（五），《大陸雜誌》，第103卷第5期（2001年11月）。

322. 陳鴻森：〈阮元揅經室遺文輯存〉（六），《大陸雜誌》，第103卷第6期（2001年12月）。

323. 原璞：〈一本開創性的學術著作──淺評李緒柏《清代廣東樸學研究》〉，《學術研究》，（廣州：廣東省社會科學聯合會），2001年第12期。

庚、日文論著

1. 小沢文四郎：〈阮元と方東樹（要旨）〉，載《斯文》第24編第12號，1932庠6月，頁43。

《劉孟瞻年譜》，文思樓排印本（臺灣：大華印書館，1939年4月）。

2. 小野澤精一、福永光司：《氣的思想》（上海人民出版社，1990年7月）。

3. 小島毅：《中國近世　禮言説》，（東京大學出版會，1996年）。

4. 三上義夫：載〈疇人傳論──併せて Van Hee 氏所説を評す〉，《東洋學報》第16卷第2號，1927年。

5. 大谷敏夫：〈揚州常州學派及其江南文化圈〉，《中國文化研究集刊》第四輯（復旦大學出版社，1987年1月）。

〈清代思想史研究──近年の動向〉，《中國史學》第3卷（中國史學會，1993年10月）。

〈揚州、常州學術考──有關其與社會之關連〉，《中國文哲研究通訊》第10卷第1期，（臺北‧南港，2000年3月）。

6. 大久保英子：《明清時代書院之研究》（東京：國書刊行會，1976年3月）。

7. 大藪久枝、橋本秀美、林慶彰、馮曉庭、許維萍：《日本研究經學論著目錄》（1900～1992），中央研究院中國文哲研究所籌備處編（臺灣中央研究院中國文哲研究所，1993年10月）。

8. 山井鼎：《七經孟子考文補遺》，上海商務國學基本叢書本，1935年12月。

9. 木下鉄矢：《『清朝考證學』之時代──清代之思想》（東京：創文社，1996年1月）。

10. 中山久四郎：〈清代的經學史〉載諸橋轍次、安井小太郎、小柳司氣太等著：《經學史》（臺北：萬卷樓出版社，1996年10月）。

〈清朝考證學風與經世日本〉，載《中國文哲研究通訊》，第10卷第2期（臺北‧南港，2000年6月）。

11. 本田成之：《支那經學史論》（東京：吉川弘文堂，1927 年）。

12. 西村元照：《日本現存清人文集目錄》，東洋史研究會（同朋舍株式會社，1972 年 3 月）。

13. 吉川幸次郎：〈臧在東先生年譜〉，載東方文化學院京都研究所：《東方學報》第 6 冊，京都版，1936 年 2 月。

　　〈臧在東先生年譜〉，載《吉川幸次郎全集》第 16 卷（東京：筑摩書房，1970 年 7 月），頁 232～260。

　　〈支那文獻學大綱〉載《吉川幸次郎遺稿集》第 1 卷（東京：筑摩書房，1995 年 10 月）。

14. 宇野哲人：《中國近世儒學史》，臺北中國文化大學出版部馬福辰譯述本，（臺北：華岡印刷廠，1982 年 10 月）。

15. 近藤光男：〈揚州漢學の諸樣相〉，載《中國語學》第 25 號，1949 年。

　　〈阮元〉載《中國の思想家：宇野哲人博士米壽記念論集》下卷（東京：勁草書房，1963 年 7 月）。

　　《清朝考證學の研究》（東京：研文社），1987 年 7 月。

16. 長澤規矩也：〈十三經注疏版本略說〉，《中國文哲研究通訊》第 10 卷第 4 期，臺北・南港，2000 年 12 月。

17. 青山杉雨：《明清書道圖說》（二玄社株式會社，1986 年 2 月）。

18. 岡田武彥：〈震戴與日本古學派的思想——唯氣論與理學批判論的展開〉，《中國文哲研究通訊》第 10 卷第 2 期，臺北・南港，2000 年 6 月。

19. 段生珍：〈正續清經解所收穀梁著述提要〉載《斯文》第 3 卷第 7 期，1943 年 4 月。

20. 森本竹城：〈清朝儒學史概說〉，東京：文書堂，1931 年 2 月。

21. 源了圓：〈實學概念の檢討〉，載《近世初期實學思想の研究》（東京：創文社，1980 年 2 月）。

22. 溝口雄三：《中國前近代思想の屈折と 展開》，東京大學出版會，1980 年 6 月。

　　《中國前近代思想的演變》，林右崇翻譯本（臺北：國立編譯館 1994 年 12 月）。

　　《中國前近代思想的演變——中國前近代思想的屈折與展開所謂東林派人士的思想——前近代時期中國思想的發展變化》，索介然、龔穎譯本，（北京：中華書局，1997 年 10 月）。

23. 齊伯守：〈阮元編著編年〉，載《支那研究》臨時號，1942 年 5 月，頁 309～324。

24. 橋本高勝：〈『性命古訓』の文化史觀——阮元經學の 立場と 論理〉，載

《京都產業大學論集》第 16 卷第 4 號，1987 年 3 月，頁 1～25。

〈阮元論語注疏記について〉，載《京都產業大學論集》第 18 卷第 3 號，1989 年 3 月，頁 392～344。

25. 關口順、近藤光男：〈『十三經注疏校勘記』略說〉，載《埼玉大學紀要》第 19 卷 1983 年，頁 206～224。

《中國關係論說資料》第 26 號第 1 分冊上，1984 年，頁 195～204。

26. 濱久雄：《公羊學の成立とその 展開》，大東文化大學出版助成金出版，（東京：國書刊行會，1992 年 5 月）。

27. 濱口富士雄：〈阮元の 考據學上の位置についこ〉，載《倫理思想研究》第 5 號，1981 年。

〈清代考拠 學の思想史的研究〉，東京：國書刊行會，1994 年 10 月。

〈王念孫訓詁之意義〉載《中國文哲研究通訊》第 10 卷第 1 期，（臺北‧南港，2000 年 3 月）。

28. 藤塚明直：〈皇清經解の編纂とその影響〉（1～3），東京帝國大學文學報支那文學科卒業論文，1941 年 3 月。

另載《東洋文化》（無窮會）：

復刊第 46 號（通卷第 280 號），1979 年 7 月。

復刊第 47 號（通卷第 281 號），1980 年 7 月。

復刊第 48 號（通卷第 282 號），1981 年 7 月。

29. 藤塚鄰：〈金秋史の人燕と翁、阮二經師——清朝文化東漸の一斷面〉，載《東方文化史叢考》第 1 號，東京 京城帝國大學文學會論纂，（東京 京城帝國大學文學會，1935 年 3 月。

〈金阮堂と阮芸台父子——皇清經解を中心として〉，載《服部先生古稀祝賀記念論文集》（東京：富山房，1936 年 11 月。

〈阮芸臺と李朝金阮堂〉，載《書苑》第 6 卷第 2 期（東京，1942 年。）

辛、英文論著

1. A.Vissere, "Biographie de Jouan Yuan" ,Toung Pao,（1904）

2. Lui Yuen-Chung, Adam, *Ch'ing Institutions and Society, 1644～1795,* Hong Kong：Centre of Asian Studies, the University of Hong Kong,1990

3. Elman, Benjamin A., "Japanese Scholarship and the Ming-Ch'ing Intellectual Transition", *Ching-Shih Wen-Ti,* Vol 4, No1（June,1979）

—— "The Hsueh-Hai Tang and the Rise of New Text Scholarship in Canton", *Ch'ing-Shih Wen-Ti,* Vol 4, No2（Dec,1979）

—— "Philosophy（I-Li）Versus Philology（K'ao-Cheng）：The Jen-Hsin

Tao-Hsin Debate, *T'oung Pao,* LXIX,4～5

── *From Philosophy to Philology──Intellectual and social Aspects of Change in Late Imperial China,* Harvard University Press, 1984.

── *Classicism,Politics,and Kinship──The Chang-Chou School of New Text Confucianism in Late Imperial China,* Berkeley：University of California Press, 1990.

── *A cultural history of civil examination in Late Imperial China,* Berkeley：University of California Press, 2000.

4. Elman, Benjamin A. & Alexander.Woodside, *Education and Society in Late Imperial China ,1600～1900,* Berkeley：University of California Press, 1994.

5. Hucker, Charles O., China's Imperial Past：*An Introduction to Chinese History and Culture,* Stanford：Stanford University Press, 1975.

6. Chow Kai-Wing, "Scholar and Society：The Textual Scholarship and Social Concernsof Wang Chung（1745～1794）", *Chinese Studies,* 4：1（June,1986）

── *The Rise of Confucian Ritualism in Late Imperial China：Ethics, Classics and Lineage Discourse,* Stanford University Press, 1994.

── "The Development of Sung Learning in Ch'ing Thought,1660s～1830s, *Chinese* Studies, 13：2（Dec,1995）

7. Chu Ping-yi, *Technical Knowledge,Cutural Practices and Social Boundaries：Wan-nan Scholars and the Recasting of Jesuit Astronomy,1600～1800,* Unpublished Ph.D dissertation, Los Angeles：University of California, ,1994.

8. Franke, Wolfang, "Ruan Yuan（1764～1849）", IX,（1944）

9. Skinner, G.William, *The City in Late Imperial China,* Stanford University Press, 1977.

10. Hummel, Arthur W., *Eminent Chinese of the Ch'ing Period（1644～1912）,* Washington：Government Printing Office, 1943.

11. Fairbank, John K., *China：A New History,* Harvard University Press, 1994.

12. Joseph Needham, Wang Ling, *Science and Civilzation in China,* Vol 1, Cambridge University Press, 1954.

13. Leung Man-Kam, *Juan Yuan（1764～1849）：The Life,Works,and Career of a Chinese Scholar-Bureaucrat, unpublished* Ph.D dissertation, University of Hawaii, 1977.

14. Mikami,Y "The Chou-Jen Chuan of Juan Juan", *ISIS,* Vol. 9（September, 1928）

15. Guy, R.Kent, "The Development of The Evidential Research Movement：Ku Yen-Wu and The *SSU-K'u CH'UAN-SHU" , Tsing Hua Journal of Chinese*

Studies, New Series, Vol. 16, No.1&2.

—— The Emperor's *Four Treasuries, Scholars and the State in the Late Chien-Lung Era*, Harvard University Press, 1987

16. Susan Naquin & Evelyn.S.Rawski, *Chinese Society in the Eighteenth Century*, Yale University Press, 1987.

17. Van Hee Pere, Louis, "The Chou-Jan Chuan of Yuan Yuan", *ISIS*, Vol 8 （August,1926）

18. Wei Peh Ti, "Internal Security and Coastal Control：Juan Yuan and Pirate Suppression In Chekiang 1799～1809", *Ching-Shih Wen-ti*, Vol 4：2（Dec, 1979）

—— *Juan* Yuan：*A Biographical Study with Special Reference in Mid-Ch'ing Security and Control in Southern China",* unpublished Ph.D thesis, University of Hong Kong, 1981.

19. Wm.Theodere de Bary, Wm.Theodere, Wing-Tsit Chan, Burton Watsom ed., *Sources of Chinese Tradition*, Vol 1, New York：Columbia University Press, 1963.

20. Yu Ying-Shih, "Some Preliminary Observations on The Rise of Ching Confucian Intellectualism", *Tsing Hua Journal of Chinese Studies*, New Series, Vol. XI, No 1 &2（Dec,1975）

21. Yu, Pauline, "Canon Formation in Late Imperial China〞, in Theodore Huters, R.Bin Wong, and Pauline Yu ed., *Cultures and State in Chinese History：Conventions,Acommodations,and Critiques, Stanford University* Press, 1997.

《阮元學術思想研究》出版後記
——我的博士夢

　　草此後記之時，正值 2013 年 4 月，上距本文於 2002 年 6 月完稿之日，時光匆匆又漏走了十一年。這篇博士論文爲甚麼有機會在此敝帚自珍，彷似野人獻曝，只覺得是冥冥之中有一個「緣」字。在這裏，讓我向你細訴本人和阮元結緣、和老師結緣、和同道結緣、和朋友結緣的因由吧！

　　2011 年 8 月，余在慈幼會香港仔工業學校服務了 30 年後榮退，只在香港公開大學兼任導師，課業不多，日子過得頗爲逍遙。以前在職期間因工作關係，參加研討會總覺得是一件苦差，但如今卻因可與同志交流，反而覺得是一件樂事。

　　和阮元結緣，除了撰寫了博士論文，筆者先在 2006 年 8 月，於臺灣《漢學研究通訊》（99 期），發表了〈阮元研究回顧〉；後在 2009 年 12 月，於《經學研究論叢》（17 輯）刊佈了《〈阮元揅經室遺文再續輯〉補》2 文。後文之輯，實是賡續中研院史語所陳鴻森先生苦心孤詣之工作而成之者，筆者其後曾郵遞與陳先生。陳先生且爲余撰〈孫廣海君《阮元遺文補》書後〉一文回贈本人，以示鼓勵。

　　2012 年 5 月，陳鴻森先生因來港參與由香港樹仁大學主辦之儒學國際研討會，因受陳鴻森夫人電郵所託，本人也前往北角寶馬山道的校園，面見陳先生。與會期間，又有機會結識了何廣棪教授。2012 年 10 月，本人也有旁聽樹大主辦之宋代都市文化與文學風景研討會，午飯休息閒聊，何教授問余可有出版計劃，我說自己行情不熟，還在等待時機。何教授說他會替我聯絡出

版社，助我夢想成眞。這就是我和花木蘭文化出版社結緣之由來。

和老師結緣，先講香港大學中文系。我的博士之旅，於 1995 年 3 月開始，2002 年 6 月完成。同攻讀哲學碩士一樣，平時在香工教課，亦是中文系兼讀制的研究生。

先講我的指導老師：梁師紹傑教授，梁師是趙令揚教授的及門弟子，專攻明清史。七年之間，我和梁師見面的時間頗多。和趙師、何師（佑森）不同者，二師皆主張讓學生自由發揮；梁師對研究生，卻負有實質指導之責——嚴謹、認眞。猶憶初見面時，梁師便給我介紹西方學術界一些明清思想史的必讀之作，我亦隨即向大學書店訂購。見面時，我大多跑去他的辦公室（陸佑堂校本部），和他面談。我們談話的內容，全是明清學術思想史的最新動態，如今想來，還覺頗爲享受。梁師送給我的論文、書籍不少，例如由他輯錄的《明代宦官碑傳錄》、趙師編輯的《明清史集刊》等，至今仍珍而藏之。梁師擅用電腦，我若遇到一些電腦文書處理問題時，便會向他請教，梁師亦會循循善誘，使我獲益不淺。

2000 年 8 月，我已呈交博士論文。2001 年 9 月，按規定需考博士口試，主考中文系廖明活教授、校內主考梁師和馮錦榮教授、許振興教授，口試無驚無險，終過了關。最後一關是論文需小修小改，我依據梁師、馮錦榮教授（港大）、凌榮添教授（新加坡大學）三人所示文本修改。2002 年 6 月 19 日，港大研究院發信給我，著我可以出席當年的學位頒授典禮。我終於圓了我的博士夢。在此，我要向梁師說一句：「感謝您」。而助我圓夢的其他老師，我也會終生銘記。

和老師結緣，再講香港中文大學。至今已先後和中大兩次結緣：

先講 83～85 年的教育學院兼讀制課程，那已是三十年前的往事，彷彿歲月如烟。猶憶晚間上課，日間又要教學，學員的辛苦，幾可想像。老師依稀記得者有：院長杜祖貽教授（教育哲學）、

　　　　盧乃桂老師（西方教育史）、

　　　　劉誠老師（教育心理學）、

　　　　曾榮光老師（教育社會學）、

　　　　鍾宇平老師（教育評鑑）、

　　　　林孟平老師（輔導）、

　　　　任伯江老師（人際傳意）、

呂俊甫老師（發展心理學）、

龐德新老師（中文科）、

王培光老師（中文科視導）、

何萬貫老師（中文科視導）。

再講74～78年大學本科中國語言文學系。我入讀的是聯合書院中文系。（當年中大成員書院只 3 間，餘 2 間是崇基書院、新亞書院；今天已增至 9 間）未入學前，先來面試，我報了歷史系，由王玉棠老師（港大博士）面試；也報了中文系，由李輝英老師（1911～1991）、張雙慶老師面試。還記得李輝英老師問我平日看了哪個作家的書？我隨便答了郭沫若，李輝英老師的《松花江上》，乃鄉土文學中一本著名小說，他另編了《中國現代文學史》，因我隨便答了郭沫若的〈屈原〉、〈棠棣之花〉之類，李輝英便取錄了我。另一方面，我之所以選聯合，其實是受了家姊的影響，因吾姊（孫素蓮）是聯合 73 年社會系畢業生。四年中大的校園生活，當時可能是脫貧致富，向上流動的第一步；也是對自己年輕時做後生、讀夜校那段艱苦日子的補償。

因為我是中大籃球校隊成員、聯合書院院隊成員，除了籃球，還有手球，比賽頗多。我的心思，大多花在運動比賽方面。入大學前，我曾入選香港籃球青年軍，在九龍伊館打表演賽；當時我已參與甲一組籃球公開賽（代表消防隊）。可以這樣說，大學期間，我追求的不是學業成績，但曾經上過的課、老師的風範，對我都曾有所啓發，因轉益多師而獲益。喜歡學術研究，是在港大唸研究院之後的事，在此不再饒舌。還記得 76 至 77 年度，中大男子籃球隊，拿了當年「專上學生聯會」（學聯）比賽的冠軍，全隊 12 人，由潘克廉老師（中華民國奧運國手）、溫漢璋先生（中大學生事務主任）帶領下，在校本部中大圖書館前，和中大首任校長李卓敏先生（1912～1991）逐一握手，並拍照留念。（李校長讀經濟出身，卻編了一部《李氏中文字典》，上輩學者學養，可見一斑。）往事至今仍歷歷在目。李輝英老師臨退休前，由常宗豪、張雙慶老師牽頭，中大三院中文系曾舉辦李輝英杯籃球比賽，決賽由聯合書院對新亞書院，還記得戰況慘烈，幾至打鬥，誰勝誰負，我亦已忘記了。如詩如畫的校園生活，就像鹿橋在《未央歌》所寫的一切，美得像霧、像花、也像夢。

學位考試，分別在大三、大四兩年應考，主修科考 5 科，副修科考 2 科。我考的科目是：

　　文字學（常宗豪老師 1937～2010）；後漢書（李達良老師？～？）；

　　中國小說（張雙慶老師）；杜甫詩、周姜詞（鄧仕樑老師、常宗豪老師）；

　　經子導讀（李雲光老師）；以上中文科。

　　中國上古史（林壽晉老師？～？）；史學方法（王德昭老師 1914～1982）；以上歷史科。

　　其他曾經教過我的中大老師還有：

　　中國文學和藝術之關係：饒宗頤老師（中文系主任）；

　　論語：蘇文擢老師（1921～1997）；

　　　　　現代文學：余光中老師；

　　　　　中國文學史：阮廷焯老師；

　　　　　文學概論、魯迅：陳勝長老師；

　　　　　大一國文：楊鍾基老師等。

　　在此不厭其煩地錄列老師姓名，實在是覺得師恩浩蕩，助我成材，沒齒難忘。

　　已作古之老師，思之令人神傷。

　　和老師結緣，續講鄉議局夜中學。1969～72 年，父母結束了小販街頭擺賣內衣毛巾的生意，我由親戚的介紹，前往新界屏山一間飼料廠打工，職位美其名是助理文員，其實是「後生」，甚麼都做，包括清潔、抹車之類。日間學到的是珠算、簿記之入帳工作。晚間則在元朗區成人中文夜中學（即鄉議局元朗區夜中學）上課。由中三讀至中五，直至會考。鄉中夜校其中一位老師是徐匡謀老師，他任教中文和中史科，也曾經做過我的班主任。徐師自從在官中榮退後，已移居加拿大。巧合者是：徐師的女婿，就是我中大中文系的同班同學高繼標，交情深厚。（我們大學畢業後，連同鄭楚雄 3 人，81 年暑假，曾往北京探望錢鍾書、楊絳夫婦，再遊濟南、曲阜、登泰山。）繼標的女兒荻菲，也是小女加慧在香港真光小學的同班同學。徐師是新亞書院唐君毅先生的高足，說來湊巧，內子（黃健儀）也是新亞書院中文系的畢業生。中學會考之後，我便離開屏山，返回黃大仙家中，日間在官塘一間工廠當簿記員，晚間則在大同中學讀夜班中六，繼續做我的入大學之夢。

　　和同道結緣。那些歷經磨煉，在苦難中成長的學人故事，如廣西人楊義（社科院文學研究所所長）、潮州人陳平原（北大中文系教授）、山西人李零（北大中文系教授）等，我在捧讀他們的序跋文時，竟有切膚之痛，體會尤

深。

　　和我成長的時代結緣。50、60 年代的香港，一般人物質生活匱乏，惟人的上進心頗強，筆者也是其中的一個。數月前賦得詩作一首，緬懷紀念曾開《後漢書》、《詩選》的李達良老師，錄列於下：

　　〈早陪女兒考托福試，往新蒲崗。重遊黃大仙下邨舊地，行經摩士公園、孔教學院大成中學、基協實用中學，至社區中心，今仍保留。旁則聖雲仙辦黃大仙天主教小學；附近已變作何鴻燊紀念公園。故居亦已變作巴士總站，還憶昔日協助雙親擺地攤，售賣毛巾衣物，生計維艱。百感交雜，賦得下句〉：

　　　少年已懂愁滋味，

　　　搬擡總為謀生計。

　　　五十年前塵往事，

　　　如今湧到心頭來。

和書結緣。我愛讀書，平時喜歡購書、藏書。我是書痴，讀書純由興味出發，治學純以求知為目的。余之讀書，時有為，時無為；可為，也可不為。書之箇中三味，也願同道齊來品嚐。

　　如有機會，我也可以寫一本港九書肆回顧史。自問平生絕不會「侮學自矜，曲學阿世」。志不必大，就讓我做一個善良、正直的人；平平凡凡，於願足矣！

　　再多說一遍和阮元結緣。只因平生就像他似的：在學海詁經，樂趣無窮。

　　這篇文字，全以尊師、敬師、謝師之心出之，不要怪我嘮嘮叨叨，並望讀者亮鑒。

　　感謝的說話不妨多說一遍：這篇論文之所以能夠出版，實賴香港樹仁大學何廣棪教授之熱心推薦，臺灣新北市花木蘭文化出版社高小娟女士之無私協助。在功利主義泛濫的今日，出版社仍能堅持出版一些無利可圖的學術著作，此等舉措，委實令人敬佩。

　　另外，香港樹仁大學林翼勳教授的書名題簽、香港中文大學張雙慶教授的賜序，我們都在中大結緣，高誼隆情，感銘殊深，謹此再三言謝。

　　　　　　　　　　　　　　2013 年 4 月孫廣海草於香港晚成齋